INHALTS-ÜBERSICHT

Vorwort.

A. Entwicklung der arbeitsrechtlichen Gesetzgebung und Rechtsprechung im 2. Halbjahr 1924.

B. Die wichtigsten Neuerungen und Entscheidungen des 2. Halbjahrs 1924 auf den Einzelgebieten des Arbeitsrechtes:

I. Neue arbeitsrechtliche Gesetze und Verordnungen.
II. Arbeitsvermittlung, Berufsberatung und Einstellungen.
III. Arbeitsverträge und Kündigungsfristen.
IV. Arbeitzeit und Arbeitspausen.
V. Arbeitslohn und Gewinnbeteiligung.
VI. Lohnpfändung und Steuerabzüge.
VII. Arbeitsleistung und Leistungsverweigerung.
VIII. Unfall- und Gesundheitsschutz.
IX. Erholungsurlaub.
X. Arbeiter- und Angestelltenversicherung
1. Allgemeines.
2. Krankenversicherung.
3. Unfallversicherung.
4. Invalidenversicherung.
5. Angestelltenversicherung.
6. Arbeitslosenversicherung.
XI. Arbeitsmangel und Betriebseinschränkungen.
XII. Kurzarbeiter- und Erwerbslosenunterstützung.
XIII. Entlassungen und Entlassungspapiere.
XIV. Schutz der Kinder, Jugendlichen und Frauen.
XV. Schutz der Schwerbeschädigten.
XVI. Wettbewerbsverbote und Kautionen.
XVII. Koalitionsfreiheit.
XVIII. Betriebsvertretungen.
XIX. Arbeitgeber- und Arbeitnehmervereinigungen.
XX. Arbeitsordnung und Betriebsvereinbarung.
XXI. Tarifverträge.
XXII. Arbeitskämpfe.
XXIII. Schlichtung von Arbeitsstreitigkeiten.
XXIV. Arbeitsgerichte.
XXV Werkswohnungen.
XXVI. Betriebsdiebstähle.
XXVII. Arbeitsgemeinschaften.
XXVIII. Sozialisierung.
XXIX. Gewerbeaufsicht.
XXX. Internationales Arbeitsrecht.

C. Zusammenstellung der am 31. Dezember 1924 geltenden arbeitsrechtlichen Gesetze und Verordnungen.

D. Sachverzeichnis.

VORWORT

Jeder Arbeitgeber, mag er viel oder wenig Angestellte und Arbeiter haben, empfindet heute das deutsche Arbeitsrecht als eine der ungeklärtesten Gesetzesgruppen. Dauernd ergeben sich aus der Praxis heraus neue Gesichtspunkte. Eine Entscheidung jagt die andere, mehrmals sind Nachträge und Änderungen erschienen; alles ist noch im Fluß.

Obwohl wir vorzügliche Zeitschriften und wissenschaftliche Kommentare besitzen, fehlte trotzdem ein auf die Praxis besonders zugeschnittenes Handbuch, welches in angemessenen Zeitabständen erscheint und dem überlasteten Betriebsleiter in leicht verständlicher, übersichtlicher, möglichst kurz gehaltener Form einen Überblick über die jeweils geltenden Gesetzesbestimmungen und die bedeutsamsten Ergebnisse der Rechtsprechung in einer Weise bietet, die ihm eine kluge Anpassung ermöglicht und eine reibungslose Betriebsführung erleichtert.

Unsere Halbjahresschau gibt allein das für die Praxis Nötige. Sie setzt keine juristischen Sachkenntnisse voraus und bringt keine Verweisungen auf andere Literatur, welche dem Betriebsleiter in den meisten Fällen nicht rasch genug erreichbar ist, sie beschränkt sich auch nicht auf den meist schwer verständlichen Text der Entscheidungen. Jeder Band bringt einleitend einen kurzen Überblick über die Entwicklung des Arbeitsrechtes im letzten Halbjahre und eine übersichtliche Zusammenstellung der am Schlusse des Halbjahres geltenden arbeitsrechtlichen Gesetze und Verordnungen. Es werden dann nach einem leicht orientierenden Plane alle wesentlichen Gesetzesänderungen und alle im letzten Halbjahre bekanntgewordenen Entscheidungen, soweit sie für die Betriebsleitungen praktisch bedeutsam sind, mit sachdienlichen Erläuterungen zusammengestellt. Eingefügte Leitsätze und ein ausführliches Sachverzeichnis sollen die praktische Benutzung des Buches erleichtern.

Der erste vorliegende Band umfaßt das zweite Halbjahr 1924 unter starker Berücksichtigung des ganzen Jahres. Die weiteren Bände erscheinen 3 bis 4 Wochen nach Schluß des betreffenden Halbjahres.

A. Entwicklung der arbeitsrechtlichen Gesetzgebung und Rechtsprechung im zweiten Halbjahr 1924.

Nach der überreichen und überstürzten Gesetzgebungstätigkeit der ersten Nachkriegsjahre weist das 2. Halbjahr 1924 einen merklichen Stillstand der arbeitsrechtlichen Gesetzgebung auf. Unter dem Einfluß der innerpolitischen, durch die Wahlen verstärkten Unsicherheit wurden grundlegende Gesetzesänderungen hinausgeschoben.

Um so reichhaltiger und bedeutsamer waren die Ergebnisse der arbeitsrechtlichen Rechtsprechung, da dieser gleichzeitig die Aufgabe zufiel, die bestehenden zahllosen Lücken im deutschen Arbeitsrechte bis zur demnächstigen Klärung auszufüllen.

Im einzelnen erschienen im 2. Halbjahr 1924 die im Abschnitt B I zusammengestellten neuen arbeitsrechtlichen Gesetze und Verordnungen.

B. Die wichtigsten Neuerungen und Entscheidungen des zweiten Halbjahres 1924 auf den Einzelgebieten des Arbeitsrechtes.

I. Neue arbeitsrechtliche Gesetze und Verordnungen

aus der Zeit vom 1. Juli bis 31. Dez. 1924.

Lfd. Nummer	Tag des Erlasses	Bezeichnung	Tag des Inkrafttretens	Reichsgesetzblatt I Seite
1.	4. VII. 1924	Vierte Ausführungsverordnung zur Verordnung üb. Erwerbslosenfürsorge	1. VII. 1924	663
2.	31. VII. 1924	Gesetz über Änderung der Reichsversicherungsordnung	1. VIII. 1924	669
3.	31. VII. 1924	Gesetz über Sonderzulagen in der Unfallversicherung	2. VIII. 1924	669
4.	31. VII. 1924	Verordnung zur Durchführung des Gesetzes über Sonderzulagen in der Unfallversicherung .	16. VIII. 1924	670
5.	31. VII. 1924	Zweite Verordnung über die Ausdehnung der Zulagen in der Unfallversicherung.	1. VII. 1924	670
6.	31. VII. 1924	Verordnung zur Regelung der Sozialversicherung in bezug auf Elsaß-Lothringen	16. VIII. 1924	671
7.	31. VII. 1924	Ausführungsbestimmung zu der Verordnung zur Regelung der Sozialversicherung in bezug auf Elsaß-Lothringen . . .	16. VIII. 1924	673
8.	31. VII. 1924	Verordnung über Wochenhilfe	1. VIII. 1924	673

Lfd. Nummer	Tag des Erlasses	Bezeichnung	Tag des Inkrafttretens	Reichsgesetzblatt I Seite
9.	23. VII. 1924	Verordnung über Anwerbung und Vermittlung von Arbeitnehmern nach dem Auslande . .	16. VIII. 1924	675
10.	31. VII. 1924	Verordnung über die Wahl der Beisitzer in den Ausschüssen, Kammern und Senaten für Angestelltenversicherung	16. VIII. 1924	676
11.	11. VIII. 1924	Gesetz zur Änderung der Verordnung über Erwerbslosenfürsorge . . .	2. IX. 1924	681
12.	27. VIII. 1924	Vierte Verordnung über Postvorschüsse und Beiträge in der Unfallversicherung	26. IX. 1924	702
13.	24. X. 1924	Grundsätze über Voraussetzung, Art und Maß der öffentlichen Fürsorge	11. XI. 1924	720
14.	10. XI. 1924	Zweite Verordnung des Reichspräsidenten über wirtschaftlich notwendige Steuermilderungen	13. XI. 1924	737
15.	14. XI. 1924	Fünfte Ausführungsverordnung zur Verordnung über Erwerbslosenfürsorge	1. XII. 1924	741
16.	14. XI. 1924	Ausführungsbestimmungen zur Verordnung über Aerzte u. Krankenkassen	21. XI. 1924	743
17.	21. XI. 1924	Beitragsordnung der Angestelltenversicherung .	9. XII. 1924	745
18.	28. XI. 1924	Verordnung über Fachausschüsse für Hausarbeit	1. XII. 1924	757
19.	4. XII. 1924	Reichsgrundsätze über Voraussetzung. Art und Maß der öffentlichen Fürsorge	1. I. 1925	765
20.	15. XII. 1924	Bekanntmachung der neuen Fassung der Reichsversicherungsordnung .	15. XII. 1924	779

II. Arbeitsvermittlung und Einstellungen.

A. Einschlägige Gesetzesbestimmungen.

1. Arbeitsnachweisgesetz vom 22. Juli 1922 (Reichsgesetzblatt I Seite 657) nebst Abänderung vom 30. Oktober 1923 (Reichsgesetzblatt I Seite 1065).
2. Verordnung über die Einstellung und Beschäftigung ausländischer Arbeiter vom 2. Januar 1923 (Deutscher Reichsanzeiger vom 5. Januar 1923).
3. Verordnung über Anwerbung und Vermittlung von Arbeitnehmern nach dem Ausland vom 4. Oktober 1923 (Reichsgesetzblatt I Seite 960).
4. Bestimmung über die Einstellung unterstützter Erwerbsloser vom 18. Januar 1924 (Reichsgesetzblatt 1924 Seite 34).

B. Die wichtigsten Einzelfragen.

1. Zulässigkeit von Einstellungssperren wegen Tarifbruches. Mit Urteil vom 7. Dezember 1923, 4 O 41/23, hat das Landgericht Hagen entschieden, daß ein Arbeitgeberverband berechtigt ist, durch Rundschreiben seinen Mitgliedern aufzugeben, von der Einstellung namentlich benannter Mitglieder wegen tarifwidrigen Verhaltens derselben Abstand zu nehmen. Nur dann sollen solche durch Rundschreiben bekanntgegebenen Einstellungsverbote der Verbände evtl. eine Schadenersatzpflicht der Verbände begründen, wenn die betreffenden Rundschreiben unwahre Angaben enthalten.

2. Anwerbung und Vermittlung von Arbeitnehmern nach dem Auslande. Seit dem 1. März 1924 ist die Verordnung über Anwerbung und Vermittlung von Arbeitnehmern nach dem Auslande vom 4. Oktober 1923 in Kraft. Seit dieser Zeit bedürfen Arbeitsnachweisämter, nichtgewerbsmäßige Arbeitsnachweise sowie gewerbsmäßige Stellenvermittler zur Vermittlung von Arbeitnehmern nach dem Auslande grundsätzlich einer besonderen Erlaubnis.

Diese Erlaubnis soll unter anderem nur dann erteilt werden, wenn ein deutsches Bedürfnis dafür besteht, daß Arbeitnehmer durch den Antragsteller nach dem Auslande vermittelt werden. Weitere Voraussetzung für die Erlaubnis ist, daß der Geschäftsbetrieb und die persönlichen Verhältnisse des Vermittlers die Gewähr für Zulässigkeit bieten. Für deutsche Firmen ist die Beachtung der Einzelheiten dieser Verordnung wesentlich, sofern sie Zweigniederlassungen im Auslande besitzen, mit befreundeten ausländischen Firmen Arbeitskräfte austauschen wollen oder Monteure zum Ausland entsenden.

3. Übertragung weiterer Aufgaben an die öffentlichen Arbeitsnachweise und die Landesämter für Arbeitsvermittlung. Durch eine Verordnung vom 12. Mai 1923 (Reichsarbeitsblatt S. 309) sind den Arbeitsnachweisämtern als weitere Aufgaben die Berufsberatung und die Lehrstellenvermittlung übertragen worden.

Durch eine weitere Verordnung vom 31. Mai 1924 (Reichsarbeitsblatt Nr. 14, S. 278) ist in Preußen den Landesämtern für Arbeitsvermittlung neben ihren bisherigen Aufgaben auch die Mitwirkung bei der Arbeitsbeschaffung und der produktiven Erwerbslosenfürsorge übertragen worden. Gleichzeitig sind sie mit der Arbeitsvermittlung und Arbeitsbeschaffung für Erwerbsbeschränkte erneut betraut worden.

4. Lehrlingshaltung im Schlosser-, Installateur-, Mechaniker- und Baugewerbe. In zwei Erlassen vom 23. September 1924 Nr. IV 11152 und 11175, die im Ministerialblatt der Handels- und Gewerbeverwaltung Nr. 16 vom 10. Oktober 1924 veröffentlicht werden, macht der preußische Minister für Handel und Gewerbe die nachgeordneten Stellen darauf aufmerksam, daß im Schlosser-, Installateur- und Mechanikergewerbe übermäßig viele Lehrlinge zurzeit ausgebildet werden, während im Baugewerbe die Lehrlingshaltung bei weitem nicht ausreiche. Der Minister weist deshalb die Handwerkskammern und Gewerbeaufsichtsbeamten an, darauf hinzuwirken, daß der Lehrlingsnachwuchs sich möglichst gleichmäßig und zweckmäßig den Bedürfnissen der einzelnen Berufe anpaßt.

III. Arbeitsverträge und Kündigungsfristen.

A. Einschlägige Gesetzesbestimmungen.

1. Bürgerliches Gesetzbuch vom 18. August 1896 (Reichsgesetzblatt 1896 Seite 195), insbesondere dessen §§ 610—630 über den Dienstvertrag.
2. Handelsgesetzbuch vom 10. Mai 1897 (R.G.Bl. Seite 219) insbesondere dessen §§ 59ff., 83 und 511 ff.
3. Die Gewerbeordnung für das Deutsche Reich vom 26. Juli 1900, insbesondere dessen Titel VII.

B. Die wichtigsten Einzelfragen.

Aufkündigung von Dienstverträgen vor Dienstantritt. Gemäß Urteil des Gewerbegerichtes Berlin vom 6. II. 24 (Akt. Z. 116/1924 K 8) ist der Arbeitgeber berechtigt, ein Dienstverhältnis schon vor Dienstantritt mit der vereinbarten Frist aufzukündigen. Die Kündigungsfrist läuft dann schon vom Tage der Kündigung ab und nicht erst vom Tage des vereinbarten Dienstantrittes an.

Wenn also z. B. vereinbart worden ist, daß ein Angestellter am 1. Juli 1924 mit dreimonatiger Kündigungsfrist angestellt werden soll, so kann der Arbeitgeber, wenn er aus irgendwelchen Gründen von dieser Vereinbarung zurücktreten will, auch ohne daß er einen wichtigen Grund anzugeben braucht, dieses neue Dienstverhältnis schon am 31. März zum 1. Juli mit der Wirkung aufkündigen, daß ihm Verpflichtungen aus diesem neuen Arbeitsvertrage nicht erwachsen.

In gleicher Weise kann der Arbeitgeber beim Bekanntwerden eines wichtigen Kündigungsgrundes das Arbeitsverhältnis schon vor Dienstantritt fristlos aufkündigen (vgl. Staub, Komm. z. HGB. Anm. 8 zu § 66).

IV. Arbeitzeit und Arbeitspausen.

A. Einschlägige Gesetzesbestimmungen.

1. Anordnung über die Regelung der Arbeitzeit gewerblicher Arbeiter vom 23. November und 17. Dezember 1918 (R.G.Bl. Seite 1334 und 1436).
2. Verordnung über die Regelung der Arbeitzeit der Angestellten während der Zeit der wirtschaftlichen Demobilmachung vom 18. März 1919 (R.G.Bl. Seite 315).
3. Verordnung über die Arbeitszeit vom 21. Dezember 1923 (R.G.Bl. I Seite 1249).
4. Verordnung über die Sonntagsruhe im Handelsgewerbe und in Apotheken vom 5. Februar 1919 (R.G.Bl. Seite 176).
5. Gewerbeordnung für das Deutsche Reich vom 26. Juli 1900 (R.G.Bl. Seite 871 ff.).

B. Die wichtigsten Einzelfragen.

a) Wann ist Arbeit über 8 Stunden täglich oder 48 Stunden wöchentlich hinaus zulässig?

1. Ununterbrochene Mehrarbeit an 30 Tagen. In einer in der Neuen Zeitschrift für Arbeitsrecht IV 6, S. 376, veröffentlichten Entscheidung vom 8. März 1924 weist der Reichsarbeitsminister darauf hin, daß der Arbeitgeber von der ihm im § 3 der Arbeitzeitverordnung eingeräumten Befugnis der Mehrarbeit an 30 Tagen des Jahres ohne weiteres auch an 30 aufeinanderfolgenden Tagen Gebrauch machen kann. Der Arbeitgeber ist überhaupt in der Wahl der Tage, an welchen er von der Befugnis der Mehrarbeit Gebrauch machen will, vollständig frei und auch an die Zustimmung der Betriebsvertretung nicht gebunden.

2. Generelle behördliche Ausnahmegenehmigung betr. die Arbeitzeit in der Eisen- und Stahlindustrie. Nach einer im Ministerialblatt der Handels- und Gewerbeverwaltung vom 11. Juli 1924 Nr. 13, S. 194, veröffentlichten Verfügung hat der preußische Minister für Handel und Gewerbe die Geltungsdauer der durch Erlaß vom 18. Januar bis zum 1. Juli 1924 erteilten Genehmigung bis zum 31. Oktober 1924, allerdings unter dem Vorbehalte des jederzeitigen Widerrufes, ausgedehnt.

Danach gelten also in bezug auf die Regelung des Schichtwechsels in den Anlagen der Eisen- und Stahlindustrie bis zum 31. Oktober d. J. die erleichternden Bestimmungen der im Ministerialblatt der Handels- und Gewerbeverwaltung 1924, S. 43, veröffentlichten Verfügung vom 18. Januar 1924.

Die Verlängerung der Geltungsdauer begründet der Minister damit, daß das der Ausnahmegenehmigung zugrunde liegende Abkommen der beteiligten Arbeitgeber- und Arbeitnehmerverbände im Bereich des rheinisch-westfälischen Industriebezirkes vom 13. Dezember 1923 bis zum 31. Oktober d. J. in seiner Wirkungsdauer verlängert worden ist.

3. 30 genehmigungsfreie Überarbeitstage nur für ganze Betriebsabteilungen. Nach § 3 der Arbeitszeitverordnung vom 21. Dezember 1923 hat der Arbeitgeber nach Anhörung der gesetzlichen Betriebsvertretung ohne Nachweis der Notwendigkeit das Recht zur Anordnung einer Überarbeit von 2 h täglich an 30 seiner Wahl überlassenen Tagen im Jahre.

Nach den oben erwähnten Ausführungsbestimmungen vom 17. April 1924 ist der Arbeitgeber jedoch nur berechtigt, für ganze Betriebsabteilungen diese Mehrarbeit ohne Nachweis einer unaufschiebbaren Notwendigkeit anzuordnen. Einzelne Arbeitnehmer darf der Arbeitgeber mangels ausdrücklicher Ausnahmegenehmigungen und Tarifvereinbarungen nur länger arbeiten lassen, wenn die Voraussetzungen des § 10 der Arbeitzeitverordnung vorliegen, d. h. wenn vorübergehende Arbeiten vorliegen und verrichtet werden sollen, die in Notfällen oder zur Verhütung des Verderbens von Rohstoffen oder des Mißlingens von Arbeitserzeugnissen unverzüglich vorgenommen werden müssen.

4. Keine Anrechnung von Überarbeit einzelner Werksangehöriger auf die 30 Mehrarbeitstage des § 3 der Arbeitzeitverordnung.

In einem Bescheide vom 2. Mai 1924, Nr. IIIB 1442/24 (abgedruckt im Reichsarbeitsblatt Nr. 10, S. 185) hebt der Reichsarbeitsminister hervor, daß unter den § 3 der Verordnung über die Arbeitzeit vom 21. Dezember 1923 nur Fälle fallen, in denen alle Arbeitnehmer des ganzen Betriebes oder mindestens einer geschlossenen Betriebsabteilung Mehrarbeit leisten.

Nach diesem § 3 sei es daher wohl angängig, jede Betriebsabteilung für sich, unabhängig von den anderen, 30 Tage im Jahre länger arbeiten zu lassen, nicht dagegen könne auf Grund des § 3 jeder einzelne Arbeitnehmer an 30 Tagen zur Mehrarbeit einzeln herangezogen werden. Das letztere sei selbst dann unzulässig, wenn der Arbeitgeber bereit sei, die Mehrarbeit eines einzelnen Arbeitnehmers auf die nach § 3 für den ganzen Betrieb oder für ganze Betriebsabteilungen zulässigen 30 Tage anzurechnen.

Nach diesem wohl zutreffenden Bescheide steht jedoch nichts im Wege, einzelne Arbeiter auf Grund der übrigen Bestimmungen der neuen Arbeitzeitverordnung länger arbeiten zu lassen, wenn die Mehrarbeit in Notfällen erforderlich ist. Eine solche in Notfällen angeordnete Überarbeit einzelner Arbeitnehmer wird aber umgekehrt natürlich auch nicht auf die allgemein eingeräumte Freizahl von 30 Mehrarbeitstagen des § 3 der Arbeitzeitverordnung angerechnet.

b) Wie weit dürfen Ausfallstunden nachgeholt werden?

1. Kein Einholen von Ausfallstunden bei verlängerter Arbeitzeit? In einem meines Erachtens anfechtbaren Bescheide vom 22. Mai 1924, Nr. III B 1908, der im Reichsarbeitsblatt Nr. 13 vom 1. Juli d. J. veröffentlicht ist, vertritt der Reichsarbeitsminister den Standpunkt, daß eine Verlängerung der Arbeitzeit an einzelnen Tagen der Woche als Ausgleich für eine Arbeitzeitverkürzung an anderen Tagen nach § 1, Satz 3, der Verordnung über die Arbeitzeit vom 21. Dezember 1923 nur zulässig sei, wenn für den betreffenden Betrieb die achtstündige Arbeitzeit und nicht etwa eine tariflich oder behördlich genehmigte längere Arbeitzeit bei unbeschränkter Dauer der Arbeitzeit am einzelnen Tage zulässig sei. Wenn dagegen für den Betrieb eine längere als achtstündige Arbeitzeit eingeführt sei, dürfte auch beim Einholen von Ausfallstunden die Arbeitzeit an einzelnen Tagen grundsätzlich gemäß § 9 der Arbeitzeitverordnung die Dauer von 10 h nicht überschreiten.

Wenn auch diese Ansicht mit dem Wortlaut der Arbeitzeitverordnung nicht zweifelsfrei in Einklang zu bringen ist, so empfiehlt es sich doch, auf diese Ansicht von vornherein Rücksicht zu nehmen und sich für den Fall, daß infolge des Einholens von Ausfallstunden die Arbeitzeit an einzelnen Tagen der Woche regelmäßig länger als 10 h dauern soll, der tariflichen oder behördlichen Festlegung dieser Regelung zu versichern.

2. Höchstdauer der Arbeitzeit bei Einholung der Ausfallstunden. Nach § 1 der Arbeitzeitverordnung vom 21. Dezember 1923 kann der an einzelnen Werktagen für den Betrieb oder eine Betriebsabteilung eintretende Ausfall von Arbeitstunden nach Anhörung der gesetzlichen Betriebsvertretung durch Mehrarbeit an den übrigen Werktagen der gleichen oder der folgenden Woche ausgeglichen werden. Die jetzt ergangenen Ausführungsbestimmungen zur Verordnung über die Arbeitzeit vom 17. April 1924 schränken dieses Recht dahin ein, daß bei der Einholung von Ausfallstunden und Ausfalltagen für jugendliche Arbeiter zwischen 14 und 16 Jahren und für Arbeiterinnen die tägliche Arbeitzeit nicht über 10 h und an den Vortagen der Sonn- und Festtage nicht über 8 h hinaus ausgedehnt werden darf. Die Ausführungsbestimmungen geben allerdings den Gewerbeaufsichtsbeamten das Recht, im Wege der Ausnahmegenehmigung für solche Betriebe auch für jugendliche und weibliche Arbeitnehmer zur Einholung von Ausfallstunden eine

Arbeitzeit über 10 h täglich hinaus zuzulassen, bei denen die Notwendigkeit des Zusammenarbeitens zwischen jugendlichen, weiblichen und erwachsenen Arbeitnehmern dies erfordert.

3. Im allgemeinen kein Einholen von Arbeitstunden über 48 Stunden pro Woche hinaus. Nach den im Ministerialblatt der Handels- und Gewerbeverwaltung Nr. 13 vom 11. Juli d. J., S. 192, veröffentlichten Ausführungsbestimmungen des preußischen Handelsministers zur Verordnung über die Arbeitzeit ist der Ausgleich des an einzelnen Werktagen etwa eintretenden Ausfalls an Arbeitstunden grundsätzlich nur innerhalb der 48-Stundenwoche oder der 96stündigen Doppelwoche zulässig. Ausnahmen hiervon müssen ausdrücklich durch Tarifvertrag vereinbart oder durch behördliche Ausnahmegenehmigung gestattet werden.

Wenn also z. B. eine täglich neunstündige Arbeitzeit vereinbart oder behördlich zugelassen worden ist und über das Einholen von Ausfallstunden nichts bestimmt ist, so darf der an einzelnen Werktagen etwa entstehende Ausfall durch Mehrarbeit an anderen Tagen nur insoweit eingeholt werden, als dadurch nicht die 48stündige Wochenarbeitzeit oder die 96stündige Doppelwochenarbeitzeit überschritten wird.

Angesichts dieser, wenn auch anfechtbaren Ausführungsbestimmungen erscheint es dringend geboten, bei allen Tarifvereinbarungen und behördlichen Ausnahmegenehmigungen möglichst darauf zu sehen, daß einschlägige Bestimmungen, welche das Einholen von Ausfallstunden betreffen, aufgenommen werden.

c) Wie weit sind behördliche Überstundengenehmigungen möglich?

1. Ausnahmegenehmigungen auf Grund des § 6 der Arbeitzeitverordnung. Nach § 6 der Verordnung über die Arbeitzeit vom 21. Dezember 1923 (Reichsgesetzblatt S. 1241) kann, soweit die Arbeitzeit nicht tariflich geregelt ist, auf Antrag des Unternehmers für einzelne Betriebe oder Betriebsabteilungen eine Arbeitzeitverlängerung durch den zuständigen Gewerbeaufsichtsbeamten nach Anhörung der gesetzlichen Betriebsvertretung widerruflich zugelassen werden, sofern sie aus betriebstechnischen Gründen, insbesondere bei Betriebsunterbrechungen durch Naturereignisse, Unglücksfälle oder andere unvermeidliche Störungen oder aus allgemein wirtschaftlichen Gründen geboten ist. In einer Anweisung, die im Reichsarbeitsblatt Nr. 5, S. 92, veröffentlicht wird, macht der Reichsarbeitsminister darauf aufmerksam, daß die Gewerbeaufsichtsbeamten auf Grund dieser Bestimmung eine Ausnahmegenehmigung regelmäßig erst erteilen sollen, wenn alle Verhandlungswege zur Erzielung einer Tarifvereinbarung einschließlich des Schlichtungsverfahrens ergebnislos begangen sind. Obwohl diese Anweisung mit dem Wortlaut der Arbeitszeitverordnung nicht in Einklang zu bringen ist, muß damit gerechnet werden, daß die Gewerbeaufsichtsbeamten dieselbe ängstlich beachten. Es empfiehlt sich deshalb, möglichst auf Erzielung einer Tarif- oder Werksvereinbarung über die Arbeitzeit hinzuarbeiten.

2. Ausnahmegenehmigungen auf Grund des § 6 der Arbeitszeitverordnung auch in Fällen, in denen eine Betriebsvertretung nicht vorhanden ist. Nach § 6, Abs. 1, der Verordnung über die Arbeitzeit vom 21. Dezember 1923 soll vor behördlicher Genehmigung einer Arbeitzeitverlängerung zunächst die Betriebsvertretung gehört werden. Man hat daraus in der Praxis gefolgert, daß die Behörden zur Genehmigung einer Arbeitzeitverlängerung nicht befugt sind, wenn für den betreffenden Betrieb eine Betriebsvertretung nicht vorhanden ist.

Nach einem im Reichsarbeitsblatt Nr. 13 vom 1. Juli d. J., S. 264, veröffentlichten Bescheide des Reichsarbeitsministers vom 15. Mai 1924, Nr. III B 1451, ist diese Ansicht irrig. Der Reichsarbeitsminister weist mit Recht darauf hin, daß Fälle denkbar sind, in denen ein Betrieb bei Stellung des Antrages auf Mehrarbeit überhaupt nicht arbeitet, die Arbeit unter wirtschaftlichen Bedingungen auch nur wiederaufnehmen kann, wenn die Mehrarbeit durch eine behördliche Genehmigung vorher gesichert ist. Wegen des Nichtvorhandenseins einer Betriebsvertretung ist in einem solchen Falle eine vorherige Anhörung der Betriebsvertretung ebensowenig möglich wie in den Fällen, in denen eine Belegschaft sich beharrlich weigert, eine Betriebsvertretung zu bilden.

Nach Ansicht des Reichsarbeitsministers rechtfertigt in solchen Fällen das Interesse der Gesamtwirtschaft und des einzelnen Arbeiters eine behördliche Ausnahmegenehmigung auch ohne vorherige Anhörung der Betriebsvertretung. Es kann also in solchen Fällen die Behörde auf einen Genehmigungsantrag des Arbeitgebers nicht erklären, der Arbeitgeber möge zuerst den Betrieb eröffnen und eine Betriebsvertretung wählen lassen, sondern die zur Genehmigung berufene Behörde hat die Genehmigung zu erteilen, wenn der Arbeitgeber glaubhaft darlegt, daß vor der Aufnahme des Betriebes eine angemessene Arbeitzeitregelung garantiert ist.

Umgekehrt hat der Reichsarbeitsminister im selben Bescheide empfohlen, den Kreis der Personen und Vereinigungen, die nach § 6, Abs. 2, der Arbeitzeitverordnung ein Recht der Beschwerde gegenüber behördlichen Ausnahmegenehmigungen haben, nicht zu eng zu ziehen, sondern im Zweifelsfalle auch entfernter stehenden Arbeitnehmervereinigungen ein Beschwerderecht zuzusprechen.

3. Behördliche Arbeitzeitverlängerung erst nach Scheitern der Schlichtungsverhandlung. In Übereinstimmung mit einem von uns bereits erwähnten Rundschreiben des Reichsarbeitsministers (siehe Notiz Nr. IVc 2) weisen nunmehr auch die gesetzlichen Ausführungsbestimmungen zur Arbeitzeitverordnung vom 17. April 1924 die Gewerbeaufsichtsbeamten und Regierungsbehörden ausdrücklich an, eine Arbeitzeitverlängerung im Wege der Ausnahmebewilligung erst zuzulassen, wenn alle Bemühungen zur Erzielung einer freien Arbeitzeitvereinbarung zwischen den Parteien einschließlich des Schlichtungsverfahrens ergebnislos verlaufen sind. Zur Vermeidung von Verzögerungen erscheint es deshalb zweckmäßig, sofort bei Stellung eines Antrages auf Arbeitzeitverlängerung der Gewerbeaufsichtsbehörde den Nachweis zu erbringen, daß im Wege der Tarifvereinbarung die betriebsnotwendige Arbeitzeitverlängerung nicht herbeigeführt werden kann.

d) Wieweit haben Betriebsvertretungsmitglieder bei Arbeitzeitverlängerung mitzuwirken?

1. Keine Abhängigkeit der Arbeitzeitverlängerung in tarifgebundenen Betrieben von der Zustimmung der Betriebsvertretung. Der Schlichtungsausschuß München hat in einer beachtlichen Entscheidung vom 5. 2. 1924 den Standpunkt vertreten, daß es unerwünscht ist, wenn eine tarifliche Arbeitzeitverlängerung, die für eine Mehrheit von Betrieben vereinbart wird, noch innerhalb der Einzelbetriebe von der Zustimmung der Betriebsvertretung abhängig gemacht wird. Nach der zutreffenden Begründung seines Schiedsspruches verstößt es gegen den Sinn und Zweck des Betriebsrätegesetzes und der Arbeitzeitverordnung, daß die Selbständigkeit und die Voranstellung der Gewerkschaften und Tarifparteien durch eine Bestimmung des Inhaltes eingeschränkt wird, daß eine tarifgewollte Arbeitzeitverlängerung im Einzelbetriebe nur zur Anwendung kommen soll, wenn die Betriebsvertretung des Einzelbetriebes mit ihr einverstanden ist.

2. Fristlose Entlassung von Betriebsratmitgliedern wegen Aufforderung zur Verweigerung tariflicher Mehrarbeit. In einer wohlbegründeten Entscheidung vom 2. April 1924, Nr. G. 15/24 hat das Gewerbegericht Rüstringen entschieden, daß der Arbeitgeber berechtigt ist, Betriebsratmitglieder fristlos zu entlassen, wenn diese die Belegschaft aufgefordert haben, aus Protest gegen eine tariflich oder durch verbindlichen Schiedsspruch festgesetzte Arbeitzeitverlängerung die Arbeitsstätte vorzeitig zu verlassen. In einem solchen Verhalten erblickt das Gewerbegericht Rüstringen eine gröbliche Verletzung der Betriebsratpflichten, insbesondere des § 78 Ziffer 1 des Betriebsrätegesetzes und einen nach § 123, Ziffer 3 und 7 der Gewerbeordnung zur fristlosen Entlassung berechtigenden wichtigen Grund.

3. Absetzung von Betriebsratmitgliedern wegen Nichtermahnung der Belegschaft zur Leistung notwendiger Überstunden. Das Gewerbegericht Barmen hat am 6. März 1924 als Arbeitsgericht entschieden, daß ein Betriebsratvorsitzender, der sich gegenüber dem Verlangen des Arbeitgebers nach betriebsnotwendigen, von den Gewerkschaften nicht gebilligten Überstunden passiv verhält, gegen seine gesetzlichen Pflichten verstößt, den Betrieb vor Erschütterungen zu bewahren und das gute Einvernehmen zwischen Arbeitnehmer und Betriebsleitung zu fördern.

Nach der gleichen Entscheidung kann ein solches Betriebsratmitglied seines Postens als Betriebsratmitglied enthoben werden.

Da die Erziehung der Betriebsratmitglieder zur Anerkennung der Notwendigkeit von Überstunden und zur Ermahnung der Belegschaft im Interesse der Allgemeinheit zur Abschwächung der unheilvollen Wirkungen des Kampfes der Gewerkschaften gegen alle auch notwendigen Überstunden liegt, empfiehlt es sich, in allen einschlägigen Fällen von den Betriebsräten zu verlangen, daß sie dem Arbeitgeber mithelfen, die Belegschaft von der Notwendigkeit von Überstunden zu überzeugen und sie zur Leistung derselben zu veranlassen.

(Weitere Entscheidungen siehe unter Nr. XVIII.)

e) Wie weit können Arbeitzeitverlängerungen durch Betriebsvereinbarungen und Tarifverträge festgelegt werden?

1. Keine Arbeitzeitverlängerung durch Betriebsvereinbarung. Die herrschende Meinung in Literatur und Rechtsprechung steht auf dem Standpunkte, daß nicht nur durch Tarifvereinbarungen, sondern mit derselben Wirkung auch durch Betriebsvereinbarungen eine Arbeitzeitverlängerung gültig vereinbart werden kann. Demgegenüber hebt der Reichsarbeitsminister in den vorerwähnten Ausführungsbestimmungen zur Arbeitverordnung vom 17. April 1924 hervor, daß durch Betriebsvereinbarungen auf Grund des § 5 der Arbeitzeitverordnung eine Arbeitzeitverlängerung nicht gültig vereinbart werden kann. Wenn diese Ausführungsbestimmung auch rechtlich angefochten werden kann, so empfiehlt sich doch zur Vermeidung von Unannehmlichkeiten ihre vorläufige Beachtung.

2. Arbeitzeitverlängerung auch durch Werksvereinbarung. In der Praxis sind Zweifel darüber entstanden, ob eine Verlängerung der Arbeitzeit über den gesetzlichen Achtstundentag hinaus statt durch einen mit den Zentralgewerkschaften abgeschlossenen Tarifvertrag auch durch einen sogenannten Werkstarifvertrag, d. h. durch einen lediglich mit der durch die Betriebsvertretung vertretenen Belegschaft eines Einzelbetriebes gültig vereinbart werden kann. Diese Frage ist zu bejahen. Wenn die Gewerkschaften zu einer betriebsnotwendigen Arbeitzeitregelung daher ihre Zustimmung nicht geben, genügt die Erwirkung einer Vereinbarung mit der Belegschaft selbst. Diese Vereinbarung kann in der Weise gültig getroffen werden, daß entweder alle Einzelarbeitnehmer des Betriebes das betreffende Arbeitzeitabkommen persönlich unterzeichnen, oder daß das Abkommen mit der Betriebsvertretung abgeschlossen wird, nachdem diese sich in einer Belegschaftsversammlung die Vollmacht zu einem derartigen Abschlusse ausdrücklich hat geben lassen.

8. Ungültigkeit tarifwidriger Arbeitzeitbestimmungen der Arbeitsordnungen. In einem im Reichsarbeitsblatt Nr. 13 vom 1. Juli d. J. veröffentlichten Bescheide vom 10. Juni 1924, Nr. III A 4300/24, vertritt der Reichsarbeitsminister den zutreffenden Standpunkt, daß mit dem Inkrafttreten eines neuen Tarifvertrages oder eines von den Parteien angenommenen oder für verbindlich erklärten Schiedsspruches die entgegenstehenden Bestimmungen einer Arbeitsordnung für die unter den Tarifvertrag fallenden Arbeitsverhältnisse ohne weiteres hinfällig werden. Nach dem gleichen Bescheide sind die einzelnen Arbeitnehmer mit dem Inkrafttreten neuer tariflicher Bestimmungen über eine längere Arbeitzeit ohne weiteres zur Leistung der verlängerten Arbeitzeit verpflichtet, ebenso wie sie mit dem Inkrafttreten tariflicher Bestimmungen über eine kürzere Arbeitzeit eine entsprechende Verkürzung der bisherigen Arbeitzeit verlangen können. Ebenfalls wird durch das Inkrafttreten eines Tarifvertrages oder eines Schiedsspruches, der eine andere Arbeitzeitdauer einführt, die in der Arbeitsordnung vereinbarte Einteilung der Arbeitzeit gegenstandslos. Die Arbeitsordnung muß in Vereinbarungen mit der Betriebsvertretung entsprechend abgeändert werden, notfalls unter Zuhilfenahme des Schlichtungsausschusses. Die Abänderung der Arbeitsordnung tritt aber erst zwei Wochen nach gültiger Bekanntmachung in Kraft. In der Zwischenzeit hat der Arbeitgeber als Leiter des Betriebes das Recht, die Einteilung der tariflich neu festgesetzten Arbeitzeit in angemessener Weise von sich aus selbständig anzuordnen. Im Interesse eines reibungslosen Zusammenarbeitens im Betriebe ist es jedoch erwünscht, bei dieser Festsetzung der Einteilung der Arbeitzeit, also bei der Festsetzung des Beginnes und des Endes der täglichen Arbeitzeit und der Pausen im Einvernehmen mit der gesetzlichen Betriebsvertretung vorzugehen.

f) Wie weit sind Arbeitnehmer zur Leistung von Überarbeit verpflichtet?

1. Berechtigte Kündigung wegen Verweigerung nicht vereinbarter Mehrarbeit. Zu der strittigen Frage, ob ein Arbeitnehmer mangels ausdrücklicher Vereinbarung in Tarifverträgen, Arbeitsordnungen und Einzeldienstverträgen verpflichtet ist, Mehrarbeit zu leisten, die der Arbeitgeber auf Grund des § 3 der Arbeitzeitverordnung verlangt, entschied der Schlichtungsausschuß

München am 18. Juli 1924 (s. »Schlichtungswesen«, 6. Jahrg., Heft 9, S. 135), daß jedenfalls die befristete Kündigung wegen Verweigerung solcher Mehrarbeit im allgemeinen keine unbillige Härte darstelle.

2. Keine Verpflichtung zur Leistung von Überarbeit gemäß § 3 der Arbeitzeitverordnung ohne vertragliche Festlegung. Nach Ansicht des Schlichtungsausschusses München (Entscheidung vom 18. Juli 1924, veröffentlicht in der Zeitschrift »Das Schlichtungswesen« VI 8, Seite 135) sind Arbeitnehmer, nicht ohne weiteres verpflichtet, die vom Arbeitgeber gemäß § 3 der Arbeitzeitverordnung angeordnete Mehrarbeit zu leisten. Eine Mehrarbeit auf Grund einseitiger Festsetzung durch den Arbeitgeber gemäß § 3 der Arbeitzeit-Verordnung mit der Folge der fristlosen Entlassung bei Verweigerung kann dieser vielmehr nur verlangen, wenn er sich ein entsprechendes Recht in der Arbeitsordnung oder im einschlägigen Arbeits-, Dienst- oder Tarifvertrag ausdrücklich vorbehalten hat, oder wenn im Einzelfalle die Leistung der Überarbeit für den Betrieb so wichtig ist, daß der Arbeitgeber sie bei Auslegung des Arbeitsvertrages nach Treu und Glauben auch ohne besondere Vereinbarung verlangen kann.

Zur Vermeidung einer schwierigen Beweisführung in Streitfällen scheint es angesichts dieser und ähnlicher Entscheidungen zweckmäßig, vorsorglich in allen Einzel-Dienst- und Arbeitsverträgen und in allen Arbeitsordnungen und Tarifverträgen die Bestimmung aufzunehmen, daß der Arbeitnehmer verpflichtet ist, Überarbeit, die der Arbeitgeber im Rahmen des Tarifvertrages oder des Gesetzes angeordnet hat, unter allen Umständen zu leisten.

3. Verpflichtung zur Mehrarbeit auch vor Ablauf einer Ankündigungsfrist. Mit Urteil vom 3. Mai 1924 (veröffentlicht in den Mitteilungen der Vereinigung Deutscher Arbeitgeberverbände 1924, Nr. 12, S. 124) hat das Gewerbegericht Leipzig entschieden, daß nach behördlicher Genehmigung einer Arbeitzeitverlängerung im Sinne des § 6 der Arbeitzeitverordnung der Arbeitgeber die Leistung der längeren Arbeitzeit sofort und nicht erst nach Ablauf der für die einzelnen Verträge geltenden Kündigungsfrist und auch trotz entgegenstehender Arbeitzeitbestimmungen der Arbeitsordnung vor Abänderung der Arbeitsordnung verlangen kann. Arbeiter, die sich beharrlich weigern, in solchen Fällen der Aufforderung zur Leistung der längeren Arbeitzeit Folge zu leisten, können fristlos entlassen werden.

Es empfiehlt sich jedoch, die Arbeitzeitverlängerung wenigstens mit eintägiger Frist anzukündigen, damit die Arbeitnehmer sich auf die längere Arbeitzeit einrichten können und nicht bei etwaiger fristloser Entlassung einwenden können, daß es ihnen mangels ausreichender Versorgung mit Lebensmitteln und wegen nicht rechtzeitiger Verständigung ihrer Familienangehörigen nicht zuzumuten gewesen sei, länger als vorgesehen am Arbeitsplatze zu verweilen.

4. Geltungsbeginn von Arbeitszeitverlängerungen. Es bestehen vielfach noch Unklarheiten darüber, ob Tarifvereinbarungen und verbindliche Schiedssprüche bzw. behördliche Ausnahmegenehmigungen betreffend die Verlängerung der Arbeitzeit automatisch für alle Arbeitnehmer des Betriebes vom Zeitpunkte des Tarifabschlusses bzw. der Verbindlichkeitserklärung oder der Ausnahmegenehmigung ab gelten, oder ob zunächst nach dem Inkrafttreten der Arbeitzeitverlängerung selbst für das einzelne Arbeitverhältnis die jeweils geltende vertragliche Kündigungsfrist abgewartet werden muß, bevor von den einzelnen Arbeitnehmern die Einahltung der längeren Arbeitzeit verlangt werden kann, sofern der betreffende Arbeitnehmer nicht stillschweigend oder ausdrücklich vorher schon in eine Anwendung der vertraglichen oder behördlichen Arbeitzeitverlängerung einwilligt. Die Beantwortung dieser Frage richtet sich danach, wie die einzelnen Dienst- und Arbeitverträge abgeschlossen sind. Bestimmen diese, daß die Lohn- und Arbeitsbedingungen sich nach den jeweils geltenden Tarifvereinbarungen richten, so kann der Arbeitgeber verlangen, daß ohne Einhaltung irgendeiner Kündigungsfrist von den einzelnen Arbeitnehmern sofort vom Inkrafttreten der Tarifvereinbarung bzw. von der Verbindlichkeitserklärung ab die längere Arbeitszeit eingehalten wird. Bestimmen die Einzeldienst- und Arbeitverträge über die Dauer der Arbeitzeit nichts, so kann ebenfalls die Einhaltung der längeren Arbeitzeit sofort verlangt werden. Nur wenn ausdrücklich und unabhängig von Tarifvereinbarungen eine bestimmte Arbeitzeit vereinbart ist, kann der Arbeitgeber die Einhaltung der längeren Arbeitzeit erst verlangen, wenn er die betreffende Bestimmung aufgekündigt hat und die Kündigungsfrist abgelaufen ist. Es empfiehlt sich deshalb, bezüglich der Arbeitzeit lediglich die Bestimmung in die Einzeldienst- und Arbeitsverträge anfzunehmen, daß von den Arbeitern oder Angestellten die jeweils für die betreffende Arbeitnehmerkategorie für den Betrieb allgemein vom Arbeitgeber im Rahmen der geltenden Tarifverträge oder behördlichen Aufnahmegenehmigungen festgesetzte Arbeitzeit einzuhalten ist.

5. Verteilung von Überarbeit auf gleichartige Arbeitnehmer. Nach einem Urteil des Kaufmannsgerichtes Hamburg vom 9. Oktober 1924, Nr. K. G. 1673/24 (s. Hamburger Nachrichten Nr. 545 vom 21. November 1924) muß der Arbeitgeber notwendige Überarbeit möglichst auf alle gleichartigen und für die Überarbeit befähigten Arbeitnehmer verteilen, und er darf nicht einen einzelnen Arbeitnehmer dauernd Überarbeit leisten lassen, wenn er in der Lage ist, ohne Beeinträchtigung der Betriebsleistungen nacheinander verschiedene Arbeitnehmer zu der Überarbeit heranzuziehen. Tut er dies nicht, so kann er einen Arbeitnehmer nicht deshalb fristlos oder befristet entlassen, weil er sich weigert, dauernd allein Überarbeit zu leisten, selbst wenn er an sich tariflich zur Leistung solcher Überarbeit verpflichtet ist.

g) Welche Arbeitzeit haben die Betriebsangestellten einzuhalten?

1. Verpflichtung der Angestellten, deren Tätigkeit eng mit der Tätigkeit der Arbeiter verknüpft ist, zur Leistung der neunten Arbeitsstunde ohne Überstundenvergütung bei neunstündiger Arbeitzeit der Arbeiter. Angestellte, deren Tätigkeit ihrem Wesen nach eng mit der Tätigkeit der Arbeiter verknüpft ist, sind nach einer Entscheidung des Gewerbegerichts Stettin vom 16. 9. 24, Nr. 238, 239/24, verpflichtet, auch mangels ausdrücklicher Festlegung im Einzelvertrage oder im Tarifvertrage bei neunstündiger Arbeitzeit der Arbeiter ebenfalls neun Stunden ohne Anspruch auf Bezahlung der neunten Stunde als Überstunde zu arbeiten.

h) Wie weit sind Überstunden zu bezahlen?

1. Keine Überstundenbezahlung vor wirklicher Überschreitung der tariflich festgelegten Wochenarbeitzeit. Es ist bekanntlich zulässig, bei Arbeitsstreckung zur Einsparung von Betriebsunkosten an einzelnen Tagen der Woche länger als 8 Stunden arbeiten zu lassen, um die Arbeit an den anderen Tagen der Woche ganz ausfallen zu lassen. In der Praxis entsteht jedoch vielfach Streit darüber, ob und von der wievielten Stunde ab in solchen Fällen Überstunden zu bezahlen sind. In Übereinstimmung mit der in Arbeitgeberkreisen vertretenen Ansicht hat das Gewerbegericht Ludwigshafen mit Urteil vom 24. September 1924 entschieden, daß mangels anderweitiger ausdrücklicher Vertragsbestimmungen in solchen Fällen erst Überstundenzuschläge gezahlt zu werden brauchen, wenn während der ganzen Woche die für die Woche vorgesehene Höchstarbeitzeit überschritten wird. Wenn also beispielsweise ein Tarifvertrag vorsieht, daß die Arbeitzeit 48 Stunden wöchentlich beträgt und daß Überstunden mit 25 vH Aufschlag zu vergüten sind, so braucht der Arbeitgeber keine Überstundenzuschläge zu bezahlen, wenn an drei Tagen der Woche zur Ersparung von Betriebsunkosten je 10 Stunden gearbeitet wird, obwohl normalerweise die Arbeitzeit an den einzelnen Tagen nur 8 oder 9 Stunden beträgt. Bei Verlängerung der Arbeitzeit an einzelnen Tagen der Woche ohne Überschreitung der vorgesehenen Wochenarbeitzeit wäre der Überstundenzuschlag nur dann fällig, wenn im Tarifvertrage ausschließlich vorgesehen wäre, daß als Überstunden diejenigen Stunden zu bezahlen sind, die an einzelnen Tagen der Woche über eine bestimmte Stundenzahl hinaus verfahren werden. Im Zweifel gelten jedoch als Überstunden nur die wöchentlich über die normale Stundenzahl hinaus geleisteten Stunden. Immerhin erscheint es ratsam, in die einschlägigen Tarifverträge, Dienstverträge und Arbeitsordnungen ausdrücklich eine Bestimmung des Inhaltes aufzunehmen, daß als Überstunden nur solche Stunden mit besonderen Zuschlägen zu vergüten sind, die über eine bestimmte Wochenstundenzahl hinaus zu leisten sind.

(Weitere Entscheidungen siehe unter Nr. V.)

i) Wie weit ist Nachtarbeit und Pausenverkürzung für jugendliche und weibliche Arbeitnehmer zulässig?

1. Beschränkung der Genehmigung der Nachtarbeit von jugendlichen und weiblichen Arbeitnehmern. In einem Rundschreiben vom 12. Juni 1924 an die Sozialministerien der einzelnen deutschen Länder Nr. III B 2309/24 hat der Reichsarbeitsminister die Regierungen und Gewerbeaufsichtsbeamten gebeten, mit Rücksicht auf die Beschwerden der Gewerkschaften von der Zulassung völliger Nachtschichten sowie eines sehr späten Schlusses oder sehr frühen Beginnes der Schicht für Arbeiterinnen im Wege der Ausnahmegenehmigung möglichst ganz abzusehen und in Fällen, in denen Ausnahmen aus ganz schwerwiegenden Gründen unerläßlich erscheinen, die Bewilligungen ganz kurz zu befristen, um eine baldige Nachprüfung sicherzustellen. Auch sollen die Regierungsbehörden und Gewerbeaufsichtsbeamten Ausnahmegenehmigungen erst nach genauer Prüfung der Einzelfälle und unter größter Einschränkung erteilen. Bei Ausnahmegenehmigungen für die Nachtarbeit von jugendlichen Arbeitnehmern soll ein noch strengerer Maßstab als bei der Genehmigung der Nachtarbeit für Arbeiterinnen angelegt werden.

Der Reichsarbeitsminister macht aber anderseits darauf aufmerksam, daß durch die Wirtschaftskrise und durch die Verlängerung der Arbeitzeit im allgemeinen sich die Fälle gemehrt haben, in denen auch bei ausreichender Berücksichtigung der Schutzinteressen der jugendlichen und weiblichen Arbeitnehmer eine Ausnahmegenehmigung gerechtfertigt ist.

2. Genehmigung kürzerer Pausen für jugendliche und weibliche Arbeitskräfte. Nach den noch geltenden Bestimmungen des Art. V, Abs. 3 der Verordnung vom 23. November 1918 müssen Arbeiterinnen und jugendliche Arbeiter bei mehr als achtstündiger täglicher Arbeitzeit die Pausen der §§ 136 und 137 der Gewerbeordnung einhalten. Die Gewerbeaufsichtsbeamten können jedoch Ausnahmen zulassen. Nach den vorerwähnten Ausführungsbestimmungen vom 17. April sollen sie jedoch kürzere Pausen nur zulassen, wenn die Belange der Gesamtarbeiterschaft (große Entfernungen der Wohnungen von der Arbeitstelle, günstige Zugverbindungen, unvermeidliches Zusammenarbeiten der verschiedenen Arbeitergruppen, Heimarbeiten u. dgl.) es als besonders wünschenswert erscheinen lassen, wenn die Art der Beschäftigung der weiblichen und jugendlichen Arbeiter eine verhältnismäßig leichte ist, wenn hygienisch einwandfreie Arbeitsräume sowie für die Mittagspause ein genügender, im Winter entsprechend erwärmter Aufenthaltsraum vorhanden sind, und wenn bei der Verkürzung der Mittagspause auf eine halbe Stunde unter gleichzeitigem teilweisen oder auch völligen Wegfall der Vor- und Nachmittagspausen für die Arbeiterinnen und jugendlichen Arbeiter deren Gesamtarbeitzeit ohne Einrechnung der Pausen täglich nicht über 8½ h, an den Tagen vor Sonn- und Festtagen ohne jede Pause nicht über 5½ h beträgt.

k) Wie sind die Wechselschichten überzuleiten?

1. Regelung der Wechselschicht auf Grund der Arbeitzeitverordnung vom 21. Dezember 1923. Nach dem Übergang vom Drei- zum Zweischichtensystem tauchen in allen mehrschichtigen Betrieben mit durchgehender Arbeitzeit wieder die Schwierigkeiten auf, den Schichtwechsel am Wochenschluß im Einklang mit den Bestimmungen der Gewerbeordnung und der Arbeitzeitgesetze zu regeln. Beachtliche Anhaltspunkte für zweckmäßige Tarifvereinbarungen und Schichtwechselregelungen bringt eine in Nr. 4 des Reichsarbeitsblattes mit zahlreichen schematischen Darstellungen erläuterte Abhandlung des Präsidenten der Reichsarbeitsverwaltung Dr. Syrup.

2. Schichtübergang in Feuerbetrieben. Auf Grund der §§ 1 und 14, Absatz 1 und 2, der Verordnung über die Arbeitzeit vom 21. Dezember 1923 hat der preußische Minister für Handel und Gewerbe mit Wirkung bis zum 1. Juli 1924 unter dem Vorbehalt des jederzeitigen Widerrufes nach einer im Minsterialblatt der Handels- und Gewerbeverwaltung Nr. 3, S. 43, veröffentlichten Verordnung genehmigt, daß in den Anlagen der Eisen- und Stahlindustrie einschließlich der Hochofenkokereien, soweit der Betrieb auf Grund der Bekanntmachung, betreffend Ausnahmen von dem Verbot der Sonntagsarbeit im Gewerbebetrieb vom 5. II. 1895 (RGBl. S. 12), an den Sonn- und Festtagen ohne Unterbrechung aufrechterhalten werden darf, zur Vermeidung übermäßig langer Wechselschichten die Schichtdauer einschließlich der Pausen für die einzelnen Arbeiter täglich, also auch Sonntags, bis zu 12 Stunden betragen darf, wobei den Arbeitern nach 8 in regelmäßiger Reihenfolge verfahrenen Tagesschichten eine ununterbrochene Ruhezeit von mindestens 24 Stunden, nach 8 in regelmäßiger Reihenfolge verfahrenen Nachtschichten eine ununterbrochene Ruhezeit von mindestens 48 Stunden zu gewähren ist.

l) Wie sind die Pausen festzulegen und zu bezahlen?

1. Bekanntgabe der Arbeitzeiten und Arbeitpausen. Nach den im Reichsgesetzblatt Nr. 32 vom 25. April 1924 veröffentlichten Ausführungsbestimmungen zur Verordnung über die Arbeitzeit vom

17. April 1924 ist der Arbeitgeber verpflichtet, nicht nur Beginn und Ende der Arbeitzeiten und der Pausen, sofern keine tarifliche Regelung besteht, im Einverständnis mit der Betriebsvertretung für die einzelnen Betriebe genau festzulegen und in die Arbeitsordnung aufzunehmen, sondern auch die ordnungsmäßig festgesetzten Anfangs- und Endzeiten der Arbeitzeit und der Pausen durch Aushang an sichtbarer Stelle bekanntzugeben.

2. Bezahlung der Pausen bei Verpflichtung zur Beobachtung von Maschinen und Öfen während der Pausen. Arbeitnehmer, die keine eigentlichen Frühstücks- und Mittagspausen haben, sondern das Essen aus Betriebsrücksichten während der Arbeit einnehmen und dabei Maschinen und Öfen beobachten müssen, können nach einer Entscheidung des Gewerbegerichtes Hamburg vom 1. 4. 24 mangels abweichender Vereinbarungen Fortzahlung des Lohnes auch für diese Pausen verlangen. Mit Rücksicht auf diese Entscheidung empfiehlt es sich für durcharbeitende Betriebe, ausdrücklich zu vereinbaren, daß für das Einnehmen des Frühstücks und des Mittagessens bestimmte Zeiten in Abzug gebracht werden.

m) Wie sind die Arbeitstunden bei Kurzarbeit zu verteilen und zu bezahlen?

1. Verteilung der Arbeitstunden bei Kurzarbeit. Nach einem Schreiben des Reichsarbeitsministers vom 4. September 1924 Nr. III B 3600 an den Sächsischen Arbeits- und Wohlfahrtsminister ist es zulässig, im Interesse des Betriebes oder der Belegschaft auch bei Kurzarbeit an einzelnen Tagen der Woche länger als 8 Stunden arbeiten zu lassen, um dafür an anderen Tagen der Woche die Arbeit ganz auszusetzen.

2. Verkürzung der Arbeitzeit auf weniger als 24 Stunden. Nach einem Bescheid des Reichsarbeitsministers vom 16. Februar 1924 ist die Demobilmachungsbehörde auf Grund der Stillegungsverordnungen nicht befugt, durch einseitige Anordnung von sich aus die wöchentliche Arbeitzeit, sofern sie bisher weniger als 24 Stunden betrug, innerhalb der Sperrfrist auf 24 Stunden heraufzusetzen. Dagegen steht nichts im Wege, daß der Arbeitgeber während der Sperrfrist die wöchentliche Arbeitzeit in beliebigem Umfange auch auf weniger als 24 Stunden wöchentlich herabsetzt, wenn die Arbeitnehmer hiermit einverstanden sind oder wenn eine so weitgehende Verkürzung der Arbeitzeit rechtzeitig vorher mit der einschlägigen Kündigungsfrist angekündigt worden war. Eine Genehmigung der Demobilmachungsbehörde zu einer solchen Herabsetzung der Arbeitzeit zur Streckung der Arbeit auf weniger als 24 Stunden ist nicht erforderlich.

n) Wie ist der Berufsschulunterricht zu legen?

1. **Keine Verlegung des Berufsschulunterrichts in die Arbeitzeit.** In einem Erlaß vom 21. Oktober 24, Nr. IV 12 312 III (siehe Ministerialblatt der Handels- und Gewerbeverwaltung vom 30. 10. 24) wendet sich der preußische Minister für Handel und Gewerbe gegen die Bemühungen auf Verlegung des Berufsschulunterrichts in die Arbeitzeit. Der Minister führt zur Begründung an, daß der Berufsschulunterricht die im Interesse einer ordnungsmäßigen Lehrlingsausbildung liegende günstige Wirkung nur haben kann, wenn die Schüler frisch zur Schule kommen und von hauptamtlichen Lehrern während des Tages unterrichtet werden.

o) Was muß die Arbeitsordnung über die Arbeitzeit besagen?

1. **Ziffernmäßige Angabe der Arbeitzeit in der Arbeitsordnung nicht notwendig.** Nach §134b Nr. 1 der Gewerbeordnung muß die obligatorische Arbeitsordnung Bestimmungen über Anfang und Ende der regelmäßigen täglichen Arbeitzeit sowie der für die erwachsenen Arbeiter vorgesehenen Pausen enthalten. Auf Grund dieser Bestimmung werden meist umständliche Nachträge zu den Arbeitsordnungen erlassen, die lange Verhandlungen erfordern und die Übersicht über die Arbeitsordnung sehr erschweren. Es verdient deshalb Beachtung, daß nach einer Anweisung des Sächsischen Arbeitsministeriums vom 24. Juni 1924 an die Gewerbeaufsichtsämter die Arbeitsordnung selbst nicht ziffernmäßige, sondern nur allgemeine Angaben über Anfang und Ende der regelmäßigen täglichen Arbeitzeit enthalten muß, die die Feststellung der jeweils tatsächlich geltenden Arbeitzeit ermöglichen. So genügt es nach der genannten amtlichen Anweisung durchaus, wenn in die Arbeitsordnung die Bestimmung aufgenommen wird, »Die regelmäßige tägliche Arbeitzeit wird durch den jeweiligen Tarifvertrag bestimmt, ihr Beginn und Ende sowie die zu gewährenden Pausen werden nach Gehör der Betriebsvertretung entsprechend den gesetzlichen Bestimmungen bekanntgemacht«. Zur Vermeidung von Streitigkeiten und Meinungsverschiedenheiten empfiehlt es sich m. E., den entsprechenden Abschnitt der Arbeitsordnung wie folgt zu fassen: »Die regelmäßige tägliche Arbeitzeit wird durch den jeweils geltenden Tarifvertrag bestimmt und beim Fehlen eines solchen vom Arbeitgeber nach Anhörung der gesetzlichen Betriebsvertretung festgesetzt. Beginn und Ende der täglichen Arbeitzeit und die Dauer und die Lage der Pausen werden nach Anhörung der Betriebsvertretung vom Arbeitgeber festgesetzt und durch Anschlag an der für die allgemeinen Bekanntmachungen des Arbeitgebers vorgesehenen Stelle zur Kenntnis gebracht.«

p) Wie weit sind landesrechtliche Ausführungsbestimmungen zulässig?

1. **Keine landesrechtliche Einschränkung des behördlichen Rechtes der Arbeitzeitverlängerung.** Es ist verschiedentlich seitens einzelner Landesregierungen an die Gewerbeaufsichtsbeamten die Anweisung ergangen, Arbeitzeitverlängerungen nur unter sehr verschärften Bedingungen zu genehmigen. Demgegenüber verpflichten die neuen Ausführungsbestimmungen vom 17. April 1924 die Gewerbeaufsichtsbeamten, sich lediglich an die Bestimmungen der Arbeitzeitverordnung zu halten und dementsprechend beantragte Arbeitzeitverlängerungen ungeachtet landesrechtlicher Sonderanweisungen zu genehmigen, wenn sie aus betriebstechnischen Gründen oder aus allgemeinwirtschaftlichen Gründen geboten sind.

q) Wie weit ist Arbeit an Sonn- und Feiertagen zulässig?

1. **Arbeit am Karfreitag.** Zur Behebung von Zweifeln sei bezüglich der Zulässigkeit und der arbeitsrechtlichen Notwendigkeit der Arbeit am Karfreitag in katholischen Gegenden auf Verlangen der Belegschaft auf folgendes Urteil des Landgerichtes Düsseldorf vom 8. März 1922 verwiesen:

»Für die Entscheidung der Frage, ob die Kläger einen Rechtsanspruch auf Beschäftigung am Karfreitag haben, ist maßgebend die Oberpräsidialverordnung vom 22. November 1907, deren Bestimmungen bezüglich des Karfreitags sich völlig mit dem preußischen Gesetze vom 2. September 1899 decken. Schon der Wortlaut dieses Gesetzes läßt ebenso wie der der erwähnten Verordnung erkennen, daß der Karfreitag grundsätzlich die Geltung eines Feiertags hat. Er unterscheidet sich nur dadurch von einem Sonntage oder beiden Konfessionen gemeinsamen Festtage, daß in Gegenden mit überwiegend katholischer Bevölkerung, wie Düsseldorf, gearbeitet werden darf, und auch diese Konzession ist wiederum an verschiedene Einschränkungen geknüpft .... Es war daher, wenn die Beklagte nicht arbeiten ließ, lediglich zu prüfen, ob sie nach dem Gesetz berechtigt war, trotz des Einspruchs der Belegschaft die Arbeit am Karfreitag ruhen zu lassen Diese Frage war zu bejahen, eben weil der Karfreitag als gesetzlicher Feiertag anerkannt ist.«

Nach diesem zutreffenden Urteile steht es in katholischen Gegenden im Belieben des Arbeitgebers, ob er am Karfreitage den Betrieb ruhen oder ihn im Einvernehmen mit der Belegschaft unter Beachtung der gesetzlichen Ruhebestimmungen am Karfreitage aufrechterhalten will.

r) Wie weit sind Überstundenverzeichnisse zu führen?

1. **Überstundenverzeichnisse.** Nach den Ausführungsbestimmungen zur Arbeitzeitverordnung vom 17. April 1924 ist der Arbeit-

geber verpflichtet, genaue Verzeichnisse darüber zu führen, wieviele Arbeitnehmer an den einzelnen Tagen über 8 h hinaus beschäftigt werden, sofern die Überarbeit nicht tariflich vereinbart ist. In diesen Verzeichnissen, die den Aufsichtsbeamten auf Verlangen vorzulegen sind, muß die Zahl der weiblichen und jugendlichen Arbeitnehmer und die Dauer ihrer Beschäftigung an den einzelnen Mehrarbeitstagen besonders eingetragen werden.

s) Wann liegt strafbare Übertretung der Arbeitzeitbestimmungen vor? (Siehe IV A 1 bis 5.)

t) Welche Ergebnisse zeitigte die Arbeitzeitstatistik?

1. Arbeitszeit und Tariflöhne der Metallarbeiter im Februar 1924. In Nr. 6 der vom Statistischen Reichsamt herausgegebenen Zeitschrift »Wirtschaft und Statistik« findet sich nachstehende interessante Zahlentafel der tariflichen Arbeitzeiten und Löhne der Metallarbeiter im Februar 1924:

Nominal-Stunden- und Wochenlöhne sowie Arbeitzeiten der Metallarbeiter im Februar 1924.

Orte	Gelernte Stundenlohn RM.	Gelernte Wochenlohn RM.	Ungelernte Stundenlohn RM.	Ungelernte Wochenlohn RM.	Wochenarbeitzeit 1913. Stunden	Wochenarbeitzeit Ende Februar Stunden
Berlin [1]	0,62	33,18	0,465	24,89	54—60	54
Hamburg	0,50	25,52	0,41	20,96	54	54
Köln	0,60	29,42	0,54	26,19	54—57	54
Dresden	0,48	22,08	0,395	18,17	54½	53
Breslau	0,38	19,89	0,28	14,69	54—60	54
Essen	0,55	31,63	0,45	25,88	54—60	57½
Frankfurt a. M.	0,59	30,73	0,49	25,52	54	54
Düsseldorf	0,55	31,63	0,45	25,88	54—60	57½
Nürnberg	0,50	25,19	0,42	21,23	54—60	54
Hannover	0.42	20,02	0,35	16,75	54—60	48
Stuttgart	0,514	27,76	0,36	19,44	54—60	54
Chemnitz	0,54	24,84	0,39	17,94	54	53
Dortmund	0,55	31,63	0,45	25,88	54—60	57½
Magdeburg	0,485	25,96	0,35	18,73	54—60	54
Mannheim	0,585	29,84	0,465	23,72	54—56	51
Halle a. S.	0,465	24,89	0,355	19,00	54—60	54
Karlsruhe	0,53	26,03	0,41	20,06	54—60	51
Hagen	0,55	26,40	0,42	20,16	54—60	57
Bochum	0,55	31,63	0,45	25,88	54—60	57½
Gelsenkirchen	0,55	31,63	0,45	25,88	54—60	57½
Durchschnitt	0,55	29,02	0,43	22,73	54—60	48—57½

2. Reichsamtliche Ergebnisse der Deutschen Arbeitzeitstatistik. Aus einem Bericht des Statistischen Reichsamtes über die **deutsche Arbeitzeitstatistik** in Heft 14 der Zeitschrift »Wirtschaft und Statistik« entnehmen wir folgende wichtigen Feststellungen:

»Ein Rückblick auf die seit dem Erlaß der Verordnung über die Arbeitzeit getroffenen Arbeitzeitregelungen zeigt in den einzelnen Industrien und Landesteilen große Unterschiede, da die Dauer der Arbeitzeit von den Vereinbarungen der Tarifparteien abhängig gemacht wurde. In einigen Fällen ist vorübergehend eine verlängerte Arbeitzeit festgesetzt worden, so z. B. in der nordwestlichen Gruppe der Metallindustrie 57½ Stunden, in den Seeschiffswerften 54 Stunden. In den meisten Fällen wird jedoch die 48-Stundenwoche grundsätzlich beibehalten und dem Arbeitgeber das Recht zugestanden, mit Rücksicht auf die wirtschaftlichen Verhältnisse seines Betriebes eine längere Arbeitzeit anzuordnen; vielfach ist hierzu überhaupt oder von einer bestimmten Stundengrenze an das Einvernehmen oder die Zustimmung der Betriebsvertretung erforderlich. Ein besonderer Zuschlag für die Mehrarbeit wird im allgemeinen nicht gezahlt, doch wurde in den Arbeitzeitabkommen der letzten Wochen häufiger die Zahlung eines Zuschlages, der allerdings unter dem tarifmäßigen Überstundenzuschlag liegt, vereinbart. So ist im Buchdruckgewerbe seit dem 31. Mai ein Zuschlag von 12,5 vH für die 48. bis 51. Stunde, im Holzgewerbe ein solcher von 10 vH zu zahlen.

Da die Tarifverträge meist nur die Grenzen der zulässigen Arbeitzeit angeben, ist der Überblick über die Dauer der tatsächlichen regelmäßigen Arbeitzeit, die sich — von der Kurzarbeit abgesehen — bis Ende des Jahres 1923 mit der tarifmäßigen Arbeitzeit deckte, verlorengegangen. Der Allgemeine Deutsche Gewerkschaftsbund hat daher in der Woche vom 12. bis 17. Mai eine Erhebung der geleisteten Arbeitstunden vorgenommen, von welcher 46122 Betriebe und 2453523 beschäftigte Personen erfaßt wurden. Von je 100 erfaßten Arbeitern waren in der Woche vom 12. bis 17. Mai beschäftigt:

Gewerbezweig	48 h und weniger	über 48 h	davon 48 bis 51 h	51 bis 54 h	über 54 h
Textilindustrie	17,6	82,4	23,8	54,3	4,3
Metallindustrie	36,5	63,5	5,8	36,6	21,1
Buchdruckgewerbe	50,6	49,4	5,8	41,9	1,7
Chemische Industrie	56,0	44,0	2,8	33,4	7,8
Holzgewerbe	78,6	21,4	6,8	10,0	4,6
Schuhindustrie	85,5	14,5	3,5	10,8	0,2
Baugewerbe	89,0	11,0	3,3	4,8	2,9
Zusammen:	45,3	54,7	8,3	33,4	13,0

Die Ergebnisse zeigen, daß 54,7 vH, also über die Hälfte, der erfaßten Arbeiter mehr als 48 h und 13 vH länger als 54 h arbeiteten. Im weitesten Umfang ist die Verlängerung der Arbeitzeit in der Textilindustrie durchgeführt, sie gilt hier für 82,4 vH der erfaßten Arbeiter; es folgen die Metallindustrie mit 63,5 vH, das Buchdruckgewerbe mit 49,4 vH und die chemische Industrie mit 44 vH. In örtlicher Hinsicht steht der rheinisch-westfälische Industriebezirk an der Spitze. Es arbeitet von je 100 erfaßten Arbeitern in

	über 48 h	davon über 54 h
Rheinland-Westfalen	81,2	47,7
Bayern	68,0	4,1
Freistaat Sachsen	58,4	3,1
Hannover	54,2	3,1
Baden	53,3	1,2
Schlesien	52,0	8,5
Provinz Sachsen	50,0	26,3
Hessen	47,9	4,7

Bei der Beurteilung dieser Zahlen ist zu berücksichtigen, daß die Erhebung den Bergbau und die Reichsbetriebe nicht erfaßt hat, in denen die Arbeitzeitverlängerung für alle Arbeiter durchgeführt worden ist. Die Zahlen dürften einen Höhepunkt darstellen, da die ungünstigere Geschäftslage der letzten Wochen, die aus der Zunahme der Arbeitslosigkeit und der Kurzarbeit zu ersehen ist, auch auf die Anordnung von Mehrarbeitstunden nicht ohne Einfluß geblieben ist. Von Ende Mai bis Ende Juni ist die Arbeitslosigkeit in den erfaßten Verbänden um 16,5 vH, die Kurzarbeit um 132,1 vH gestiegen.«

V. Arbeitslohn und Gewinnbeteiligung.

A. Einschlägige Gesetzesbestimmungen.

1. Die unter Nr. III aufgeführten Gesetze.
2. Die Verordnung über Tarifverträge, Arbeiter- und Angestellten-Ausschüsse und Schlichtung von Arbeitsstreitigkeiten vom 23. Dezember 1918 (R.G.Bl. S. 1457).

B. Die wichtigsten Einzelfragen.

a) Wie entwickelten sich die Löhne und Gehälter in der Zeit vom 1. Juli bis 31. Dezember 1924?

1. Die deutschen Metallarbeiterlöhne im Monat Juni 1924. Über das Ergebnis der reichsamtlichen Statistik der Metallarbeiterlöhne während des Monates Juni dieses Jahres berichtet Heft 14 der Zeitschrift »Wirtschaft und Statistik« u. a. unter Bekanntgabe der untenstehenden übersichtlichen Tabelle wie folgt:

»Die Stundenlöhne der Metallarbeiter sind im Durchschnitt der 20 erfaßten Hauptsitze gegenüber dem Vormonat nominal von 60 auf 64 Pf., also um 6,7 vH für Gelernte und von 46 auf 47 Pf., also um 2,2 vH für Ungelernte gestiegen. Die gelernten Arbeiter erreichen damit 97, die ungelernten 104,4 vH ihres Vorkriegsstundenlohnes. Die Lohnerhöhungen fanden in 13 Städten statt; die stärksten Steigerungen erfolgten in Mannheim, Hagen i. W. und in den Städten im Bezirk der nordwestlichen Gruppe. Durch den Schiedsspruch vom 13. Juni, dessen Bestimmungen frühestens zum 1. September 1924 gekündigt werden können, wurden für die nordwestliche Gruppe die Stundenlöhne der Hilfsarbeiter um 5 Pf., die der Facharbeiter um 6 Pf. erhöht. Die Akkordarbeiter, welche im Durchschnitt der Monate März und April bis zu 60 Pf. verdienten, erhalten eine feste Zulage von 5 Pf.; unter Einrechnung der Sozialzulagen ergibt sich somit ein Lohnsatz von 70 Pf. Die Realwochenlöhne sind gegenüber dem Vormonat um 7,2 vH für Gelernte und um 4,2 vH für Ungelernte gestiegen, sie liegen trotzdem auch bei verlängerter Arbeitzeit noch unter den Vorkriegslöhnen. Die Spannung beträgt 34,5 vH gegen 30,7 im Mai und 48,1 vH im Jahre 1913.«

Nominal-Stunden- und Wochenlöhne der Metallarbeiter im Juni 1924.

	Gelernte			Ungelernte		
	Stundenlohn	Wochenlohn bei 48stündiger Arbeitszeit	Wochenlohn bei verläng. Arbeitszeit	Stundenlohn	Wochenlohn bei 48stündiger Arbeitszeit	Wochenlohn bei verläng. Arbeitszeit
	R.-Pf.	R.-M.	R.-M.	R.-Pf.	R.-M.	R.-M.
Berlin	64,6	31,01	34,88	46,5	22,32	25,11
Hamburg	63	30,24	34,02	53	25,44	28,62
Köln	78,5	37.68	42,39	55	26,40	29,70
Dresden	57	27,36	30,21	47,5	22,80	25,18
Breslau	45	21,60	24,30	34,5	16,56	18,63
Essen	70	33,60	40,25	50	24,00	28,75
Frankfurt a. M.	61	29,28	32,94	50	24,00	27,00
Düsseldorf	70	33,60	40,25	50	24,00	28,75
Nürnberg	59,4	28,51	32,08	49,6	23,81	26,78
Hannover	53,8	25,82	29,05	39	18,72	21,06
Stuttgart	—	—	—	—	—	—
Chemnitz	58,3	27,98	30,90	45	21,60	23,85
Dortmund	70	33,60	40,25	50	24,00	28,75
Magdeburg	58,7	28,18	31,70	40	19,20	21,60
Mannheim	70	33,60	35,70	52	24,96	26,52
Halle a. S.	58,7	28,18	31,70	41	19,68	22,14
Karlsruhe	64	30,72	32,64	48	23,04	24,48
Hagen	57	27,36	32,49	44	21,12	25,08
Bochum	70	33,60	40,25	50	24,00	28,75
Gelsenkirchen	70	33,60	40,25	50	24,00	28,75
Nominaldurchschnitt	64	30,72	34,72	47	22,56	25,81
vH des Vorkriegslohns	97,0	84,9	95,9	104,4	92,3	105,6
Realdurchschnitt	56	27,03	30,55	41	19,85	22,71
vH des Vorkriegslohns	81,8	74,7	84,4	91,1	81,2	92,9

2. Die deutschen Tariflöhne im Juni 1924. In Heft 14 der vom Statistischen Reichsamt herausgegebenen Zeitschrift »Wirtschaft und Statistik« werden die Ergebnisse der reichsamtlichen Statistik der deutschen Tariflöhne im Monat Juni 1924 veröffentlicht.

Nach dieser Veröffentlichung hat der Monat Juni gegenüber dem Vormonat bei verhältnismäßiger Ruhe in der Lohnentwicklung eine leichte Erhöhung der nominellen Lohnhöhe gebracht.

Die reale Kaufkraft der Löhne ist infolge eines geringen Rückganges der Lebenshaltungskosten stärker gestiegen und zwar um 6,4 vH für Gelernte und 5,0 vH für Ungelernte. Die Spannung zwischen den Löhnen der gelernten und ungelernten Arbeiter erhöht sich dadurch auf 26,6 vH. Der Nominalstundenlohn betrug im Durchschnitt aller Gewerbegruppen 68 Pf., er hält sich

3

damit ungefähr auf der Vorkriegshöhe, der Lohn der Ungelernten liegt mit 50 Pf. nicht unerheblich darüber. Die Realwochenlöhne bei verlängerter Arbeitzeit nähern sich der Vorkriegsgrenze, während sie bei Einstellung der tarifmäßigen Mindestarbeitzeit noch um 15,3 vH für Gelernte und um 4,5 vH für Ungelernte zurückbleiben.

Das statistische Reichsamt faßt das statistische Gesamtergebnis der Nominal- und Realwochenlöhne der gelernten und ungelernten Arbeiter wie folgt zusammen:

Nominal- und Realwochenlöhne gelernter und ungelernter Arbeiter im Juni 1924.

Arbeitergruppen	Gelernte			Ungelernte		
	Nominal-wochenlohn RM.	Real-wochenlohn M.	vH des Vorkriegslohns (real)	Nominal-wochenlohn RM.	Real-wochenlohn M.	vH des Vorkriegslohns (real)
Bergarbeiter	39,30	34,56	91,9	31,02	27,30	109,9
Bauarbeiter	35,72	31,43	83,4	30,09	26,48	89,8
Holzarbeiter	33,45	29,44	93,7	28,90	25,43	111,6
Metallarbeiter	34,72	30,55	84,4	25,81	22,71	92,9
Textilarbeiter männlich	27,20	23,94	91,4	23,90	21,03	98,4
» weiblich	19,61	17,26	99,4	15,68	13,80	96,0
Fabrikarb. Chem. Ind.	33,48	29,46	89,3	29,16	25,66	95,9
» Papiererz. Ind.	24,00	21,12	98,1	21,60	19,01	107,0
Buchdrucker	35,95	31,70	96,5	30,44	26,84	113,4
Reichsbetriebsarbeiter .	34,08	30,12	87,2	26,52	23,44	98,9
Durchschnitt für verlängerte Arbeitzeit . .	34,56	30,41	88,5	27,29	24,02	100,1
Durchschnitt für tarifmäßige Mindestarbeitzeit	33,04	29,08	84,7	26,05	22,92	95,5

8. Die deutschen Tariflöhne im Juli 1924. Dem Heft 16 der Zeitschrift »Wirtschaft und Statistik« entnehmen wir folgenden allgemein interessierenden Bericht über die deutschen Tariflöhne im Monat Juli 1924.

Im gewogenen Durchschnitt für alle erfaßten Gewerbegruppen haben sich die tarifmäßigen Nominallöhne im Juli gegen den Vormonat kaum geändert. Bei tarifmäßig verlängerter Arbeitzeit ergibt sich ein Wochenlohn für Gelernte von nominal M. 34,55 oder real M. 29.92, d. h. 87 vH, und für Ungelernte von nominal M. 27,24 oder real M. 23,59. d. h. 98 vH des Vorkriegslohnes. Die Spannung zwischen den Tariflöhnen der Gelernten und der Ungelernten hat sich von 20 auf 27 vH erhöht (vor dem Krieg betrug sie 43 vH).

Nach den Erhebungen der Facharbeiterverbände waren Ende Juli in den 6 größeren Verbänden 29,4 vH (im Vormonat 19,5 vH der erfaßten Mitglieder Kurzarbeiter und 13,8 vH (im Vormonat 11,3 vH) Vollarbeitslose. Die Zahl der unterstützten Erwerbslosen hat sich vom 1. Juli bis 1. August um 37 vH auf 327 974 Hauptunterstützungsempfänger und um 31 vH auf 389 154 Zuschlagsempfänger erhöht.

Nominal- und Realwochenlöhne gelernter und ungelernter Arbeiter im Juli 1924.

Arbeitergruppen	Gelernte			Ungelernte		
	Nominal- wochenlohn RM.	Real- wochenlohn M.	vH des Vorkriegslohns (real)	Nominal- wochenlohn RM.	Real- wochenlohn M.	vH des Vorkriegslohns (real)
Bergarbeiter	39,30	34,02	90,4	31,02	26,88	108,2
Bauarbeiter	36,47	31,59	83,8	30,63	26,53	90,0
Holzarbeiter	34,25	29,66	94,4	29,16	25,25	110,8
Metallarbeiter	34,91	30,23	83,5	25,88	22,41	91,7
Textilarbeiter, männlich	27,34	23,68	90,5	22,07	19,11	89,4
» weiblich	19,69	17,05	98,2	15,72	13,61	94,6
Fabrikarb., Chem. Ind.	33,48	29,00	87,9	29,16	25,25	94,4
» Papiererz. Ind.	24,00	20,79	96,6	21,60	18,71	105,3
Buchdrucker	35,95	31,09	94,7	30,44	26,33	111,2
Reichsbetriebs- (Eisenbahn) Arbeiter	34,08	29,44	85,2	26,52	22,91	96,7
Durchschnitt (gewogen) für verl. Arbeitzeit	34,55	29,92	87,1	27,24	23,59	98,3
Durchschnitt (gewogen) für tarifmäßige Mindestarbeitzeit	32,92	28,51	83,0	25,95	22,47	93,6

4. Die deutschen Metallarbeiterlöhne im Juli 1924. Über das Ergebnis der reichsamtlichen Statistik der Metallarbeiterlöhne im Juli berichtet Heft 16 von »Wirtschaft und Statistik« u. a., daß von rd. 698 600 Metallarbeitern im Mai bzw. Juni ds. Js. rund 487 000, d. h. 70 vH der Beschäftigten, mehr als 48 h in der Woche arbeiteten, ein Beweis, daß die in der Metallindustrie besonders häufigen Mehrarbeitzeitabkommen zum großen Teil tatsächlich durchgeführt waren. Neuerdings hat aber die Kurzarbeit stark zugenommen. Nach Feststellung des Metallarbeiterverbandes waren Mai 17, Juli aber 49 vH seiner Mitglieder Kurzarbeiter. Gleichzeitig erhöhte sich der Prozentsatz der Vollarbeitslosen von 14 auf 20.

Im gewogenen Durchschnitt für alle Berichtstädte haben die Facharbeiter nominal 64 und real 55 Pf. = 83 vH und die Hilfsarbeiter nominal 47 und real 41 Pf. = 91 vH des Vorkriegsstundenlohns bezogen. Fast dieselben Prozentsätze zum Vorkriegslohn ergeben sich bei verlängerter Arbeitzeit auf Grund der Realwochenlöhne (30,23 bzw. M. 22 41).

Nominal-Stunden- und Wochenlöhne der Metallarbeiter im Juli 1924.

Orte	Gelernte Stundenlohn RPfg.	Gelernte Wochenlohn bei 48stündiger Arbeitszeit RM.	Gelernte Wochenlohn bei verlängerter Arbeitszeit RM.	Ungelernte Stundenlohn RPfg.	Ungelernte Wochenlohn bei 48stündiger Arbeitszeit RM.	Ungelernte Wochenlohn bei verlängerter Arbeitszeit RM.
Berlin	64,6	31,01	34,88	46,5	22,32	25,11
Hamburg	63,0	30,24	34,02	53,0	25,44	28,62
Köln	76,2	36,58	41,15	55,0	26,40	29,70
Dresden	57,9	27,79	30,69	48,1	23,09	25,49
Breslau	51,3	24,62	27,70	34,5	16,56	18,63
Essen	70,0	33,60	40,25	50,0	24,00	28,75
Düsseldorf	70,0	33,60	40,25	50,0	24,00	28,75
Frankfurt a. M.	61,0	29,28	32,94	50,0	24,00	27,00
Nürnberg	59,4	28,51	32,08	49,6	23,81	26,78
Hannover	53,8	25,82	29,05	39,0	18,72	21,06
Stuttgart	70,0	33,60	37,80	50,0	24,00	27,00
Chemnitz	59,1	28,37	31,32	45,4	21,79	24,06
Dortmund	70,0	33,60	40,25	50,0	24,00	28,75
Magdeburg	58,7	28,18	31,70	40,0	19,20	21,60
Mannheim	70,0	33,60	35,70	52,0	24,96	26,52
Halle a. S.	58,7	28,18	31,70	41,0	19,68	22,14
Karlsruhe	64,0	30,72	32,64	48,0	23,04	24,48
Hagen	57,0	27,36	32,49	44,0	21,12	25,08
Bochum	70,0	33,60	40.25	50,0	24,00	28,75
Gelsenkirchen	70.0	33,60	40,25	50,0	24,00	28,75
Nominaldurchschn. (gew.)	64,0	30,72	34,91	47,0	22,56	25,88
vH des Vorkriegslohns	97,0	84,90	96,40	104,4	92,30	105,90
Realdurchschn. (gewog.)	55,0	26,61	30,23	41,0	19,54	22,41
vH des Vorkriegslohns	83,3	73,50	83,50	91,1	80,00	91,70

5. Die Auswirkung der Neuregelung der Reichsbeamtengehälter ab 1. Juni 1924 zeigt übersichtlich nachfolgende, dem Heft 13 der Zeitschrift »Wirtschaft und Statistik« entnommene Zahlentafel.) S. 37).

Die 17. Ergänzung des Besoldungsgesetzes vom 30. Juni 1924 hat die Bezüge der unteren Besoldungsgruppen (I bis VI) rückwirkend vom 1. Juni erhöht. Die Erhöhung beträgt gegenüber dem Mai dieses Jahres im Endgehalt 19 bis 28 vH und im Durchschnittsgehalt 17 bis 23 vH. Die sich hieraus ergebenden Veränderungen des End- und Durchschnittsgehaltes und des Verhältnisses zum Vorkriegsgehalt zeigt die obenstehende Übersicht.

Die Realgehälter der unteren Besoldungsgruppen stehen im Juni annähernd auf der Höhe der Vorkriegssätze, in den mittleren Gruppen (VI bis IX) bleiben die Realgehälter durchschnittlich um 10,2 bis 15,1 vH und in den oberen (X bis XIII) um 19,6 bis 28,2 vH hinter dem Vorkriegsgehalt zurück.

Die Spannung zwischen den Durchschnittsgehältern der Gruppen III und XIII hat sich infolge Erhöhung der Bezüge der Gruppe III wieder vermindert. Das Gehalt der Gruppe XIII beträgt das 4,6fache des Gehaltes der Gruppe III, gegen das 4,7fache nach der vorletzten Regelung und das 6,2fache vor dem Kriege.

Monatsgehälter der Reichsbeamten in Ortsklasse A.

Besoldungsgruppe	Endgehalt				Durchschnittsgehalt			
	Vorkriegsgehalt M.	Juni 1924 RM.	vH des Vorkriegsgehalts nom.	vH des Vorkriegsgehalts real	Vorkriegsgehalt M.	Juni 1924 RM.	vH des Vorkriegsgehalts nom.	vH des Vorkriegsgehalts real
I	—	169	—	—	—	149,5	—	—
II	156	178	114,1	101,9	148	157,0	106,1	94,7
III	173	187	108,1	96,5	157	169,5	108,0	96,4
IV	190	213	112,1	100,1	169	188,5	111,5	100,0
V	242	234	96,7	86,3	213	212,0	99,5	88,9
VI	321	280	87,2	77,9	260	247,5	95,2	85,0
VII	417	354	84,9	75,8	317	305,5	96,4	86,1
VIII	442	394	89,1	79,6	342	344,0	100,6	89,8
IX	525	439	83,6	74,7	404	384,0	95,0	84,9
X	708	560	79,1	70,6	533	477,0	89,5	79,9
XI	733	635	86,6	77,3	608	547,5	90,0	80,4
XII	808	710	87,9	78,5	683	612,5	89,7	80,1
XIII	1140	930	81,6	72,8	973	782,5	80,4	71,8

Nach den endgültigen Junisätzen ergibt sich bei Berücksichtigung des Personalbestandes vom 1. April 1924 für planmäßige und außerplanmäßige Reichsbeamte und für Beamte im Vorbereitungsdienst ein monatlicher Besoldungsaufwand von rund 147 Mill. M. Davon entfallen auf die allgemeine Reichsverwaltung 27 Mill. = 18,6 vH und auf die Betriebsverwaltungen 120 Mill. M. = 81,4 vH. Vom gesamten Besoldungsaufwand werden beansprucht von

Besoldungsgruppe	I—V	83,6 Mill.	M.	= 56,9 vH
»	VI—Xa	56,9 »	»	= 38,7 »
»	Xb—B7	6,5 »	»	= 4,4 »

6. Die deutschen Tariflöhne im September 1924. Die tarifmäßigen Lohnsätze haben sich lt. einem Bericht in Heft 20 von »Wirtschaft und Statistik« im September nur wenig geändert, doch brachte der Übergang zum letzten Vierteljahr 1924 immerhin eine Reihe von Lohnerhöhungen, die allerdings schon zum Teil in den Oktober fallen. Im gewogenen Durchschnitt für September kommen diese Lohnerhöhungen so wenig zum Ausdruck, daß sich bei Fortlassung der Dezimalstellen nominell der gleiche Satz von 70 Pf. für Gelernte und 50 Pf. für Ungelernte ergibt. Real ist infolge Verteuerung der Lebenshaltung allerdings ein Rückgang um je 1 Pf. auf 60 Pf. für Gelernte und 43 Pf. für Ungelernte zu verzeichnen. Im Vergleich mit den Stundenlöhnen der einzelnen Gewerbegruppen in der Vorkriegszeit erreichte der Realstundenlohn der Gelernten im September durchschnittlich 92 vH und der der Ungelernten 105 vH. Nur in der Metallindustrie und bei der männlichen Hilfs-

arbeit in der Textilindustrie wird von den Ungelernten der Vorkriegsstundenlohn nicht erreicht.

Wird die **Verkürzung der Arbeitzeit gegenüber** dem letzten Vorkriegsjahr **mitberücksichtigt, so ergibt sich im September im günstigsten Falle, d. h. bei Einstellung der tarifmäßig zulässigen** Arbeitzeitverlängerung, ein **durchschnittlicher** Wochenlohn für Gelernte von M. 35,83 und für Ungelernte von M. 27,38. Diese Nominallöhne sind nur um 7 bzw. 3 Pf. höher als im Vormonat. Infolge stärkerer Verteuerung der Lebenshaltung ist die Kaufkraft der Wochenlöhne gleichmäßig um 2,5 vH auf M. 30,52 für Gelernte und auf M. 23,32 der Vorkriegslöhne gesunken.

Nach den Feststellungen der Facharbeiterverbände ist die Kurzarbeit gegen den Vormonat zwar zurückgegangen, sie betraf aber Ende September immer noch 19,3 (im Vormonat 29,7) vH der Gewerkschaftsmitglieder, darunter 30 vH der Metallarbeiter.

In der Metallindustrie ist der tarifmäßige Stundenlohn der Facharbeiter einschließlich Sozialzulagen und Akkordausgleich in

Mitteldeutschland (Magdeburg, Halle) .	ab	28. Sept.	von	58,7	auf	61	Pf.
Breslau	»	1. Okt.	»	51,3	»	54,8	»
Chemnitz	»	5. Okt.	»	60,5	»	62,7	»
Dresden	»	5. Okt.	»	59,5	»	61,5	»
Frankfurt a. M. . . .	»	6. Okt.	»	61	»	66	»
Hagen (Märkische Metallindustrie)	»	7. Okt.	»	51,6	»	55,2	»

erhöht worden.

b) Wie weit darf der Lohn wegen zu geringer Arbeitsleistung herabgesetzt werden?

1. **Anspruch auf Zahlung des tariflichen Mindestlohnes nur bei normaler Arbeitsleistung.** Gemäß einer Entscheidung des Berggewerbegerichtes Dortmund, Kammer Essen 1, vom 2. Oktober 1924 können Arbeitnehmer nur dann die Zahlung des tariflichen Mindestlohnes verlangen, wenn ihre Arbeitsleistungen normal sind. Der Arbeitgeber braucht dagegen nur einen entsprechenden Bruchteil des tariflichen Mindestlohnes zu bezahlen, wenn ein Arbeitnehmer wesentlich hinter den Normalleistungen gleichartiger Arbeitnehmer zurückbleibt.

c) Wann sind einseitige Lohnherabsetzungen wirksam?

1. **Stillschweigende Einwilligung in Lohnherabsetzung.** Mit Urteil vom 2. Juni 1924 hat das Landgericht Berlin die Klage

eines Arbeiters auf Lohnnachzahlung trotz einseitiger Lohnherabsetzung durch den Arbeitgeber abgelehnt mit der Begründung, daß die widerspruchslose Empfangnahme des einseitig herabgesetzten Lohnes während einer längeren Zeit als Einwilligung in die Lohnherabsetzung gilt. Eine solche stillschweigende Einwilligung wurde nach Ansicht des Gewerbegerichtes Berlin auch nicht dadurch ausgeschlossen, daß der betreffende Arbeiter sich beim Arbeiterrat beschwerte, weil der Arbeiterrat die Beschwerde dem Arbeitgeber nicht unter Namensangabe zur Kenntnis gebracht hatte. Voraussetzung für die Gültigkeit einer einseitigen Lohnherabsetzung durch den Arbeitgeber ist jedoch außer der nachweisbaren mindestens stillschweigenden Einwilligung des Arbeitnehmers das Fehlen unabdingbarer Tarifbestimmungen. Zur Vermeidung von Klagen erscheint es trotz dieser Entscheidung zweckmäßig, beabsichtigte Lohnherabsetzungen rechtzeitig mit der für die einzelnen Arbeitnehmer geltenden Kündigungsfrist anzukündigen.

d) Wie weit sind erzwungene Lohnzusagen verbindlich?

1. Unverbindlichkeit durch Drohungen erzwungener Lohnzusagen. In manchen Fällen versuchen Arbeitnehmer in Zeiten guter Konjunktur durch Androhung sofortiger Arbeitsniederlegung unter Einstellung der Notstandsarbeiten, Zusage höherer Löhne zu erzwingen. Nach einer wohlbegründeten Entscheidung des Gewerbegerichtes Köln sind solche unter Drohungen erzwungenen Zusagen von Lohnerhöhungen nichtig und unverbindlich. In dem dem Urteile zugrunde liegenden Falle hatten die Musiker vor Beginn eines bedeutenden Gastspieles von ihrer Direktion günstigere Gehalts- und Arbeitsbedingungen unter der Androhung sofortiger Arbeitsniederlegung verlangt. Das Gewerbegericht stellte fest, daß die auf Grund dieser Androhung von der Direktion in der Zwangslage abgegebenen Erklärungen nach § 123 BGB. nichtig waren und infolgedessen den klagenden Musikern keinen Anspruch auf die zugesagten Lohnerhöhungen gewährten.

e) Wie weit sind Löhne bei Arbeitsbehinderung und Arbeitsunmöglichkeit zu zahlen?

1. Wegfall des Lohnanspruches für die Zeit behördlich angeordneter Kesselreinigung. Nach einer Entscheidung des Landgerichtes Hagen vom 3. Juni 1924 fällt der Lohnanspruch für die Zeit, in der die Arbeit infolge einer wegen behördlicher Anordnungen notwendigen Kesselreinigung aussetzt, nach § 323 des Bürgerlichen Gesetzbuches fort.

2. Abdingung des § 615 BGB. durch die Klausel „bezahlt wird nur die tatsächlich geleistete Arbeit“. In einem wohl mit der herrschenden Meinung übereinstimmenden Urteil vom 4. 4. 1924 vertritt das Landgericht Gruben den allerdings auch vielfach als unrichtig bezeichneten Standpunkt, daß die Klausel der Arbeitsordnung »bezahlt wird nur die tatsächlich geleistete Arbeit« für alle unter die Arbeitsordnung fallenden Arbeitnehmer die Anwendbarkeit des § 615 BGB. ausschließt, weil § 615 BGB. nicht zwingender Natur sei. Dort, wo die Arbeitsordnung diesen Passus enthält, braucht der Arbeitgeber in Abweichung von der Regel des § 615 BGB. also für die Zeit der Arbeitsbehinderung Arbeitslohn nicht zu zahlen, sofern die Arbeitsunmöglichkeit nicht vorsätzlich vom Arbeitgeber herbeigeführt worden ist.

3. Zulässigkeit von Vereinbarungen gegen § 63, Abs. 1, des Handelsgesetzbuches. Nach § 63, Abs. 1, des Handelsgesetzbuches behalten Handlungsgehilfen, die durch unverschuldetes Unglück, insbesondere durch Krankheit an der Leistung des Dienstes verhindert werden, ihren Anspruch auf Gehalt, und zwar im allgemeinen für die Dauer von 6 Wochen. In der Praxis streitet man darüber, ob diese Bestimmungen durch Vereinbarungen zwischen dem Arbeitgeber und dem Handlungsgehilfen abbedungen werden können. In Übereinstimmung mit den Entscheidungen des Kaufmannsgerichtes Berlin (veröffentlicht in Berl. Kfm. G. J. 1908, 261, und 1910, S. 252ff., sowie des Kaufmannsgerichts Berlin-Schöneberg, veröffentlicht in der Zeitschrift Gewerbe- und Kaufmannsgericht 18, 18) und im Gegensatz zu einer Entscheidung des Landgerichtes I Berlin (veröffentlicht in K. G. Bl. 1903, 82, und 1904, 36 und 50) sowie des Kaufmannsgerichtes Rixdorf im Gewerbe- und Kaufmannsgericht 16, 15), hat neuerdings das Kaufmannsgericht Saarbrücken unter Nr. 74/24 K entschieden, daß durch Vereinbarungen zwischen dem Handlungsgehilfen und dem Arbeitgeber in Abweichung von der Bestimmung des § 63, Abs. 1, des Handelsgesetzbuches der Wegfall des Gehaltsanspruches für die Zeit der Krankheit oder der Arbeitsbehinderung gültig vereinbart werden kann.

4. Gehaltzahlung bei mehrmaliger gleichartiger Erkrankung. Wird ein Handlungsgehilfe durch unverschuldetes Unglück, z. B. durch Krankheit, an der Leistung der Dienste verhindert, so behält er nach § 63, Abs. 1 des Handelsgesetzgebuches seinen Anspruch auf Gehalt und Unterhalt, jedoch nicht über die Dauer von 6 Wochen hinaus. Der gleiche Anspruch steht nach der Gewerbeordnung den Werkmeistern und höheren technischen Angestellten zu.

In der Praxis entsteht oft Streit darüber, ob bei kurz aufeinanderfolgenden gleichartigen Erkrankungen, zwischen denen die Arbeit nur für kurze Zeit wieder aufgenommen worden ist, die beiden Krankheitszeiten in bezug auf die vorstehende Verpflichtung zur Gehaltsfortzahlung zusammengerechnet werden dürfen, oder ob der Angestellte in jeder Krankheitsperiode bis zur Höchstdauer von

6 Wochen das Gehalt weiter fordern kann. Nach einer Entscheidung des Kaufmannsgerichtes Berlin kann ein Angestellter, der ungeheilt seinen Dienst wieder antritt und infolge derselben Krankheit wieder arbeitsunfähig wird, bei einer einheitlichen Erkrankung nur einmal während der Krankheitsperioden das Gehalt für 6 Wochen beanspruchen.

Bei mehrmaliger Erkrankung an derselben oder einer gleichartigen Krankheit empfiehlt es sich daher, durch Einforderung ärztlicher Atteste festzustellen, ob in beiden Krankheitsperioden dieselbe, in der zwischenzeitlichen Arbeitsperiode nicht restlos behobene Krankheit vorlag.

(Weitere Entscheidungen siehe unter Nr. XI.)

f) Wie weit sind Löhne, Ruhegehälter usw. aufzuwerten?

1. Keine selbsttätige Umwandlung von Papiermarklohnzuschlägen in Goldmarkzulagen. Es entstehen häufig nach Änderung der Papiermarktarife in Tarife mit Goldmarklöhnen Streitigkeiten darüber, ob die in den zugrundeliegenden Tarifverhandlungen nicht erwähnten, während der Geltungsdauer der alten Tarifvereinbarungen gezahlten Papiermarkleistungs- und Lohnzuschläge nunmehr in der alten Höhe als Goldmarkzuschläge weiter zu zahlen sind.

In dieser Streitfrage hat das Gewerbegericht Hamburg nach einem Urteile vom 15. Januar 1924 entschieden, daß die Verpflichtung zur Fortzahlung solcher Papiermarkzuschläge nach Einführung von Goldlöhnen nicht mehr besteht, daß vielmehr nach dem Übergang von der Papiermarkentlohnung zu Goldmarklöhnen grundsätzlich alle Leistungs- und sonstigen Zulagen als aufgehoben gelten, die bei den zugrunde liegenden Verhandlungen nicht ausdrücklich in der einen oder anderen Form aufrechterhalten worden sind.

2. Keine Aufwertung von Lohn- und Gehaltsansprüchen für rückliegende Zeit nach den neuen Tarifsätzen. Es ist bei vielen Gerichten üblich, eine Aufwertung von Lohn- und Gehaltsschulden bis zur Höhe der jeweils geltenden neuen Tarifsätze im Urteil zu verfügen.

Nach einem Urteil des Kammergerichtes (8. Zivilsenat vom 1. März 1924) ist eine solche Aufwertung durch Urteil rechtlich unzulässig. Nach Ansicht des Kammergerichtes müssen auch bei Aufwertung von Lohn- und Gehaltsschulden die sämtlichen Umstände wie bei sonstigen Aufwertungsstreitigkeiten berücksichtigt werden.

3. Aufwertung von Ruhegehältern. Das Reichsgericht hat in einem Urteile vom 4. Januar 1924, Nr. III, 651/23, grundsätzlich entschieden, daß Ruhegehälter und ähnliche Leistungen eine Gegenleistung für die früher geleisteten Dienste darstellen und bei Geldentwertung so aufgewertet werden müssen, daß sie zu dem früheren Werte der Dienste in einem angemessenen Verhältnisse stehen. Bei der Prüfung der Frage, welche Aufwertung im Einzelfalle angemessen ist, hat das Gericht unter billiger Abwägung der sozialen und wirtschaftlichen Lage des Ruhegehaltsempfängers und des früheren Arbeitgebers zu ermitteln, in welchem Verhältnis ursprünglich das Ruhegehalt zu den vollen Dienstbezügen gestanden hat. Beim Fehlen von Sondergründen, die eine höhere oder niedrigere Aufwertung rechtfertigen, soll im Wege der Aufwertung durch Urteil das Ruhegehalt so hoch festgesetzt werden, daß das Ruhegehalt nach der Erhöhung zu den derzeitigen Lohn- oder Gehaltsbezügen eines entsprechenden Angestellten in dem gleichen Verhältnis steht, wie das Ruhegehalt zurzeit seiner Bewilligung prozentual gegenüber dem damaligen Lohn oder Gehalt des Ruhegehaltsempfängers gestanden hat.

Eine sachlich gleiche Entscheidung hat das Kaufmannsgericht Berlin in Übereinstimmung mit einem Urteil des Kaufmannsgerichtes Stuttgart gefällt. Diese beiden letzteren Urteile sind insofern noch von Bedeutung, als sie feststellen, daß für Klagen betreffend die Aufwertung von Ruhegehältern dieselben Gerichte zuständig sind, vor denen Klagen aus dem Dienstverhältnis anzubringen gewesen wären.

4. Nur beschränkte Aufwertung zurückzuerstattender Ruhegeldbeiträge. Nach einem Urteil des Amtsgerichtes Leipzig (»Arbeitsrecht,« Jahrgang XI, Heft 10, S. 771) kann der Arbeitnehmer eine Aufwertung der ihm nach den Satzungsbestimmungen zurückzuerstattenden Beiträge zu Ruhegehalts- und Pensionskassen usw. nur dann verlangen, wenn die Ruhegehaltskasse oder der diese verwaltende Arbeitgeber das Geld wertbeständig erhalten hat oder wenn der Arbeitgeber mit den Beiträgen praktisch gearbeitet hat. In diesem Falle würde das Maß der zu gewährenden Aufwertung abhängen von dem Werte, in welchem die Beiträge von der Kasse oder dem Arbeitgeber erhalten worden sind oder bei angemessener Verwertung erhalten werden konnten.

g) Wann sind Gratifikationen und Tantiemen zu zahlen?

1. Unverbindlichkeit unklarer Tantiemeversprechungen. Das Kaufmannsgericht Berlin hat unter dem Aktenzeichen 386/1924 KG6 entschieden, daß unklare und ziffernmäßig nicht bestimmte Tantiemeversprechungen unverbindlich sind, und daß der Arbeitnehmer auf Grund solcher Versprechungen nicht auf Auszahlung von Tantieme klagen kann. Es heißt in der Entscheidung u. a.: »Die von der Beklagten dem Kläger gemachte Zusage, daß er eine Tantieme erhalten solle, deren Höhe sich nach einem noch festzusetzenden Geschäftsanteile richten solle, vermag den Klageanspruch allein nicht zu stützen. Hierzu wäre vor allem noch eine genaue Festsetzung des fiktiven Geschäftsanteils und eine Vereinbarung über die prozentuale Höhe der Beteiligung am Reingewinne erforderlich gewesen. Solange eine Vereinbarung hierüber nicht erfolgt war, kann in der Zusage noch keine rechtsverbindliche Willenseinigung erblickt werden, vielmehr ist daran festzuhalten, daß erst nach vollständiger Einigung über alle wesentlichen Punkte ein klagbarer Anspruch gegeben wäre, und daß bis dahin von dem Zustandekommen eines bindenden Vertrages nicht gesprochen werden kann. Die vom Kläger herangezogene angeblich den übrigen Angestellten gewährte Weihnachtsgratifikation kann nach Ansicht des Gerichtes weder eine Grundlage für die Bemessung der Höhe der Tantieme bilden, noch vermag sie die Willenseinigung der Parteien zu ersetzen.

h) Wie weit sind für Überstunden und Sonntagsarbeit Zulagen zu bezahlen?

1. **Überstundenzuschläge bei Arbeitzeitverlängerung.** In einem Bescheide vom 15. III. 1924 macht der Reichsarbeitsminister darauf aufmerksam, daß die Verordnung über die Arbeitzeit vom 21. XII. 1923 die Frage der Überstundenbezahlung nicht mitregeln wollte und mitgeregelt hat. Die Regelung der Bezahlung der Überstunden hat die Verordnung der Verständigung der Parteien selbst überlassen. Es kommt also im wesentlichen auf die jeweils geltenden Tarifvereinbarungen an, von welcher Stunde ab Überstundenzuschläge zu bezahlen sind.

(Weitere Entscheidungen siehe unter IV h, l, m.)

VI. Lohnpfändung und Steuerabzüge.

A. Die einschlägigen Gesetzesbestimmungen.

1. Das Gesetz betr. die Beschlagnahme des Arbeits- oder Dienstlohnes vom 21. Juni 1869 (RGBl. S. 242) nebst den dazu ergangenen Ausführungs- und Abänderungsbestimmungen vom 29. März 1897 (RGBl. 159) vom 17. Mai 1896 (R.G.Bl. S. 332), vom 13. Dezember 1917 (RGBl. S. 1102).
2. Verordnung über Lohnpfändung vom 25. Juni 1919 (RGBl. S. 258) mit den Abänderungen vom 10. August 1920 (RGBl. S. 1572) und vom 23. Dezember 1891 (RGBl. S. 1667) und vom 7. Januar 1924.
3. Gesetz betr. die Pfändbarkeit von Gehaltsansprüchen vom 23. Dezember 1921.
4. Das Einkommensteuergesetz vom 29. März 1920 (RGBl. S. 359) nebst den dazu ergangenen Abänderungs- und Ausführungsbestimmungen, insbesondere den zahlreichen Bestimmungen über den Steuerabzug.

B. Die wichtigsten Einzelfragen.

a) Wie weit sind die Löhne und Gehälter unpfändbar?

1. Lohn- und Gehaltspfändung. Durch Verordnung vom 7. I. 1924 sind die reichsrechtlichen Vorschriften betreffend die Lohn- und Gehaltspfändung dahin abgeändert, daß nunmehr der Arbeits- und Dienstlohn bis zur Summe von GM. 30 für die Woche und, soweit er diesen Betrag übersteigt, zu einem Drittel des Mehrbetrages der Pfändung nicht unterworfen ist. Hat der Arbeitnehmer seinem Ehegatten, früheren Ehegatten, Verwandten oder einem unehelichen Kinde Unterhalt zu gewähren, so erhöht sich der unpfändbare Teil des Mehrbetrages für jede Person, der Unterhalt zu gewähren ist, um $^1/_6$, höchstens jedoch auf $^2/_3$ des Mehrbetrages. Soweit der Arbeits- oder Dienstlohn die Summe von GM. 100 wöchentlich übersteigt, ist die Pfändung unbeschränkt zulässig.

2. Auszahlung des Arbeitslohnes an die Ehefrau. Zu der umstrittenen Frage, ob und inwieweit der Arbeitgeber mit befreiender Wirkung den einem Arbeitnehmer zustehenden Lohn der Ehefrau des Arbeitnehmers aushändigen darf, veröffentlicht die Rhein. Westf. Zeitung in Nr. 434 vom 2. Juni 1924 eine bemerkenswerte Gewerbegerichtsentscheidung.

In dem fraglichen Falle hatte ein Arbeiter seine Arbeit ohne Kündigung verlassen und sich auch gleichzeitig von seiner Familie entfernt. Auf die Aufforderung der Polizeibehörde zahlte der Unternehmer der Frau auf den vom Manne verdienten Lohn zunächst einen Vorschuß. Bei der Endabrechnung brachte er den nach Abzug der Versicherungsbeiträge usw. verbliebenen Restlohn gleichfalls an die Frau zur Auszahlung. Der Arbeiter klagte auf Rückzahlung des gesamten Lohnes gegen den Arbeitgeber mit der Begründung, daß er seine Frau nicht zur Empfangnahme des Lohnes ermächtigt habe.

Das Gewerbegericht wies den Arbeiter mit seiner Klage ab mit der Begründung, daß der Arbeitgeber berechtigt gewesen sei, auf die Aufforderung der Polizeibehörde den Lohn an die Ehefrau zu zahlen, da nach § 679 des BGB. Geschäftsführung ohne Auftrag vorliege und hierbei ein der Geschäftsführung entgegenstehender Wille des Geschäftsherrn nicht in Betracht komme, weil sonst eine gesetzliche Unterhaltspflicht des Arbeitnehmers nicht rechtzeitig erfüllt werden würde.

3. Lohnverwirkung der Arbeitsordnung und Unpfändbarkeitsgrenze. Nach der Reichsgewerbeordnung ist der Arbeitgeber bekanntlich berechtigt, durch die Arbeitsordnung rechtsverbindlich festzusetzen, daß ein Teil des Arbeitslohnes zugunsten von Arbeiterunterstützungskassen oder ähnlichen Einrichtungen verfällt, wenn der Arbeitnehmer sich einer Vertragsverletzung oder eines Vertragsbruches schuldig macht.

Solche Bestimmungen der Arbeitsordnung sind aber nur wirksam, soweit die in der Arbeitsordnung festgelegte Lohnverwirkung die Unpfändbarkeitsgrenze der §§ 1 und 2 des Lohnbeschlagnahmegesetzes nicht übersteigt.

Geht die Lohnverwirkungsabrede der Arbeitsordnung über die Unpfändbarkeitsgrenze hinaus, so ist sie über diese Grenze hinaus nur wirksam, soweit die Lohnverwirkung für vorsätzliche Vertragsverletzungen in Frage kommt.

4. Rechtsgültigkeit sogenannter Fünfzehnhundertmarkverträge. In Literatur und Praxis gehen die Anschauungen über die Rechtsgültigkeit sogenannter Fünfzehnhundertmarkverträge, d. h. derjenigen Verträge, durch welche ein überschuldeter Arbeitnehmer zuungunsten seiner Gläubiger die Einkünfte aus seinen Arbeitsleistungen, soweit sie pfändbar sind, einem Dritten zediert, weit auseinander.

In diesem praktisch bedeutsamen Streite verdient ein Urteil des Landgerichtes Limburg 4 S 140/21 Beachtung, in welchem, allerdings im Gegensatz zu entgegenstehenden Entscheidungen, der Standpunkt vertreten wird, daß solche Fünfzehnhundertmarkverträge rechtsgültig sind. Das erkennende Gericht vertritt die Ansicht, daß solche Verträge nicht gegen ein gesetzliches Verbot verstoßen und auch nicht anfechtbar sind, allerdings nur unter der Voraussetzung, daß sie nicht nur zum Scheine abgeschlossen sind.

Nach seiner Ansicht steht den Gläubigern eines Schuldners keinerlei Rechtsanspruch darauf zu, daß dieser seine Arbeitskraft zu des Gläubigers Gunsten derart zu verwerten habe, daß der Gläubiger sich zwecks Befriedigung an die Gegenleistung für die Arbeit halten könnte. Eine Anfechtung des Vertrages wegen Benachteiligung des Gläubigers könne deshalb nicht in Frage kommen, weil aus dem Vermögen des Schuldners weder unmittelbar noch mittelbar etwas an dessen Arbeitgeber gelangt sei. Einen Verstoß gegen die guten Sitten im Sinne des § 826 BGB. stelle der Vertrag höchstens dann dar, wenn die Lohn- und Gehaltsansprüche an Familienfremde abgetreten würden, oder wenn bei Abtretung an Familienangehörige der Gesamtbetrag, der zugunsten der Familie dem Gläubigerzugriff entzogenen Summe das Maß dessen übersteige, was zu einem bescheidenen Unterhalte notwendig sei.

b) Wie weit darf der Arbeitgeber gegen Lohn- und Gehaltsforderungen aufrechnen?

1. Zurückbehaltung von Restlöhnen bei der Entlassung. Wie das Gewerbegericht Hof in einem Urteil vom 28. Juni 1924 hervorgehoben hat, hindern die §§ 115 der Gewerbeordnung und 394 des Bürgerlichen Gesetzbuches den Arbeitgeber nicht, bei Entlassung von Arbeitnehmern die Restlöhne solange zurückzubehalten, bis die Entlassenen etwa noch offenstehende Gehaltsvorschüsse oder Beträge für Lebensmittel-, Kohlenlieferungen usw. zurückbezahlt haben.

2. Keine Verpflichtung des Arbeitgebers zur Einforderung der Steuerbücher. Nach einem Erlaß des Reichsfinanzministers Nr. III C 2 1600 vom 25. September 1924 ist der Arbeitgeber gesetzlich nicht verpflichtet, den Arbeitnehmer zur Abgabe des Steuerbuches oder der Steuerkarte aufzufordern. Lediglich der Arbeitnehmer ist nach § 33 der Durchführungsbestimmungen über den Steuerabzug vom Arbeitslohn verpflichtet, das Steuerbuch dem Arbeitgeber vorzulegen, damit dieser Klarheit darüber erhält, in welcher Höhe er den Steuerabzug vorzunehmen hat. Kommt der Arbeitnehmer dieser Verpflichtung nicht nach, so muß der Arbeitgeber den Arbeitslohn um volle 10 vH ohne Berücksichtigung des steuerfreien Lohnbetrages und der Ermäßigungen nach dem Familienstande kürzen.

c) Wie ist der Steuerabzug vom Arbeitslohn zu berechnen und durchzuführen?

1. Notwendigkeit der Neuausstellung von Steuerkarten. Gelegentlich des bevorstehenden Jahreswechsels sei darauf aufmerksam gemacht, daß für das Jahr 1925 neue Steuerkarten erforderlich sind, die bis

Anfang Dezember im Besitze eines jeden Arbeitnehmers und durch diesen im Besitze des Arbeitgebers sein sollten, um Schwierigkeiten bei der Vornahme des Steuerabzugs zu vermeiden. Es empfiehlt sich deshalb, durch Anschlag rechtzeitig die Arbeitnehmer darauf aufmerksam zu machen, daß sie sich rechtzeitig bei ihrem Bürgermeisteramte oder bei ihrer Stadtverwaltung neue Steuerkarten besorgen und diese dem Arbeitgeber abgeben müssen. Für größere Betriebe kann meist durch eine Vereinbarung mit den zuständigen Bürgermeisterämtern und Stadtverwaltungen eine Sammelausstellung vereinbart werden. Die rechtzeitige Anforderung neuer Steuerkarten ist besonders deshalb notwendig, weil die auf dem alten Steuerbuche für die Jahre 1923/24 von dem Finanzamte vermerkten Sonderzubilligungen wie höhere Werbungskosten (bei Kriegsbeschädigten) oder Steuerermäßigung (bei mittellosen Angehörigen) für das Jahr 1925 ihre Gültigkeit nur dann behalten, wenn sie nach Erhalt und unter Vorlage der neuen Steuerkarte beim Finanzamte beantragt und von diesem genehmigt werden.

Gleichzeitig sei darauf aufmerksam gemacht, daß die neuen Steuerkarten nach dem Familienstande vom 10. 10. 1924 ausgestellt werden. Der nach diesem Zeitpunkte hinzugekommene Familienzuwachs muß auf besonderen Antrag hin auf der Steuerkarte vermerkt werden. Solche Änderungen der Steuerkarte wirken ebenso wie nachträglich erwirkte Steuervergünstigungen erst mit Beginn der auf die Eintragung folgenden Gehalts- oder Lohnauszahlung.

2. Besondere Gehaltsnachweisungen für höher besoldete Angestellte. Nach der dritten Durchführungsbestimmung für Einkommensteuervorauszahlungen ist der Arbeitgeber verpflichtet, für jeden Arbeitnehmer, dessen Bruttoarbeitsverdienst in einem Kalendervierteljahr M. 2200 überstiegen hat, binnen 10 Tagen nach Ablauf des Kalendervierteljahres dem zuständigen Finanzamt einen sog. Lohnzettel abzugeben. Die für diese Lohnzettel besonders vorgeschriebenen Formulare, aus denen alle mitzuteilenden Angaben hervorgehen, hat der Arbeitgeber auf seine Kosten vom Finanzamte zu beschaffen.

3. Entschädigungen nach § 87 des Betriebsrätegesetzes sind nicht steuerabzugspflichtig. Entgegen seiner im Erlaß vom 29. Dez. 1920 festgelegten Ansicht hat der Reichsfinanzminister sich in einem neuen Erlaß vom 20. Oktober 1923, Nr. III C 12500, damit einverstanden erklärt, daß die Vornahme des Steuerabzugs von der Entschädigung des § 87 des Betriebsrätegesetzes nicht mehr verlangt wird.

Demgemäß ist also nunmehr der Arbeitgeber berechtigt, die Entschädigungssummen, zu denen er nach § 87 des Betriebsrätegesetzes verurteilt ist, dem entlassenen Arbeitnehmer unverkürzt auszuzahlen.

4. Keine Abzugsfreiheit der Sozialversicherungsbeiträge der Arbeiter. Nach einer im Reichssteuerblatt 25, S. 205, veröffentlichten Entscheidung des Reichsfinanzministers vom 25. 9. 24 gehört der Anteil des Arbeitnehmers an den Sozialversicherungsbeiträgen zum Arbeitslohn und ist daher der Berechnung des einzubehaltenden Steuerbetrages mit zugrunde zu legen. Die Steuerabzugsprozente müssen also von dem Bruttolohne des Arbeitnehmers und nicht von dem nach Abzug der Versicherungsbeiträge verbleibenden Nettolohne berechnet werden.

5. Kein Steuerabzug bei Vergütungen für Pflicht- und Notstandsarbeiter. Nach einer Verfügung des Reichsministers der Finanzen vom 8. März 1924 III C 2/400 sind die den Erwerbslosen und Kurzarbeitern gewährten Unterstützungsbeträge steuerabzugsfrei, gleichgültig ob die Unterstützung von den Fürsorgestellen oder dem Arbeitgeber gezahlt wird. Steuerabzugsfrei sind auch die den Erwerbslosen und Kurzarbeitern gezahlten Vergütungen für sog. Pflicht- und Notstandsarbeiten, zu denen sie auf Grund der Verordnungen betreffend die Erwerbslosenfürsorge herangezogen werden. Dies trifft auch dann zu, wenn die Durchführung der Notstandsarbeiten privaten Unternehmern übertragen worden ist und wenn in solchen Fällen zwischen dem Privatunternehmen und dem Erwerbslosen nach außen hin die Form eines Dienstverhältnisses besteht.

6. Ermäßigung des Steuerabzuges vom Arbeitslohn. Während bisher zur Abgeltung der Werbungskosten gemäß § 13, Absatz 1 Nr. 1 bis 7 und § 59 des Einkommensteuergesetzes bei monatlicher Lohn- oder Gehaltszahlung 50 Goldmark und bei wöchentlicher Lohnzahlung 12 Goldmark abzugsfrei bleiben, sind seit dem 1. Dezember 1924 auf Grund der 2. Verordnung des Reichspräsidenten über wirtschaftlich notwendige Steuermilderungen vom 10. November 1924 (s. deutscher Reichsanzeiger Nr. 266, vom 10. November 1924) bei monatlicher Zahlung 60 Goldmark und bei wöchentlicher Lohnzahlung 15 Goldmark abzugsfrei. Außerdem ist seit dem 1. Dezember ein Steuerabzug vom Arbeitslohn überhaupt nicht vorzunehmen, wenn der nach den neuen Bestimmungen errechnete Steuerabzug monatlich den Betrag von 0,80 Goldmark oder wöchentlich die Summe von 0,20 Goldmark nicht übersteigt.

7. Abzug der Umzugskosten bei Versetzung eines Privatbeamten als Werbungskosten bei der Einkommensteuer. Nach einer Entscheidung des Reichsfinanzhofes Nr. III A 86/23 können die Umzugskosten als Werbungskosten bei der Berechnung der Einkommensteuer in Abzug gebracht werden, wenn jemand auf Wunsch der Leitung des Unternehmens, für das er tätig ist, seine Dienststelle wechselt, seinen Wohnort an den Sitz der Leitung des Unternehmens verlegt, sofern er zu dieser Verlegung verpflichtet war, die Umzugskosten von dem Unternehmen nicht vergütet bekommt und durch den Umzug keine Erhöhung seines Einkommens erwirkt.

d) Welche Rechtsfolgen hat verspätete Lohnzahlung?

1. Schadenersatz wegen verspäteter Lohnzahlung. Nach einem Urteil des Kammergerichtes vom 9. Juni 1923 (s. Jur. Wochenschrift 1924, S. 1048) ist der Arbeitgeber verpflichtet, dem Arbeitnehmer den gesamten Schaden zu ersetzen, der diesem durch verspätete Auszahlung des Arbeitslohnes entsteht, einschließlich des Schadens, daß der Arbeitnehmer zur Bestreitung seines Unterhaltes Teile seines Hausrates verpfänden oder unter Preis verkaufen muß.

VII. Arbeitsleistung und Leistungsverweigerung.

A. Einschlägige Gesetzesbestimmungen.

1—3. Siehe unter Nummern III A 1—3.
4. „ „ „ V A 2.
5. „ „ „ XIII A.

VIII. Unfall- und Gesundheitsschutz.

A. Einschlägige Gesetzesbestimmungen.

1. Gewerbeordnung für das Deutsche Reich vom 26. Juli 1900 (RGBl. S. 871).
2. Bürgerliches Gesetzbuch vom 18. August 1896 (RGBl. S. 195).
3. Reichsversicherungsordnung vom 19. Juli 1911 (RGBl. S. 509).
4. Verordnung über Arbeiterschutz vom 12. November 1918 (RGBl, S. 1309).
5. Verordnung über den Betrieb der Anlagen der Großeisenindustrie vom 23. Januar 1920 (RGBl. S. 75).
6. Hausarbeitsgesetz vom 30. Juni 1923 (RGBl. S. 472).

B. Die wichtigsten Einzelfragen.

a) Was geschah zur Unfallbekämpfung?

1. Preisausschreiben zur Erlangung von illustrierten Warnungen vor Betriebsunfällen. In Nr. 13 des Reichsarbeitsblattes vom 1. Juli d. J. wird ein Preisausschreiben des Präsidenten der Reichsarbeitsverwaltung vom 24. Juni d. J. zur Erlangung eindrucksvoller Bilder veröffentlicht, welche geeignet sein sollen, ähnlich den bekannten amerikanischen Mustern die Arbeitnehmerschaft und die Betriebsleitung dauernd und wirksam an die Unfallgefahren und an die Notwendigkeit der Benutzung der Schutzvorrichtungen zu erinnern.

Die Reichsarbeitsverwaltung beabsichtigt, die besten der durch dieses Preisausschreiben erlangten Bilder als Wandbilder der Industrie zu billigen Preisen zur Anbringung in den Betrieben zur Verfügung zu stellen.

Die näheren Bedingungen des Preisausschreibens können von der Reichsarbeitsverwaltung Berlin NW 6, Luisenstr. 33, bezogen werden.

IX. Erholungsurlaub.

A. Einschlägige gesetzliche Bestimmungen

fehlen; es gelten lediglich die allgemeinen Vertrags- und Tarifgrundsätze.

B. Die wichtigsten Einzelfragen.

a) Besteht Anspruch auf Erholungsurlaub auch ohne ausdrückliche Vereinbarung?

1. Kein Recht auf Urlaub wegen Urlaubsgewährung in einem früheren Jahre. Nach einer Entscheidung des Gewerbegerichtes Kiel vom 12. 6. 24 (s. »Schlichtungswesen« VI, VIII, S. 13) können mangels abweichender Vereinbarung Arbeitnehmer nicht schon deshalb Erholungsurlaub verlangen, weil ihnen der Arbeitgeber aus freien Stücken im vorhergehenden Jahre Urlaub gewährt hat.

2. Urlaubsanspruch auch ohne besondere Vereinbarung. Im Gegensatz zu der herrschenden Ansicht stellt sich das Gewerbegericht Zittau in einem Urteil vom 28. Oktober 1924 Nr. 30/24 auf den Standpunkt, daß Arbeitnehmer auch mangels ausdrücklicher Vereinbarung im Einzelarbeitsvertrage und mangels Geltung eines Tarifvertrages einen angemessenen bezahlten Erholungsurlaub verlangen können. Das Gewerbegericht Zittau begründet diesen Standpunkt damit, daß zurzeit die Urlaubserteilung an Arbeitnehmer in fast sämtlichen industriellen Betrieben üblich geworden und auch in fast allen Tarifverträgen vorgesehen ist und es glaubt, daß Arbeitnehmer nach einjähriger Beschäftigung in demselben Betriebe mindestens einen dreitägigen bezahlten Erholungsurlaub verlangen können. Wenn dieses Urteil auch vereinzelt dasteht, empfiehlt es sich doch, vorsorglich ausdrücklich in den einschlägigen Verträgen das Recht auf Erholungsurlaub auszuschließen, wenn aus besonderen Gründen Erholungsurlaub überhaupt nicht oder in gewissen Jahren nicht erteilt werden soll.

b) Besteht Anspruch auf Erholungsurlaub trotz Außerkrafttretens des Tarifvertrages?

1. Fortdauer des Urlaubsanspruches trotz Außerkrafttretens des Tarifvertrages. Gemäß einer Entscheidung des Gewerbegerichtes Lüneburg vom 9. 9. 24 und einer Entscheidung des Gewerbegerichtes Duisburg (s. Nr. 39 des »Tischlergewerkes«) können Arbeitnehmer auch nach dem Außerkrafttreten eines Tarifvertrages bis zum Inkrafttreten eines neuen Tarifvertrages auf Grund der bekannten Nachwirkung der Tarifverträge Erholungsurlaub beanspruchen, sofern der Arbeitgeber nicht die Wirkungen des alten Tarifvertrages auch für den einzelnen Arbeitnehmer durch Kündigung des Einzelvertrages aufgehoben hat.

2. **Der Erholungsurlaub richtet sich nach dem zur Zeit der Antragstellung geltenden Tarifvertrage.** Wenn ein neuer Tarifvertrag die Urlaubsansprüche einschränkt oder von schärferen Bedingungen abhängig macht, können nach dem Inkrafttreten dieses neuen Tarifvertrages gemäß einer Entscheidung des Gewerbegerichtes Solingen vom 2. 10. 24, Nr. 1343/24 Arbeitnehmer, die nach diesem neuen Tarifvertrage keinen Urlaubsanspruch haben, einen Anspruch auf Erholungsurlaub nicht etwa aus dem vorher geltenden Tarifvertrage ableiten.

c) Besteht Anspruch auf Erholungsurlaub auch nach Kündigung oder Beendigung des Dienstverhältnisses?

1. **Kein Anspruch auf bezahlten Erholungsurlaub nach freiwilliger Vertragskündigung.** Mit Urteil vom 28. 8. 1924 Nr. 106 hat das Gewerbegericht Münster entschieden, daß auch ohne einschlägige Vereinbarungen nach dem Sinne des Erholungsurlaubes Arbeitnehmer in demselben Augenblicke ihren Urlaubsanspruch für die vergangene und die künftige Zeit verlieren, wenn sie selbst das Arbeitsverhältnis aufkündigen, ohne daß ihnen der Arbeitgeber einen wichtigen Grund zur fristlosen Kündigung gegeben hat.

2. **Kein Anspruch auf Teilurlaub bei Entlassung vor Ablauf des Beschäftigungsjahres.** Nach einer Entscheidung des Gewerbegerichtes Teuchern (veröffentlicht in Nr. 24 der »Braunkohle«) können Arbeitnehmer mangels gegenteiliger Vereinbarung und Tarifbestimmung keinen Teilurlaub verlangen, wenn nach den geltenden Tarif- oder Arbeitsverträgen der jeweils zuständige Erholungsurlaub erst nach Ablauf eines jeden weiteren Beschäftigungsjahres beansprucht werden kann und wenn der Arbeitnehmer aus irgendeinem Grunde vor Ablauf des neuen vollen Beschäftigungsjahres aus den Diensten scheidet oder entlassen wird.

d) Besteht Anspruch auf Erholungsurlaub auch bei Betriebsstillegung und Werksbeurlaubung?

1. **Nur beschränkte anteilige Urlaubsansprüche werksbeurlaubter Arbeiter.** Mit gleichem Ergebnis wie das unter der Notiz IX d 2 besprochene Urteil des Gewerbegerichts Köln hat das Gewerbegericht Euskirchen unter der Nr. G 44/1924 entschieden, daß

werksbeurlaubte Arbeiter nur beschränkte Urlaubsansprüche haben. Die Urteile des Gewerbegerichtes Köln und des Gewerbegerichtes Euskirchen unterscheiden sich jedoch in ihrer Begründung wesentlich. Während das Kölner Gewerbegerichtsurteil einen teilweisen Urlaubsanspruch bejaht, indem es den Tarifvertrag kraft freien richterlichen Ermessens nachträglich entsprechend ergänzt, steht das Gewerbegericht Euskirchen auf dem Standpunkte, daß während der Werksbeurlaubung das Arbeitsverhältnis und damit auch der Urlaubsanspruch grundsätzlich fortbesteht, daß aber während der Zeit der Werksbeurlaubung eine teilweise Unmöglichkeit der Gegenleistung der Arbeitnehmer für die Urlaubsgewährung vorliegt. Dementsprechend mindert sich nach Ansicht des Gewerbegerichtes Euskirchen der Urlaubsanspruch in dem Verhältnis der Zeiten, in denen die Arbeitsleistung möglich bzw. unmöglich war.

2. Erholungsurlaub nach Werksbeurlaubung. In den meisten Werken verlangen auch diejenigen Werksangehörigen, die in diesem und im vorigen Jahre lange Zeit zur Lohnsicherung oder Erwerbslosenfürsorge beurlaubt waren, und die nur während eines Bruchteiles dieses Jahres tatsächlich gearbeitet haben, unter Berufung auf die Tarifbestimmungen den vollen Erholungsurlaub.

Gegenüber diesem Verlangen hat das Gewerbegericht in Köln kürzlich entschieden, daß den Werksbeurlaubten in diesem Jahre nur ein Teilurlaub nach Maßgabe ihrer nach dem 1. Mai 1923 bis zum 1. Mai 1924 erfolgten tatsächlichen Beschäftigung zusteht.

Nach dem Standpunkt des Gewerbegerichtes Köln hat beispielsweise ein Arbeiter, der seit dem 1. Mai 1923 werksbeurlaubt war und nach dem 1. Mai 1924 noch weiter ununterbrochen werksbeurlaubt blieb oder nach dem 1. Mai 1924 vor Wiederaufnahme der Arbeit entlassen wurde, keinen Urlaubsanspruch.

Dagegen kann ein Arbeiter, der erst am 1. Oktober 1923 werksbeurlaubt wurde, also vom 1. Mai bis 1. Oktober tatsächlich arbeitete, den halben ihm bei Vollbeschäftigung während des ganzen dem Stichtage vorangehenden Jahres zustehenden Erholungsurlaub verlangen.

Sieht ein Tarifvertrag einen anderen Stichtag als den 1. Mai dieses Jahres und eine andere Wartezeit vor, so kommt es sinngemäß darauf an, wie lange der betreffende Arbeiter in der Wartezeit vor diesem Stichtage gearbeitet hat.

3. Nur verkürzte Urlaubsvergütung bei verkürzter Arbeitzeit. Das Gewerbegericht Breslau hat mit Urteil vom 25. 7. 24 Nr. X a, II 567/24 entschieden, daß mangels ausdrücklicher gegenteiliger Vereinbarungen Arbeiter und Angestellte aus Betriebsteilen und in Zeiten, in denen verkürzt gearbeitet wird, während des Erholungsurlaubes auch nur die verkürzte Vergütung beanspruchen können, die sie beziehen würden, falls sie in der Zeit, in der sie den Erholungsurlaub nehmen, tatsächlich im Betriebe arbeiten.

In einer Entscheidung vom 11. Mai 1923 Nr. X a, II 351/23 hatte das Gewerbegericht Breslau darüber hinaus entschieden, daß auch in denjenigen Fällen in Zeiten der Arbeitsverkürzung von den Erholungsurlaubern nur verkürzte Urlaubsvergütung verlangt werden kann, in denen der einschlägige Tarifvertrag bestimmt, daß während des Erholungsurlaubes der volle Lohn zu zahlen sei. Das Gewerbegericht Breslau begründete diese Entscheidung damit, daß bei den einschlägigen Tarifvereinbarungen, soweit sie aus früherer Zeit stammten, die heutigen anormalen Zeitverhältnisse nicht vorausgesehen werden konnten.

Da andere Gerichte zu gegenteiligem Ergebnis kommen, empfiehlt sich die Aufnahme einschlägiger Bestimmungen des Inhaltes in die Tarifverträge, daß während der Zeit der Arbeitstreckung und Arbeitzeitverkürzung auch nur eine entsprechend gekürzte Urlaubsvergütung verlangt werden kann.

4. Keine Vergütung für rückständigen Urlaub bei Betriebsstillegung. Das Berggewerbegericht Dortmund, Kammer IV, hat in verschiedenen Klagesachen entschieden, daß in allen Fällen, in denen ein Arbeitgeber bei Betriebsstillegung zur Fortzahlung des Lohnes oder Gehaltes nach den geltenden gesetzlichen Bestimmungen nicht verpflichtet ist, der Arbeitnehmer auch kein Recht auf Barvergütung für Erholungsurlaub hat, der bei Fortdauer der Arbeit in den Betrieben hätte genommen werden können.

Das Berggewerbegericht Dortmund hat diesen Standpunkt richtig damit begründet, daß der Urlaubsanspruch einen Teil des Vergütungsanspruches für die Arbeit darstellt und deshalb mit dem Hauptvergütungsanspruch, dem Anspruch auf Lohn, steht und fällt. Nach den Urteilsbegründungen empfiehlt es sich aber, in die Arbeitsordnung, die Tarifverträge oder die Einzelarbeitsverträge eine Bestimmung des Inhaltes aufzunehmen, daß im Falle der vollständigen oder teilweisen Unterbrechung des Betriebes wegen Störung, Mangel an Absatz oder aus anderen Gründen die davon betroffenen Arbeiter keinen Anspruch auf Lohn, Urlaub oder sonstige Gegenleistungen für die Arbeit haben.

e) Besteht Anspruch auf Erholungsurlaub trotz Krankheit am Stichtage?

1. Urlaubsanspruch kranker Werksangehöriger. Wenn ein Tarifvertrag bestimmt, daß nur solche Arbeitnehmer für das laufende Jahr Anspruch auf bezahlten Erholungsurlaub haben, die an einem bestimmten Stichtage »im Betriebe tätig sind«, so steht nach einem Urteil des Gewerbegerichtes Plauen i. V. vom 9. September 1924, Nr. 45/24 (Schlichtungswesen VI, 10, S. 178) Erholungsurlaub auch solchen Arbeitnehmern zu, die am Stichtage erkrankt, jedoch noch vertraglich angestellt waren. Nach der Urteilsbegründung ist der Begriff »tätig sein« gleichbedeutend mit

»betriebszugehörig sein«, setzt also nicht voraus, daß der betreffende Arbeitnehmer tatsächlich praktisch arbeitet.

f) Wieviel Stunden sind bei Erholungsurlaub zu bezahlen?

1. Wieviel Stunden sind bei tarifmäßigem Erholungsurlaub zu bezahlen? In den meisten Tarifverträgen heißt es, daß als Ferienvergütung der Tariflohn für die regelmäßige Arbeitzeit zu zahlen ist. Auf Grund dieser Bestimmung entsteht häufig Streit darüber, für wieviel Stunden im Einzelfalle während des Erholungsurlaubes die tarifmäßige Vergütung zu zahlen ist, wenn in die Urlaubszeit ein Arbeitstag hineinfällt, an dem, wie in den meisten Betrieben an Sonnabenden, regelmäßig verkürzt gearbeitet wird.

Nach einer in Nr. 334 des Kölner Tageblattes vom 11. August d. J. veröffentlichten Entscheidung hat das Gewerbegericht Köln diese Streitfrage wohl zutreffend dahin entschieden, daß in solchen Fällen der Arbeitnehmer auch nur Vergütung für die entsprechend kürzere Arbeitzeit verlangen kann.

Immerhin empfiehlt es sich, Streitigkeiten dadurch aus dem Wege zu gehen, daß in den Tarifverträgen zweifelsfrei festgelegt wird, für wieviel Arbeitsstunden während des Erholungsurlaubes Vergütung zu zahlen ist.

g) Wie werden die Dienstjahre für Urlaubsansprüche berechnet?

1. Berechnung der Dienstjahre während der Zeit der Betriebsstillegungen. Eine besondere Schiedsstelle im Stolberg-Eschweiler Bezirk hat am 26. Juni 1924 entschieden, daß die Zeiten, in denen Arbeitnehmer infolge Stillegung eines Betriebes aus den durch den Ruhrkampf und seine Folgen bedingten wirtschaftlichen Gründen beschäftigungslos gewesen sind, als Unterbrechung des Arbeitsverhältnisses anzusehen und deshalb als Dienstzeit bei der Berechnung der Dienstjahre für die Gewährung und die Dauer des Ferienurlaubes der Arbeiter und Angesteltten nicht anzurechnen sind.

Die Schiedsspruchbegründung besagt, daß von einer Dienstzeit nur dann die Rede sein könne, wenn der Arbeitnehmer tatsächlich »beschäftigt« sei und nicht nur in den Büchern des Arbeitgebers geführt werde.

h) Besteht Anspruch auf Erholungsurlaub nach Arbeitskämpfen?

1. Kein Wiederaufleben der Urlaubsansprüche bei Wiedereinstellung nach Streikbeendigung. Werden Arbeitnehmer, die anläßlich eines Streiks fristlos oder unter Einhaltung der Kündigungsfrist entlassen wurden, nach Beendigung des Streiks wieder eingestellt, ohne daß ausdrücklich oder indirekt sich anderweitige Bedingungen aus den Vereinbarungen mit den Gewerkschaften, den Betriebsvertretungen oder den einzelnen Arbeitnehmer sich ergeben, so gilt die Wiedereinstellung als Neueinstellung.

Infolgedessen leben nach einer Entscheidung des Schlichtungsausschusses Krefeld vom 8. Juli 1923 die Urlaubsansprüche rechtlich nicht ohne weiteres wieder auf.

Der Arbeitnehmer muß nachweisen, daß nach den Wiedereinstellungsbedingungen ein solches Wiederaufleben der Urlaubcansprüche vereinbart oder wenigstens sowohl von ihm als auch vom Arbeitgeber stillschweigend vorausgesetzt war.

Hat der Arbeitgeber dagegen beim Streik von seinem Rechte der fristlosen Entlassung keinen Gebrauch gemacht, und beschäftigt er nach Streikbeendigung dieselben ohne nähere diesbezügliche Vereinbarung zu den alten Bedingungen stillschweigend weiter, so bleiben die alten Urlaubsansprüche bestehen, sofern die geltenden Arbeits- oder Tarifverträge keine anderweitige Regelung vorsehen. (Entscheidung des Schlichtungsausschusses Krefeld vom 8. Juli 1923.)

X. Arbeiter- und Angestellten-versicherung.

A. Einschlägige Gesetzesbestimmungen.

1. Reichsversicherungsordnung vom 19. Juli 1911 (RGBl. S. 509) nebst den dazu ergangenen zahlreichen Abänderungs- und Ausführungsbestimmungen.
2. Versicherungsgesetz für Angestellte vom 20. Dezember 1911 (R.G.Bl. S. 989).
3. Verordnung über Erwerbslosenfürsorge vom 16. Februar 1924 (R.G.Bl. S. 127) nebst den Ausführungs- und Abänderungsverordnungen vom 13. März 1924, 25. März 1924, 24. Mai 1924, 14. November 1924 (RGBl. S. 279, 376 und 562 und Deutscher Reichsanzeiger Nr. 271 vom 15. November 1924).

B. Die wichtigsten Einzelfragen.

1. Allgemeines.

a) Wie werden die Verdienstgrenzen in der Sozialversicherung berechnet?

1. Verdienstgrenze der Sozialversicherung. Nach einer grundsätzlichen Entscheidung des Reichsversicherungsamtes vom 15. Dezember 1923, die in Heft 7 der »Arbeiterversorgung« Seite 99, und in Nr. 2 der »Amtlichen Nachrichten des Reichsversicherungsamtes«, Seite 29, veröffentlicht ist, ist jederzeit, auch in Zeiten der Geldentwertung, der regelmäßige Jahresarbeitsverdienst zum Zwecke der Feststellung der Versicherungspflicht eines gegen feste Bezüge Angestellten nach der Höhe der gegenwärtigen Bezüge zu berechnen und eine für die Zukunft in Aussicht gestellte oder mögliche Gehalts- oder Lohnerhöhung nicht zu berücksichtigen. Wenn also z. B. ein Angestellter bis zum 30. März mit 300 Goldmark Monatsgehalt angestellt war, so bleibt er bis zu diesem Tage Pflichtmitglied der Angestelltenversicherung, auch wenn am 31. März sein Gehalt, sei es auch auf Grund einer früheren Zusage, sich auf 400 GM. pro Monat, mit Rückwirkung vom 1. Januar erhöht.

b) Welchen Einfluß hat vorübergehende Beurlaubung auf die Versicherungspflicht?

1. Versicherungs- und Beitragspflicht der Arbeitnehmer während vorübergehender Beurlaubung. Nach einer kürzlich ergangenen grundsätzlichen Entscheidung des Reichsversicherungsamtes besteht die Versicherungs- und Beitragspflicht eines Arbeitnehmers für die Zeit der Beurlaubung auch dann fort, wenn der Arbeitnehmer nicht nur zur Erholung, sondern aus irgendwelchen anderen Gründen während der Zeit eines fortdauernden Dienst- oder Arbeitsvertrages beurlaubt ist, und zwar auch dann, wenn er für die Zeit des Urlaubs vom Arbeitgeber keinerlei Bezüge erhält. So dauert nach der Entscheidung des Reichsversicherungsamtes die Versicherungs- und Beitragspflicht eines Arbeitnehmers beispielsweise fort, wenn der Arbeitnehmer wegen Arbeitmangels für einige Wochen oder Monate beurlaubt ist, sofern er nach Ablauf der Arbeitstreckung weiter beschäftigt werden soll. Während eines solchen Urlaubes besteht also auch die Beitragspflicht des Arbeitgebers, wenn auch in einer geringeren Versicherungsklasse, fort. Will der Arbeitgeber die Beitragslast nicht tragen, so muß er entweder von dem beurlaubten Arbeitnehmer die auf ihn entfallenden Beiträge vor der Beurlaubung hinterlegen lassen oder mit der Erwerbslosenfürsorgestelle bzw. dem Arbeitsnachweis, zu deren Gunsten die Beurlaubung an Stelle der Entlassung erfolgt, vereinbaren, daß die Versicherungskosten von jener Stelle getragen werden.

c) Wie sind die Leistungen aus der Sozialversicherung aufzuwerten?

1. Keine Aufwertung von Leistungen der Sozialversicherung. In einer grundsätzlichen Entscheidung Nr. 3161 vom 5. März 1924 (Arbeiterversorgung, Heft 16, S. 244) hat das Reichsversicherungsamt entschieden, daß Leistungen aus der Unfallversicherung zugunsten der Unfallrentner und der Unfallverletzten nicht aufgewertet zu werden brauchen, soweit die Abänderungsverordnungen und die Abänderungsgesetze zur Reichsversicherungsordnung nicht selbst ausdrücklich eine Aufwertung dieser Leistungen durch Heraufsetzung derselben gebracht haben.

In der Entscheidungsbegründung stellt das Reichsversicherungsamt den Grundsatz auf, daß die Regelung der Aufwertung auf dem Gebiete des öffentlichen Rechtes dem Gesetzgeber vorbehalten und nicht Sache der Rechtsprechung ist. Nach Ansicht des Reichsversicherungsamtes hat der Gesetzgeber die Frage der Aufwertung im Bereiche der Arbeiterversicherung auch bereits erschöpfend geregelt, so daß die Rechtsprechung nicht in der Lage sei, die Aufwertung für Gebiete oder Gruppen von Einzelfällen zuzulassen, für die eine gesetzliche Regelung fehle.

d) Welche Gebührensätze gelten im versicherungsrechtlichen Streitverfahren?

1. Neue Gebührensätze des Reichsversicherungsamtes. Eine neue Gebührenordnung für das Reichsversicherungsamt vom 22. April 1924 bestimmt, daß in allen Streit- und Spruchsachen eine Gebühr von GM. 20 fällig wird, sobald die Spruchsache durch Zurücknahme des Rechtsmittels oder des Antrages, durch Vergleich, durch Urteil oder durch eine endgültige Verfügung des Vorsitzenden gemäß den §§ 1713 oder 1731 der Reichsversicherungsordnung erledigt wird. Nur wenn eine Spruchsache sich erledigt, bevor eine Verhandlung des Senats stattgefunden hat, ermäßigt sich die Gebühr auf GM. 10.

e) Welche ärztlichen Gebührentarife gelten in der Sozialversicherung?

1. Herabsetzung der ärztlichen Mindestgebührensätze für die Sozialversicherung. Durch eine im Reichsanzeiger Nr. 164 vom 14. Juli d. J. veröffentlichte Bekanntmachung hat der Preußische Minister für Volkswohlfahrt auf Grund des § 80 der Gewerbeordnung bestimmt, daß die Mindestsätze der Gebühren für Ärzte in dem Abschnitt II der Gebührenordnung für approbierte Ärzte und Zahnärzte vom 25. Februar 1924 in der Fassung vom 25. April 1924 mit Wirkung vom 1. Juli 1924 ab bis auf weiteres um 20 vH ermäßigt werden, sofern die Gebühren von den Trägern der Sozialversicherung zu zahlen sind.

Als Träger der Sozialversicherung kommen in diesem Sinne vor allen Dingen die Krankenkassen, knappschaftlichen Krankenkassen, Berufsgenossenschaften, die Versicherungsämter, die Landesversicherungsämter und das Reichsversicherungsamt sowie die Reichsversicherungsanstalt für Angestellte in Betracht.

f) Welche grundsätzlichen Änderungen erstrebt man für die Sozialversicherung?

1. Berufsständischer Umbau der Sozialversicherung. Angestelltenkreise der deutschnationalen Volkspartei haben einen beachtenswerten Antrag beim Reichstag auf Einbringung eines Gesetzes zum berufsständischen Umbau der Sozialversicherung gestellt, in dem es u. a. heißt:

»Der Entwurf soll als erster Schritt zur Überführung der gesamten Sozialversicherung in berufsständische Selbstverwaltung den wirtschaftlichen Vereinigungen sowohl der Arbeitnehmer als der Arbeitgeber das Recht geben, Berufskassen zu gründen und zu betreiben, und zwar auf dem Gebiete der Krankenversicherung, der Rentenversicherung (Invaliden-, Alters-, Angestellten- und Unfallversicherung) und der Arbeitslosenversicherung (durch Arbeitsvermittlung und Arbeitslosenrente). Diese Berufskassen sollen bis zu ihrer vollen Entwicklung zu den Pflichtkassen, für die zugleich volle Selbstverwaltung einzuführen ist, in einem Verhältnis stehen wie die kaufmännischen Ersatzkassen zu den Pflichtkassen der Krankenversicherung.

Das Ziel der mit diesem Gesetze einzuleitenden Entwicklung muß sein ‚anerkannte Berufskassen' zu den eigentlichen Trägern der Sozialversicherung zu machen und die Gesetzgebung von der Bürde der praktischen Durchführung der Sozialversicherung zu entlasten.«

2. Krankenversicherung.

a) Wer ist versicherungspflichtig in der Krankenversicherung?

1. Änderung der Versicherungspflicht der Angestellten. Durch Verordnung des Reichsministers vom 29. Februar ist mit Wirkung vom 3 III 1924 ab in der Krankenversicherung die Versicherungspflicht der Betriebsbeamten, Werkmeister, Angestellten in ähnlich gehobener Stellung, Handlungsgehilfen, Handlungslehrlinge usw. in der Weise neu geregelt worden, daß die vorgenannten Personen grundsätzlich der Krankenversicherungspflicht unterliegen, wenn ihr Jahresarbeitsverdienst den Betrag von GM. 2400 nicht übersteigt. Wenn versicherungspflichtige Angestellte während der Mitgliedschaft infolge von Lohn- oder Gehaltserhöhungen die Versicherungsgrenze überschreiten, unterliegen sie noch bis zum 1. Tage des 4. Monats nach Überschreitung der Versicherungsgrenze der Krankenversicherungspflicht.

Durch die gleiche Verordnung ist die Grenze für die Berechtigung zur freiwilligen Versicherung auf GM. 1800 festgesetzt worden Dementsprechend können versicherungsfreie Beschäftigte und Inhaber von Kleinbetrieben sich freiwillig versichern, wenn ihr Jahresarbeitsverdienst den Betrag von GM. 1800 nicht übersteigt.

2. Krankenversicherungspflicht bei Streiks. In einer ausführlich begründeten Entscheidung hat das Reichsversicherungsamt am 29. September 1923 festgestellt, daß die Krankenversicherungspflicht automatisch bei der Arbeitsniederlegung beim Streik erlischt, auch wenn der Arbeitgeber nicht sofort von seinem Rechte der fristlosen Entlassung Gebrauch macht. Nach dieser Entscheidung braucht der Arbeitgeber für die Zeit eines Streiks also auch dann keine Beiträge zur Krankenkasse zu zahlen, wenn er nach Beendigung des Streiks sämtliche am Streik beteiligt gewesenen Arbeitnehmer weiter beschäftigt, ohne von seinem Rechte der fristlosen Entlassung Gebrauch gemacht zu haben.

8. Krankenversicherungspflicht der Nothelfer. Nach einer in der »Arbeiterversorgung«, Jahrg. 41, Heft 20, S. 307, veröffentlichten Entscheidung des Reichsversicherungsamtes vom 4. Dezember 1923 kommt beim Einsetzen der technischen Nothilfe zwischen dem Arbeitgeber und den einzelnen Nothelfern unmittelbar ein Arbeitsvertrag zustande. Infolgedessen sind die Nothelfer grundsätzlich in demselben Umfange krankenversicherungspflichtig, in welchem die Arbeitnehmer versicherungspflichtig waren, deren Arbeiten sie verrichten.

Der Arbeitgeber ist infolgedessen zur Anmeldung der Nothelfer bei der zuständigen Krankenkasse verpflichtet, soweit nicht aus Gründen, die in der Person des Nothelfers liegen (z. B. wegen der Beamteneigenschaft desselben) eine Versicherungspflicht trotz der Beschäftigungsart nicht vorliegt.

Auch wenn die Anmeldung unterbleibt, sind aber die betreffenden Nothelfer für die Dauer der Nothilfe pflichtversichert, auch soweit die Anmeldung irrtümlich oder absichtlich unterbleibt. Sie können also bei Krankheiten, die während der Dauer ihrer Tätigkeit oder binnen drei Wochen nach Beendigung derselben entstehen, die Krankenhilfe bei der zuständigen Krankenkasse in Anspruch nehmen.

b) Wie hoch sind die Krankenkassenbeiträge?

1. Erhöhte Krankenkassenbeiträge für erwerbslose Kassenmitglieder. Nach den gesetzlichen Bestimmungen betreffend die Erwerbslosenfürsorge sind die Betriebs-, Orts-, Land-, Innungs- und Knappschaftskrankenkassen bekanntlich verpflichtet, erwerbslose frühere Mitglieder weiter zu versichern, wenn die Gemeinden, welche die Erwerbslosenunterstützung zahlen, die betreffenden Erwerbslosen rechtzeitig zur Weiterversicherung anmelden und die vorgeschriebenen Beitragsätze für diese Erwerbslosen zahlen.

Da sich herausgestellt hat, daß die nach den jetzigen Bestimmungen maßgebenden Beitragsätze für die erwerbslosen Kassenmitglieder vielfach zu gering sind, geben neue Ausführungsbestimmungen des Reichsarbeitsministeriums den Krankenkassen das Recht, von den zuständigen Gemeinden überall dort erhöhte Krankenkassenbeiträge zu verlangen, wo ein ungünstiges Verhältnis der Zahl der arbeitenden Kassenmitglieder zu der Zahl der erwerbslosen Kassenmitglieder dies zur Erhaltung der Leistungsfähigkeit der Kassen erforderlich macht. Von dieser Bestimmung machen zweckmäßigerweise alle diejenigen Betriebskrankenkassen Gebrauch, die noch verhältnismäßig viele Erwerbslose als Mitglieder zählen. Kommt die Gemeinde bei der Beitragserhöhung den Krankenkassen nicht genügend entgegen, so kann die Entscheidung des zuständigen Oberversicherungsamtes angerufen werden.

2. Nur Beitragsfortzahlung für sechs Wochen nach unterlassener Abmeldung. An sich können Arbeitgeber wegen nicht rechtzeitiger Abmeldung von Mitgliedern der Krankenkassen von den Kassen zur Fortzahlung der Beiträge bis zur Höchstdauer eines Jahres herangeholt werden. Nach einer Entscheidung des Versicherungsamtes Barmen vom 30. August 1924 soll aber regelmäßig der Arbeitgeber durch den Kassenvorstand oder im Beschwerdewege durch das Versicherungsamt von der Fortzahlung der Beiträge über die sechste Beitragswoche nach dem Ausscheiden des Versicherten aus der Beschäftigung ganz oder teilweise entbunden werden, wenn die Verspätung oder Unterlassung der Abmeldung nicht auf Vorsatz oder grobem Verschulden beruht und der Krankenkasse kein größerer Nachteil daraus erwachsen ist.

c) Welche Verzugszuschläge sind für rückständige Beiträge zu zahlen?

1. Beitragsverzug. Der § 397a der Reichsversicherungsordnung in der Fassung des § 23 des Gesetzes zur Erhaltung leistungsfähiger Krankenkassen vom 27. März 1923 gibt den Krankenkassenvorständen das Recht, von Arbeitgebern, die mit der Zahlung der Beiträge länger als eine Woche von der Zahlungsaufforderung ab in Verzug sind, einen Zuschlag zu erheben, der für jede Woche des Verzuges vom Beginn der zweiten Woche ab 10 vH des Beitrages beträgt. In einem Rundschreiben vom 14. April 1924 macht der Reichsarbeitsminister darauf aufmerksam, daß für die Anwendung dieser Gesetzesbestimmung, die nur für die Zeit der Inflation gedacht war, und bald aufgehoben werden soll, heute von besonderen Einzelfällen abgesehen, nur noch dort Raum ist, wo grundlose Zahlungsverweigerung oder Verschleppung vorliegt. Die Kassenvorstände werden durch das gleiche Rundschreiben angewiesen, durch eine verständige Anwendung der Vorschrift den veränderten Geldverhältnissen und der veränderten Wirtschaftslage Rechnung zu tragen. Im allgemeinen sollen die Kassen sich mit den gesetzlichen 5proz. Verzugszinsen des § 288 des Bürgerlichen Gesetzbuches begnügen.

2. Gegen übermäßig hohe Forderungen von Verzugszinsen wendet sich der Reichsarbeitsminister unter Berufung auf sein unter Nr. Xa c1 erwähntes Rundschreiben vom 14. April 1924 erneut in einem Schreiben vom 14. November 1924 an die Kassenhauptverbände mit dem Hinweis darauf, daß es dem Ansehen der Krankenkassen schade und in weiten Kreisen starke Erbitterung gegen die Krankenversicherung hervorrufe, wenn eine Krankenkasse als öffentlich-rechtlicher Verband bei der Einforderung von Verzugszinsen ein verderbliches Beispiel gebe.

d) Unter welchen Voraussetzungen können Betriebskrankenkassen errichtet und erweitert werden?

1. Ausdehnung des Bereiches der Betriebskrankenkassen auf neue oder neuerworbene Betriebsanlagen. Gemäß einer Entscheidung des Reichsversicherungsamtes vom 12. 6. 24 (s. »Arbeiterversorgung« 41, 28, S. 434) gehören die in neuen unselbständigen Betriebseinrichtungen beschäftigten versicherungspflichtigen Arbeitnehmer ohne weiteres der Betriebskrankenkasse des Hauptbetriebes an, wenn ein Betriebsunternehmer oder ein Betriebsunternehmen nach Errichtung seiner Betriebskrankenkasse neue Betriebsanlagen einrichtet oder erwirbt und diese zu einem unselbständigen Bestandteile des Hauptbetriebes macht.

2. Errichtung von Betriebskrankenkassen beim Fehlen einer Betriebsvertretung. Ist infolge Wahlenthaltung der Belegschaft ein Betriebsrat nicht vorhanden, so kann trotz der Bestimmung des § 10 des Gesetzes zur Erhaltung leistungsfähiger Krankenkassen vom 27. März 1923 nach einem Bescheide des Reichsarbeitsministers vom 6. Juni 1924 eine Betriebskrankenkasse auch ohne die sonst vorgesehene Zustimmung des Betriebsrates neu errichtet werden.

3. Unfallversicherung.

a) Welche Leistungen werden in der Unfallversicherung gewährt?

1. Friedensleistungen ab 1. Mai 1924. Eine im Deutschen Reichsanzeiger Nr. 119 vom 20. Mai ds. Js. veröffentlichte dritte Verordnung über Festsetzung von Geldbeträgen in der Unfallversicherung führt für alle Unfälle, die sich nach dem 30. April 1924 ereignet haben bzw. noch ereignen werden, wieder die Friedenssätze ein, wenigstens soweit es sich um die sog. Drittelungsgrenze und das Sterbegeld handelt.

Die Drittelungsgrenze ist wieder auf achtzehnhundert Goldmark festgesetzt worden.

Dementsprechend wird bei der Berechnung der Renten das im letzten Jahre vor dem Unfall erzielte Verdienst bis zu einem Jahresbetrage von 1800 Goldmark voll und darüber hinaus zu einem Drittel angerechnet.

Den Angehörigen des durch einen Unfall Getöteten wird als Sterbegeld der fünfzehnte Teil des letzten Jahresarbeitsverdienstes des tödlich Verunglückten, mindestens jedoch die Summe von 50 Goldmark, gezahlt.

Bei der Umrechnung der Papiermarkverdienste in Goldmark wird der vom Reichsminister der Finanzen jeweils festgesetzte Goldumrechnungssatz bzw. ein vom Reichsversicherungsamt bestimmter monatlicher durchschnittlicher Umrechnungssatz zugrunde gelegt.

2. Zahlung und Aufrundung der Unfallrenten. Nach einer Verordnung des Reichsarbeitsministers vom 21. März 1924 (veröffentlicht im Reichsanzeiger Nr. 70 vom 22. März) werden mit Wirkung vom 1. April ds. Js. ab die Renten und Zulagen aus der Unfallversicherung bis auf weiteres für je einen Monat im voraus gezahlt. Kleine Renten, die nicht zulageberechtigt sind, sind vom gleichen Tage ab auf M. 1 Billion erhöht.

3. Restlose Abfindung durch Kapitalgewährung nach § 616 und 1583 der Reichsversicherungsordnung. Wenn ein Unfallverletzter auf seinen Antrag gemäß § 616 und 1583 der Reichsversicherungsordnung mit einem Kapital durch die Berufsgenossenschaft abgefunden wird, kann er nach einer Entscheidung des Reichsversicherungsamtes vom 15. 4. 1924 (s. »Amtliche Nachrichten des Reichsversicherungsamtes« Nr. 6, S. 122) auch keine freie Krankenbehandlung auf Kosten der Berufsgenossenschaft mehr verlangen, wenn eine Verschlimmerung der Unfallfolgen erneute ärztliche Behandlung erforderlich macht.

4. Invalidenversicherung.

a) Wie berechnen sich die Beiträge für die Invalidenversicherung?

1. Neue Beitragssätze in der Invalidenversicherung. Die Verordnung des Reichsarbeitsministers vom 16. April 1924 über Beiträge und Leistungen der Angestellten- und Invalidenversicherung (Reichanzeiger Nr. 91) führt unter Abänderung der §§ 1245 und 1392 der Reichsversicherungsordnung neue Beitragsklassen und Beitragssätze in der Invalidenversicherung ein.

Nach der Höhe des wöchentlichen Arbeitsverdienstes werden mit Rückwirkung vom 1. Januar 1924 ab für die Versicherten folgende Lohnklassen gebildet:

Klasse 1	bis zu GM. 10
» 2	von mehr als GM. 10—15
» 3	» » » » 15—20
» 4	» » » » 20—25
» 5	» » » » 25.

Als Gesamtwochenbeiträge werden erhoben in der Lohnklasse:

1	20 Goldpfennig
2	40 »
3	30 »
4	80 »
5	100 »

2. Berechnung des wöchentlichen Arbeitsverdienstes. Durch eine im Reichsgesetzblatt Nr. 43, S. 647, vom 20. Juni 1924 veröffentlichte Verordnung des Reichsarbeitsministers vom 14. Juni 1924 werden mit Rückwirkung vom 1. Januar 1924 ab die Vorschriften der Bekanntmachung über die Berechnung des Jahresarbeitsverdienstes und der Invalidenversicherung vom 4. September 1923 (Reichsgesetzblatt I, S. 864) durch neue Bestimmungen ersetzt.

Nach diesen neuen Berechnungsvorschriften ist für die Zuteilung zu den verschiedenen Lohnklassen der Invalidenversicherung grundsätzlich der tatsächlich in der Woche gezahlte Entgelt maßgebend.

Als wöchentlicher Arbeitsverdienst gilt:

bei zehntägiger Zahlung . . . . $^{9}/_{13}$
» monatlicher Zahlung . . . . $^{3}/_{13}$
» vierteljährlicher Zahlung . . . . . $^{1}/_{13}$
» halbjährlicher Zahlung . . . . . . $^{1}/_{26}$
» jährlicher Zahlung . . . . $^{1}/_{52}$

des gezahlten Entgeltes.

Die auf den Entgelt anzurechnenden Gewinnanteile und andere Bezüge, die der Versicherte gewohnheitsmäßig erhält, sind bei der Eingruppierung für die Berechnung des Arbeitsverdienstes nach dem zuletzt bezogenen Betrage anzusetzen. Sachbezüge sind nach den auf Grund des § 160 Abs. 2 der Reichsversicherungsordnung festgesetzten Werten anzurechnen.

3. Berechnung des wöchentlichen Arbeitsverdienstes. Der ständige Ausschuß des Verbandes deutscher Landesversicherungsanstalten in Kassel hat laut Rundschreiben vom 26. April 1924 ST. A. 251 a für die Einstufung der Versicherten in die verschiedenen Lohnklassen des § 1245 der Reichsversicherungsordnung folgende Richtlinien aufgestellt:

Der wöchentliche Arbeitsverdienst wird berechnet

a) bei monatlicher Auszahlung durch Vervielfältigung des monatlichen Arbeitsverdienstes mit zwölf und durch Teilung des so gewonnenen Betrages durch 52;

b) bei vierteljährlicher Auszahlung durch Vervielfältigung des Vierteljahresverdienstes mit vier und Teilung des so gewonnenen Betrages durch 52;

c) bei jährlicher Auszahlung durch Teilung des Jahresarbeitsverdienstes durch 52.

Für unständig Beschäftigte im Sinne des § 441 der Reichsversicherungsordnung gilt als wöchentlicher Arbeitsverdienst das Sechsfache des Ortslohnes.

5. Angestelltenversicherung.

a) Wer ist versicherungspflichtig?

1. Versicherungspflicht in der Angestelltenversicherung. Nach § 1 des Versicherungsgesetzes für Angestellte in der Fassung des

Gesetzes vom 10. XI. 1922 ist der Reichsarbeitsminister berechtigt, zur Behebung der vielfach bestehenden Meinungsverschiedenheiten rechtsverbindlich durch Herausgabe eines Berufsgruppenverzeichnisses der Angestelltenversicherung festzulegen, welche Arbeitnehmer in den verschiedenen Industrie-, Handels- und Wirtschaftszweigen als versicherungspflichtige Angestellte im Sinne der Ziffern 2 und 3 des § 1 des Versicherungsgesetzes für Angestellte angesehen werden.

Auf Grund dieser Ermächtigung hat der Reichsarbeitsminister durch Verordnung vom 8. III. 1924, die im Reichsgesetzblatt Nr. 22 vom 21. III. 1924 veröffentlicht ist, bestimmt, welche einzelnen Angestelltengruppen versicherungspflichtig sind, sofern ihr Jahresarbeitsverdienst den Betrag von GM 4000 nicht übersteigt. So bestimmt er beispielsweise, daß in der Metallindustrie außer den leitenden Angestellten, sofern ihr Jahresarbeitsverdienst den Betrag von GM 4000 nicht übersteigt, der Versicherungspflicht unterliegen: Ingenieure, Techniker, Betriebskalkulatoren, Betriebsassistenten, Zeichner, Vorzeichner (nicht Ankörner), Modelleure, Photographen oder unter einer ähnlichen Bezeichnung Tätige, sofern sie überwiegend mit nicht lediglich mechanischen, technischen oder mit künstlerischen Aufgaben betraut sind, Gießer-Schmelzer-, Former-, Maschinen-, Schlosser-, Dreher-, Schmiede-, Revisions-, Kabinett-, Lager-, Platz-, Montage-, Richtmeister und -untermeister, Obermonteure, Bergführer, Aufseher oder unter einer ähnlichen Bezeichnung Tätige, sofern sie nicht lediglich vorübergehend mit der Leitung oder Beaufsichtigung eines Betriebes oder eines Betriebsteiles oder mit der Entscheidung über die Arbeitsabnahme im Innen- und Außendienste beschäftigt und nicht überwiegend in der Arbeit an der Maschine odre sonst körperlich tätig sind, oder sonst in einer für die Zwecke des Betriebes wesentlichen, nicht überwiegend körperlichen Arbeit unter eigener Verantwortung tätig sind.

Als Bureauangestellte sind angestelltenversicherungspflichtig u. a. Bureauvorsteher, Bibliothekare, Archivare, Bibliographen, wissenschaftliche Hilfsarbeiter, Sekretäre, Dolmetscher, Buchhalter, Korrespondenten, Expedienten, Chiffreure, Rechnungsprüfer, Rendanten Rechnungsführer, Rentmeister, Registratoren, Kalkulatoren, Statistiker, Kartothekführer, Tarifeure, Lektoren, Kanzleivorsteher, Stenographen, Hand- und Maschinenschreiber, Maschinenrechner, Lagerverwalter, Lageristen, sofern sie bei ihrer Arbeit auch mit Lagerbuch- oder Lagerkartothekführung beschäftigt sind, Telephonisten, Telegraphisten, Ferndrucker, Funkentelegraphisten, Reklameleiter, Geldzähler, Botenmeister und endlich Kassierer und Kassenboten, sofern letztere bei ihrer Tätigkeit schriftliche Arbeiten in größerem Umfange zu erledigen haben.

2. Die Familienzulagen bei der Berechnung des Jahresverdienstes in der Angestelltenversicherung. In der im Reichsgesetzblatt Nr. 39,

S. 563, veröffentlichten neuen **Fassung des Angestelltenversicherungsgesetzes vom 28. Mai 1924 verdient die Bestimmung des § 3, Satz 2,** besondere Beachtung. Sie **besagt, daß für die Jahresarbeitsverdienstgrenze Zuschläge, die mit Rücksicht auf den Familienstand gezahlt werden, nicht anzurechnen** sind.

Dagegen sagt § 2 der neuen Fassung des Angestelltenversicherungsgesetzes, daß zum Entgelt im Sinne des Gesetzes neben Gehalt oder Lohn auch Gewinnanteile, Sach- und andere Bezüge gehören, die der Versicherte, wenn auch nur gewohnheitsmäßig statt des Gehaltes oder Lohnes oder neben ihm von dem Arbeitgeber oder einem Dritten erhält.

Aus diesen beiden Bestimmungen folgt, daß die sog. Sozial- oder Familienzuschläge lediglich bei der Feststellung der Jahresverdienstgrenze, nicht jedoch auch bei der Feststellung der Beitragshöhe außer Ansatz zu bleiben haben. Wenn also beispielsweise ein Angestellter unter Außerachtlassung der Familienzuschläge ein geringeres Jahresarbeitsverdienst bezieht, wie als Grenze für die Versicherungspflicht vom Reichsarbeitsminister festgesetzt worden ist, so bleiben diese Zuschläge außer Ansatz. Sie rechnen dagegen an, wenn auch einschließlich dieser Zuschläge die Jahresverdienstgrenze von zurzeit M. 4000 nicht erreicht wird, so daß also der Angestellte ev. wegen dieser Sozialzuschläge in eine höhere Beitragsgruppe fällt.

8. Befreiung von der Angestelltenversicherungspflicht trotz Entwertung der Lebensversicherungen. Nach einer amtlichen Auskunft des Direktoriums der Reichsversicherungsanstalt für Angestellte vom 31. März werden Angestellte, deren Lebensversicherung infolge der Geldentwertung bzw. in Auswirkung der Aufwertungsbestimmungen hinfällig geworden ist, nicht automatisch wieder versicherungspflichtig, sobald sie den Beweis der ausreichenden Lebensversicherung nicht mehr erbringen können. Alle einmal ausgesprochenen Befreiungen von der eigenen Beitragsleistung bleiben vielmehr bestehen, solange der der Befreiung zugrunde liegende Lebensversicherungsvertrag nicht durch Ablauf, Verfall oder aus anderen Gründen aufgehoben ist. Die Befreiung bleibt auch dann in Kraft, wenn die Prämien bis zur Auszahlung der Versicherungssumme gestundet werden. Weiterhin bleibt die Befreiung gültig, wenn die alte Papiermarkversicherung unter Übernahme der Prämienreserve oder zu besonderen Vorzugstarifen in eine neue Goldmarkversicherung umgewandelt wird, oder wenn anstatt und unter Aufhebung der alten Papiermarkversicherung bei dem gleichen Versicherungsunternehmen eine neue Goldmarkversicherung abgeschlossen wird. Nach der gleichen Auskunft tritt aber in den letzteren Fällen eine zeitliche Verlängerung der Befreiung nicht ein, d. h. die Befreiung fällt spätestens mit dem Zeitpunkte weg, zu dem die die Befreiung begründende Versicherung vertragsmäßig bei nicht vorzeitiger Aufhebung abgelaufen wäre. Selbstverständlich steht es den Angestellten jederzeit frei, auf die Befreiung von der eigenen Beitragsleistung zu verzichten. Ein solcher Verzicht ist unwiderruflich. Er hat keine rückwirkende Kraft.

b) Wie berechnen sich die Beiträge?

1. Neue Beitragssätze in der Angestelltenversicherung. Eine Verordnung des Reichsarbeitsministers vom 16. April 1924, die im Deutschen Reichsanzeiger Nr. 91 vom 16. April 1924 veröffentlicht ist, sind in der Angestelltenversicherung neue Beitragsklassen und Beitragssätze mit Wirkung vom 1. Februar 1924 ab unter Abänderung der §§ 16 und 173 der Reichsversicherungsordnung eingeführt worden.

Nach dieser neuen Verordnung werden nach der Höhe des monatlichen Arbeitsverdienstes für die Versicherten folgende Gehaltsklassen gebildet:

Klasse	A	bis zu GM. 50
»	B	von mehr als GM. 50 bis zu GM. 100
»	C	» » » » 100 » » » 200
»	D	» » » » 200 » » » 300
»	E	» » » » 300.

Der Gesamtmonatsbeitrag beträgt in der Gehaltsklasse:

A	GM. 1,50
B	» 3,—
C	» 6,—
D	» 9,—
E	» 12,—

Die vorgenannten Beiträge sind vom Arbeitgeber und vom Angestellten je zur Hälfte zu tragen.

c) Welche Leistungen gewährt die Angestelltenversicherung?

1. Leistungsveränderungen in der Angestelltenversicherung. Die Verordnung des Reichsarbeitsministers vom 16. April 1924 über Beiträge und Leistungen in der Angestellten- und Invalidenversicherung ändert die bisherigen Bestimmungen betreffend die Leistungen in der Angestelltenversicherung in wesentlichen Punkten ab. Die wichtigste Änderung bestimmt, daß in Zukunft das jährliche Ruhegeld aus einem Grundbetrage und aus einem Steigerungsbetrage besteht. Der Grundbetrag beträgt für alle Gehaltsklassen GM. 360. Als Steigerungsbetrag werden 10 vH der gültig entrichteten Beiträge gewährt. Hat der Ruhegeldempfänger Kinder unter 18 Jahren, so erhöht sich für jedes von ihnen das Ruhegeld um jährlich GM. 36. Die Witwenrente und die Witwerrente betragen $^{6}/_{10}$, die Waisenrente für jede Waise $^{5}/_{10}$ des den Versicherten selbst zustehenden Ruhegeldes. Ruhegeld und sonstige Renten werden auf volle Goldpfennig nach oben abgerundet, in Teilbeträgen monatlich im voraus mit den im Postverkehr üblichen Zahlungsmitteln bezahlt. Als Abfindungssumme erhalten Witwen, die sich wieder verheiraten, den einfachen Jahresbetrag ihrer Rente. Die am 1. Januar 1924 laufenden Renten werden in Höhe des oben genannten Grundbetrages, also in der Höhe von GM. 360 zuzüglich der nach den vorstehenden Bestimmungen neu errechneten Kinderzulagen gezahlt. Für Zeiten vor dem 1. Januar 1924 werden Steigerungsbeträge nicht angerechnet. Renten der Angestelltenversicherung für die Zeit bis zum 31. Dezember 1923 sind im Monatsbetrage von GM. 2 festzusetzen.

2. Zahnersatz in der Angestelltenversicherung. Das Direktorium der Reichsversicherungsanstalt für Angestellte, Berlin-Wilmersdorf, hat beschlossen, nunmehr auch das Zahnheilverfahren in dem früheren Umfange wieder aufzunehmen. Es werden mithin künftig den Versicherten wieder Zuschüsse zu den Kosten des Zahnersatzes gemäß dem Abkommen vom 3. November 1917 gewährt. Voraussetzung für die Gewährung ist, wie bei den beständigen Heilverfahren, daß von den Versicherten mindestens für 12 Monate Beiträge entrichtet sind, wobei Beiträge zur Invalidenversicherung angerechnet werden können. Ist der Eintritt in die Angestelltenversicherung erst nach dem 31. Dezember 1922 erfolgt, und sind vorher keine Beiträge zur Invalidenversicherung entrichtet worden, so rechnen die 12 Monate erst vom Tage der Ausstellung der grünen Versicherungskarte an. Bei Befreiung von der eigenen Beitragsleistung wird nur der halbe Zuschuß gegeben. Für Halbversicherte, die auf die Befreiung verzichtet haben, wird ein volles Heilverfahren erst gewährt nach Ablauf einer Wartezeit von 6 Beitragsmonaten, gerechnet vom Tage der Wirksamkeit der Verzichterklärung. Die Abrechnung soll in der gleichen Weise wie vor der Einstellung des Zahnheilverfahrens durch die Krankenkassen erfolgen.

3. Anrechnung der durch den Ruhrkampf entstandenen Zeiten der Beschäftigungslosigkeit. Das Direktorium der Reichsversicherungsanstalt hat beschlossen, durch den Ruhrkampf hervorgerufene Zeiten der Beschäftigungslosigkeit in gleicher Weise wie die Kriegsdienstzeiten als unmittelbare Beitragszeiten zur Angestelltenversicherung anzurechnen, sofern der Versicherte infolge der besonderen Verhältnisse, die die Besetzung der Einbruchsgebiete mit sich gebracht hat, bis zum 31. Dezember 1923 ohne Beschäftigung gewesen ist. Die Anrechnung kann bis zum 1. Juli 1924 ausgedehnt werden, wenn nachweisbar die Beschäftigungslosigkeit wegen der besonderen Verhältnisse bis zu diesem Zeitpunkt angedauert hat.

f) Welche Rechtsfolgen hat die Nichtentrichtung der fälligen Beiträge?

1. Folgen schuldhafter Nichtentrichtung von Beiträgen zur Angestelltenversicherung. Auf die Wichtigkeit pünktlicher Entrichtung der Beiträge zur Angestelltenversicherung verweist den Arbeitgeber eine Entscheidung des Reichsgerichtes vom 1. Juli 1924, Nr. III

116/1924, nach der der Arbeitgeber in vollem Umfange dem Angestellten gegenüber schadenersatzpflichtig ist, wenn durch eine schuldhafte Nichtentrichtung von Beiträgen der Angestellte seinen Anspruch auf Rente ganz oder teilweise verliert.

6. Arbeitslosenversicherung.

a) Wer ist beitragspflichtig?

1. Ruhen der Beitragspflicht zur Erwerbslosenfürsorge bei Arbeitsunfähigkeit. Nach einem Bescheide des Reichsarbeitsministers vom 1. April 1924 Nr. 3414/24, der im Reichsarbeitsblatt Nr. 8, S. 143, vom 16. April 1924 veröffentlicht ist, brauchen krankenversicherungspflichtige Personen während einer Zeit, in der sie wegen Arbeitsunfähigkeit Krankenkassenbeiträge nicht zu entrichten brauchen, Beiträge zur Erwerbslosenfürsorge auch dann nicht zu leisten, wenn sie Gehalt oder Lohn von dem Arbeitgeber weiter beziehen. Infolgedessen brauchen auch die Arbeitgeber in solchen Fällen die anteiligen Beiträge zur Erwerbslosenfürsorge nicht zu entrichten.

2. Keine Beitragspflicht zur Erwerbslosenfürsorge für Arbeitnehmer, die bei ausländischen Krankenkassen gegen Krankheit pflichtversichert sind. In einem Bescheide vom 4. Juli 1924 Nr. X 5256/24, der im Reichsarbeitsblatt Nr. 13 vom 1. Juli 1924 veröffentlicht ist, macht der Reichsarbeitsminister darauf aufmerksam, daß die Pflichtversicherung eines Arbeitnehmers bei einer ausländischen Krankenkasse nicht einer Pflichtversicherung bei einer deutschen Krankenkasse im Sinne der Vorschriften über die Erwerbslosenfürsorge gleichzuachten ist.

Da nach den weiteren Bestimmungen der Verordnungen über die Erwerbslosenfürsorge Beiträge zur Arbeitslosenversicherung nur für solche Arbeitnehmer zu zahlen sind, die Pflichtmitglieder einer Krankenkasse sind, folgt aus dieser wohl zutreffenden Entscheidung, daß der Arbeitgeber auch für solche lediglich bei ausländischen Krankenkassen versicherten Arbeitnehmer keine Beiträge zur Arbeitslosenversicherung zu entrichten hat. Es ist jedoch in jedem Falle zu prüfen, ob der betreffende Arbeitnehmer nicht trotz seiner Zugehörigkeit zu einer ausländischen Krankenkasse bei einer inländischen Krankenkasse pflichtversichert sein muß.

b) Wer ist von der Beitragspflicht befreit?

1. Befreiung von der Beitragspflicht zur Erwerbslosenfürsorge bis 1. bzw. 28. Dezember 1924. Auf Grund des § 34, Abs. 4, Nr. 2, der Verordnung über die Erwerbslosenfürsorge vom 16. II. 1924 hat der Reichsarbeitsminister durch eine Ausführungsverordnung vom 13. III. 1924 u. a. die sogenannten Festangestellten mit Wirkung vom 1. III. 1924 ab von der Beitragspflicht zur Erwerbslosenfürsorge befreit. Unter diese befreiten Festangestellten fallen alle Arbeitnehmer (Arbeiter und Angestellte), die auf Grund eines Arbeitsvertrages von mindestens einjähriger Dauer oder auf unbestimmte Zeit mit der Maßgabe beschäftigt sind, daß ihnen mangels eines wichtigen Grundes nur unter Einhaltung einer Kündigungsfrist von mindestens 6 Monaten gekündigt werden darf.

Die Befreiung kommt jedoch in Fortfall, sobald infolge Fristablaufes oder ordnungsmäßiger Kündigung das Arbeitsverhältnis nur noch ein halbes Jahr lang läuft.

Für die nach dieser neuen Vorschrift von der Beitragspflicht befreiten krankenversicherungspflichtigen Arbeiter und Angestellten braucht also auch der Arbeitgeber keine Beiträge auf eigene Rechnung mehr zu zahlen.

2. Befreiung der Arbeitnehmer mit Jahresarbeitsvertrag von der Beitragspflicht zur Erwerbslosenfürsorge. Ein Bescheid des Reichsarbeitsministers vom 8. April 1924 X 3638/24 (veröffentlicht im Reichsarbeitsblatt Nr. 8 vom 16. April 1924, S. 143) macht darauf aufmerksam, daß es nicht zutrifft, daß nach Artikel 2 der Ausführunsgverordnung über Erwerbslosenfürsorge vom 13. März 1924 (Reichsgesetzblatt S. 279) die Befreiung von der Beitragspflicht zur Erwerbslosenfürsorge auch hinsichtlich der Arbeitnehmer mit Jahresvertrag nur eintritt, wenn eine mindestens sechsmonatige Kündigungsfrist vorgesehen ist. Nach dem genannten, meines Erachtens durchaus zutreffenden Bescheide des Reichsarbeitsministers sind vielmehr Arbeitnehmer, die auf Grund eines mindestens einjährigen Dienstvertrages angestellt sind, bis zu einem halben Jahre vor Ablauf des Dienstvertrages auch dann beitragsfrei, wenn für sie überhaupt keine Kündigungsfrist oder eine kürzere als sechsmonatige Kündigungsfrist vorgesehen ist.

3. Beitragsfreiheit auch der Arbeitgeber bei langdauernden Arbeitsverträgen. In der Praxis sind vielfach Zweifel darüber entstanden, ob lediglich die Arbeitnehmer oder auch ihre Arbeitgeber von der Pflicht zur Zahlung von Beiträgen zur Erwerbslosenfürsorge befreit sind, wenn die betreffenden Arbeitnehmer auf Grund eines Arbeitsvertrages von mindestens einjähriger Dauer oder mit einer Kündigungsfrist von mindestens 6 Monaten auf unbestimmte Zeit beschäftigt werden.

In einem Bescheid vom 31. Mai 1924 X 5432/24 bestätigt der Reichsarbeitsminister die von Arbeitgeberseite vorwiegend immer vertretene Ansicht, daß selbstverständlich in solchen Fällen neben dem Arbeitnehmer auch der Arbeitgeber beitragsfrei ist. Der Reichsarbeitsminister macht mit Recht darauf aufmerksam, daß es durchaus unbillig wäre, wenn gerade der Arbeitgeber, der durch eine längere vertragliche Bindung bereits zur Bekämpfung der Arbeitslosigkeit beiträgt, weiter zu den Lasten der Fürsorge herangezogen würde.

4. Wegfall der Beitragspflicht zur Arbeitslosenversicherung bei langfristigen Verträgen. In Theorie und Praxis ist vielfach der Standpunkt vertreten worden, daß die Befreiung von der Beitragspflicht in der Arbeitslosenversicherung wegen langfristiger Arbeits- oder Dienstverträge nur zugunsten von Arbeitgebern und Arbeitnehmern in der Land- und Forstwirtschaft gilt. Man stützt diese Ansicht auf die Tatsache, daß die genannte Befreiungsvorschrift des Art. 2 der Ausführungsverordnung zur Verordnung über Erwerbslosenfürsorge vom 13. März 1924 inmitten von Bestimmungen steht, die sich nur auf die Land- und Forstwirtschaft beziehen.

Entsprechend der von uns wiederholt an dieser Stelle vertretenen Ansicht hat der Reichsarbeitsminister in einem in Nr. 14 des Reichsarbeitsblattes vom 16. Juli 1924, S. 279, veröffentlichten Bescheide vom 12. Juni 1924, Nr. X 5582/24, darauf hingewiesen, daß die genannte Befreiungsvorschrift nach dem Sinn und Wortlaute derselben für alle Personen gilt, die auf Grund eines Arbeitsvertrages von mindestens 6 Monaten auf unbestimmte Zeit beschäftigt werden. Die Richtigkeit dieser Ansicht ergibt sich aus der Erwägung, daß ein Arbeitnehmer durch einen langfristigen oder nur langfristig kündbaren Vertrag in jedem Beruf auf Kosten der längeren vertraglichen Bindung des Arbeitgebers in hohem Maße gegen Erwerbslosigkeit geschützt ist.

5. Befreiung von der Beitragspflicht in der Arbeitslosenversicherung auch bei nur einseitig langen Kündigungsfristen. In einer Entscheidung vom 11. Juni 1924 hebt der Regierungspräsident zu Düsseldorf hervor, daß die Befreiung von der Beitragspflicht in der Arbeitslosenversicherung auch dann kraft Gesetzes vorliegt, wenn lediglich der Arbeitgeber an die Einhaltung einer mehr als sechsmonatigen Kündigungsfrist gebunden ist, während der Arbeitnehmer mit kürzerer Frist kündigen kann.

6. Beitragsfreiheit der Lehrlinge und ihrer Lehrherren in der Arbeitslosenversicherung. In einem Rundschreiben vom 4. Juni 1924, Nr. X, 5129/24, macht der Reichsarbeitsminister darauf aufmerksam, daß auf Grund des Artikels 2 der Ausführungsverordnung zur Verordnung über die Erwerbslosenfürsorge vom 13. März 1924 auch Lehrlinge und ihre Lehrherren von der Beitragspflicht zur Arbeitslosenversicherung befreit sind, sofern die Lehrverträge auf mindestens ein Jahr abgeschlossen sind.

Die Beitragspflicht der Lehrlinge beginnt jedoch 6 Monate vor dem Tage, an welchem das Lehrverhältnis kraft Vertrages abläuft.

7. Beitragsfreiheit in der Erwerbslosenversicherung. Nach einem Bescheide des Reichsarbeitsministers vom 10. November 1924, Nr. IV 9766/24 besteht, die Beitragsfreiheit auf Grund langfristiger Dienst- oder Lehrverträge schon dann, wenn der Arbeitgeber einseitig verpflichtet ist, bei befristeter Kündigung die vorgesehene lange Kündigungsfrist einzuhalten, und wenn der Arbeitnehmer berechtigt ist, das Dienstverhältnis mit kürzerer Frist aufzukündigen.

8. Änderung der Beitragsfreiheit seit 1. Dezember 1924. Eine 5. Ausführungsverordnung zur Verordnung über Erwerbslosenfürsorge vom 14. November 1924 (Deutscher Reichsanzeiger Nr. 271 vom 15. November 1924) hebt die Verordnungen vom 13. März 1924 und 24. Mai 1924 (RGBl. S. 279 und 562) auf und regelt vom 1. Dezember 1924 ab die Beitragsfreiheit in der Arbeitslosenversicherung neu, indem sie die Beitragsfreiheit für land- und forstwirtschaftliche Arbeitnehmer und auf Hausangestellte ausdehnt, dagegen die Beitragsfreiheit für gewerbliche Arbeitnehmer einschränkt und die Voraussetzungen für die Beitragsfreiheit wesentlich verschärft. Es wird insbesondere für die Industrie die Beitragsfreiheit der sog. langfristig angestellten Arbeitnehmer mit Ausnahme der Lehrlinge aufgehoben.

Nach dieser Neuregelung sind in gewerblichen und industriellen Betrieben grundsätzlich wieder alle kranken versicherungspflichtigen Arbeiter und Angestellten auch arbeitslosenversicherungspflichtig ohne Rücksicht auf die Vertrags- und Kündigungsdauer.

Beitragsfrei sind nur noch Lehrlinge und ihre Arbeitgeber, sofern sie auf Grund eines schriftlichen Lehrvertrages von mindestens zweijähriger Dauer beschäftigt sind. Auch deren Beitragsfreiheit erlischt jedoch 6 Monate vor dem Tage, an dem das Lehrverhältnis durch Zeitablauf endet.

Zudem tritt die Beitragsfreiheit nicht mehr automatisch kraft Gesetzes ein, sondern auch die Beitragsfreiheit der Lehrlinge ist von einer gemeinsam vom Arbeitgeber und Arbeitnehmer unterzeichneten Anzeige bei der Krankenkasse, bei der der Lehrling pflichtversichert ist, abhängig.

Verweigert ein Vertragsteil seine Unterschrift grundlos, so hat die Krankenkasse auf Antrag des anderen Teiles dessen Unterschrift als ausreichend zu erklären. Die Anzeige muß angeben, für welche Dauer die Beitragsfreiheit in Anspruch genommen wird und welcher Lehrvertrag dem Beschäftigungsverhältnis zugrunde liegt. Die Krankenkasse kann die Vorlage des schriftlichen Lehrvertrages verlangen. Die Beitragsfreiheit beginnt erst mit dem Montag der Woche, in der die Anzeige eingeht. Sie tritt nicht ein, wenn die Krankenkasse feststellt, daß die Voraussetzungen für die Beitragsfreiheit nicht gegeben sind. Gegen einen solchen ablehnenden Bescheid der Krankenkasse steht dem Arbeitgeber und dem Lehrling das Recht der Beschwerde an das Versicherungsamt und das endgültig entscheidende Oberversicherungsamt zu. Die Krankenkasse hat die Anzeige unverzüglich dem Vorsitzenden des öffentlichen

Arbeitsnachweises vorzulegen, sofern sie die Beitragsfreiheit als gegeben ansieht. Der Vorsitzende des Arbeitsnachweises kann seinerseits, wenn er die Beitragsfreiheit bestreitet, eine Entscheidung des Versicherungsamtes herbeiführen. Vor dieser Entscheidung soll das Versicherungsamt der Krankenkasse, dem Arbeitgeber und dem Arbeitnehmer Gelegenheit zur Äußerung geben.

Wird der Lehrling vorzeitig aus dem Lehrlingsverhältnis entlassen und als Handwerker, Arbeiter oder Angestellter weiter beschäftigt, so erlischt damit die Beitragsfreiheit und der Arbeitgeber hat der Krankenkasse unverzüglich Anzeige zu erstatten.

c) Wie hoch sind die Beiträge in der Arbeitslosenversicherung?

1. Gegen übermäßig hohe Beiträge zur Erwerbslosenfürsorge wendet sich ein Erlaß des Reichsarbeitsministers vom 11. Juni 1924, Nr. X 5640/24 II Ang., der in Nr. 12 des Reichsarbeitsblattes vom 16. Juni 1924 veröffentlicht ist. Der Reichsarbeitsminister macht in diesem Erlaß darauf aufmerksam, daß die Arbeitnachweisämter das ihnen durch den § 34 der Verordnung über Erwerbslosenfürsorge vom 16. Februar 1924 verliehene Recht der selbständigen Festsetzung der Beiträge zur Erwerbslosenfürsorge unbedingt mißbrauchen, wenn sie höhere Beiträge erheben als notwendig ist, um die tatsächlichen laufenden Auslagen für die Erwerbslosenfürsorge zu decken. Er weist weiter darauf hin, daß es völlig verfehlt wäre, in der jetzigen Zeit der Wirtschaftskrise durch Erhebung übermäßig hoher Beiträge Rücklagen in einzelnen Bezirken anzusammeln. Nach dem Erlaß haben solche unerwünschten Rücklagen in vielen Bezirken schon eine sehr beträchtliche Höhe erreicht.

Über zu hohe Beiträge zur Erwerbslosenfürsorge klagen Arbeitgeber und Arbeitnehmer schon seit längerer Zeit. Es erscheint deshalb zwingend notwendig, daß die Mitglieder der Verwaltungsausschüsse bei den einzelnen Arbeitsnachweisämtern, gestützt auf den vorerwähnten Erlaß, für eine Herabsetzung der Beiträge eintreten.

In Bezirken, die noch den höchstzulässigen Beitragssatz erheben, ist es zweckmäßig, daß die betroffenen Firmen sich mit Ermäßigungsanträgen an die Verwaltungsausschüsse wenden.

2. Beitragsberechnung in der Arbeitslosenversicherung bei Kurzarbeit. In der Praxis besteht vielfach noch Unklarheit, in welcher Höhe Beiträge zur Arbeitslosenversicherung bei Kurzarbeit zu entrichten sind. Es sei daher auf folgende Grundsätze aufmerksam gemacht:

Die Höhe der Beiträge zur Erwerbslosenfürsorge richtet sich grundsätzlich gemäß § 34, Absatz 2, der Verordnung über Erwerbslosenfürsorge vom 15. Dezember 1923 nach der Höhe des Grundlohnes. Für dessen Berechnung ist nach einem Schreiben des Reichsarbeitsministers an den Preußischen Minister für Volkswohlfahrt vom 22. Juli ds. Js. der Teil des tatsächlichen Wochen- oder Monatsarbeitsverdienstes maßgebend, der auf den Kalendertag entfällt. Verdient beispielsweise bei voller Beschäftigung ein Arbeitnehmer werktäglich M. 5, so ist für die Festsetzung des Grundlohnes der Betrag von 6 (Werktagen) mal 5 (Mark), dividiert durch 7 (Kalendertage), d. i. M. 4,29 zugrunde zu legen. Arbeitet derselbe Arbeitnehmer als Kurzarbeiter nur 3 Tage in der Woche, so sind nur 3 mal 5:7, d. i. M. 2,14 zu berücksichtigen.

Notwendig ist es jedoch, daß der Arbeitgeber beim Übergang zur Kurzarbeit sofort die für die Berechnung des Grundlohnes nach Lohnstufen vorgeschriebenen Angaben und Ummeldungen macht. Unterläßt er diese Ummeldungen, so muß er die Mehrkosten allein tragen.

3. Erhöhte Arbeitgeberbeiträge zur Erwerbslosenfürsorge. Am 1. März ds. Js. sind die neuen Bestimmungen über die Erhebung der Beiträge zur Erwerbslosenfürsorge vom 16. Februar 1924 (Reichsgesetzblatt S. 127) in Kraft getreten. Auf Grund dieser neuen Bestimmungen können die Verwaltungsausschüsse der Arbeitsnachweisämter die Beiträge der Arbeitgeber und der krankenversicherungspflichtigen Arbeitnehmer bis zum vorläufigen Höchstbetrage von je 1½ vH des Grundlohnes der zuständigen Krankenkasse erhöhen. Da fast alle Arbeitsnachweisämter die höchstzulässigen Beitragssätze festsetzen, empfiehlt es sich, schon jetzt bei allen Kalkulationen zu berücksichtigen, daß evtl. mit Rückwirkung vom 1. März, jedenfalls aber für die nächsten Monate, neben den Beiträgen für die Krankenkasse und außer dem Beitragsanteil der Arbeitnehmer für jeden krankenversicherungspflichtigen Arbeiter und Angestellten aus Werkmitteln 1½ vH des Grundlohnes an die Krankenkasse bei jeder Lohn- und Gehaltzahlung abzuführen sind.

4. Berechnung der Beiträge zur Erwerbslosenfürsorge für Sonn- und Feiertage. Nach einem im Reichsgesetzblatt Nr. 8, S. 143, veröffentlichten Rundschreiben des Reichsarbeitsministers vom 1. April 1924 Nr. X 3189/24 sind die Arbeitsnachweisämter berechtigt und die Arbeitgeber verpflichtet, für jeden Kalendertag, also auch für die Sonntage und die in die Woche fallenden Feiertage, Beiträge zur Erwerbslosenfürsorge vom jeweils geltenden Grundlohne zu berechnen. Der Reichsarbeitsminister stützt diese Ansicht auf die Bestimmungen der Verordnung über Erwerbslosenfürsorge vom 16. Februar 1924, denen zufolge zur Verringerung der Kosten und Mühen der Beitragsberechnung auf die Zahlung der Beiträge zur Erwerbslosenfürsorge die Vorschriften betreffend die Erhebung der Krankenkassenbeiträge Anwendung finden. Da tatsächlich die Krankenkassenbeiträge für den Kalendertag, d. h. für 7 Tage in der Woche berechnet werden — vgl. § 180 der Reichsversicherungsordnung in der Fassung des § 6 des Gesetzes zur Erhaltung leistungsfähiger Krankenkassen vom 27. März 1923 und des § 3 der Verordnung über die Verdienst- und Einkommensgrenze, Grundlöhne und Sterbegeld in der Krankenversicherung vom 29. Februar 1924 sowie Artikel 1 der Verordnung auf Grund des Notgesetzes vom 27. September 1923 (Reichsgesetzblatt S. 225, 157 und 908) dürfte diese Ansicht des Reichsarbeitsministers den geltenden gesetzlichen Bestimmungen entsprechen, obwohl nach § 11 der Verordnung vom 16. Februar 1924 die Erwerbslosenunterstützung nur für die sechs Wochentage und nicht auch für die Sonntage gewährt werden darf.

5. Herabsetzung der Höchstbeiträge in der Erwerbslosenversicherung. Für Preußen ist gemäß einem Erlaß des preußischen Ministers für Volkswohlfahrt vom 13. November 1924 Nr. III B 7724 durch Beschluß des Verwaltungsausschusses des Landesarbeitsamtes vom 11. November 1924 die zulässige Beitragshöchstgrenze in der Erwerbslosenfürsorge mit Wirkung vom 1. Dezember 1924 ab von 3 auf 2 vH des Grundlohnes ermäßigt worden. In Zukunft brauchen an die Landesausgleichskasse nur noch ½ vH und an die zuständige Provinzialausgleichskasse nur noch ¼ vH der Grundlöhne abgeführt zu werden. Es stehen also der Verwaltungsgemeinde des örtlichen oder bezirklichen Arbeitsnachweises Beitragseinnahmen für eigene Zwecke bis zu 1¼ vH der Grundlöhne zur Verfügung, wobei der Verwaltungsausschuß das Recht hat, die Beiträge soweit zu ermäßigen, daß bei Abführung von insgesamt ¾ vH an die Landesausgleichskasse und die Provinzialausgleichskasse noch genügend Beiträge zur Deckung der eigenen Auslagen für die Arbeitsvermittlung und die Arbeitslosenfürsorge ohne Inanspruchnahme der Provinzialausgleichskasse verbleiben.

d) Wie sind die Beiträge abzuführen?

1. Abführung der Beiträge zur Erwerbslosenfürsorge zugunsten der verschiedenen Wohnsitzgemeinden. Trotz der nachdrücklichen Beschwerden der Krankenkassen und Arbeitgeber-Verbände hat der preußische Minister für Volkswohlfahrt seinen Erlaß vom 26. August d. J., betreffend die Abführung der Beträge zur Erwerbslosenfürsorge, aufrechterhalten. Nach diesem Erlaß sind bekanntlich die Betriebskrankenkassen und sonstigen Krankenkassen berechtigt, die Beiträge für die Erwerbslosenversicherung ihrer Mitglieder anteilig an sämtliche Wohnortgemeinden abzuführen, in denen die Mitglieder der Kassen wohnen. In einem neuen Erlaß vom 24. September 1924 Nr. III B 6796 ändert der preußische Minister für Volkswohlfahrt die früheren Richtlinien jedoch zugunsten der Betriebskrankenkassen und Arbeitgeber ab, indem er zur Erleichterung der Abrechnungs- und Überweisungsarbeiten folgendes Verfahren gestattet:

Die Kasse führt die Beträge an die Verwaltungsgemeinde des öffentlichen Arbeitsnachweises ab, in deren Bezirk sie ihren Sitz hat.

Gleichzeitig übersendet sie dieser ein Verzeichnis, aus dem die Zahl und die Wohnorte derjenigen Arbeitnehmer hervorgehen, die außerhalb des Bezirkes der Verwaltungsgemeinde wohnen. Abschrift dieses Verzeichnisses der Kasse erhalten die in Frage kommenden Wohnortgemeinden. Berichtigungen des Verzeichnisses müssen nach Bedarf der Verwaltungsgemeinde und der Wohnsitzgemeinde übersandt werden. Die Verwaltungsgemeinde des öffentlichen Arbeitsnachweises führt dann an einem bestimmten, zwischen der Verwaltungsgemeinde und der Wohnortgemeinde zu vereinbarendem Stichtage die Beiträge auf Grund der eingereichten Verzeichnisse an die Wohngemeinden ab.

Der Minister hat auch nichts dagegen einzuwenden, wenn zwischen den Krankenkassen oder der Betriebsgemeinde auf der einen und den Wohnsitzgemeinden auf der anderen Seite vereinbart wird, daß die Abführung der Beiträge nicht auf Grund der jeweils wechselnden Zahl der tatsächlich aus der betreffenden Wohnsitzgemeinde beschäftigten Arbeitnehmer erfolgt, sondern daß hierfür ein fester Verteilungsschlüssel vereinbart wird, etwa auf Grund einer Feststellung der Zahl der beschäftigten Arbeitnehmer an einem bestimmten Stichtage. Es müsse nur unter allen Umständen erreicht werden, daß die Wohnsitzgemeinde auf irgendeine Weise in den Besitz der ihr zustehenden Beiträge gelangt.

Um den Ersatzkassen, Betriebskrankenkassen, Knappschaftskrankenkassen auf der anderen Seite die Abführung der Beiträge an die Wohnsitzgemeinden nach Möglichkeit zu erleichtern, ist der Minister damit einverstanden, daß im Falle von Vereinbarungen vorstehender Art auch vereinbart wird, daß der Beitragssatz, der für die Gemeinde gilt, in deren Bezirk die Kasse ihren Sitz hat, auch für die Arbeitnehmerschaft gilt, die im Gebiet eines anderen Arbeitsnachweises wohnt.

2. Erhebungskosten für die Einziehung der Beiträge zur Erwerbslosenfürsorge. Nach einer in Nr. 88 des Deutschen Reichsanzeigers vom 12 April ds Js. veröffentlichten Anordnung des Präsidenten der Reichsarbeitsverwaltung vom 7. April 1924 sind mit Wirkung vom 14. April ds Js. ab die Betriebskrankenkassen berechtigt, als Ersatz der Mehrkosten, welche ihnen durch die Erhebung und Abführung der Beiträge zur Erwerbslosenfürsorge entstehen, von der Gesamtsumme der einbehaltenen Beiträge einen nach der Höhe der Beitragssätze gestaffelten Prozentsatz zurückzubehalten. Der Prozentsatz beträgt

bei einem Beitragssatze	unter 2 vH	1,0 vH
» » »	von 2—2½ vH	0,75 »
» » »	von 2½—3 vH	0,60 »
» » »	von 3 vH	0,5 »

3. Abrechnung der Krankenkassen über die Beiträge zur Erwerbslosenfürsorge. Ein Bescheid des Reichsarbeitsministers vom 11. November 1924 Nr. IV 9853/24 besagt, daß der Abrechnungsmonat im Sinne des Artikel 11, Abs. 4, Satz 2 der Ausführungsvorschriften zur Verordnung über Erwerbslosenfürsorge vom 25. März 1924 jeder Kalendermonat ist. Jede Betriebs-, Orts-, Land- oder Innungskrankenkasse muß also die Abrechnung am Schlusse eines jeden Monats über die Beiträge aufstellen, die bis zum Ende dieses Monats bei der Krankenkasse wirklich eingegangen sind.

e) Wie weit können zu viel gezahlte Beiträge zurückverlangt werden?

1. Rückforderung zu Unrecht gezahlter Beiträge. Wie wir in der Notiz Xe, Nr. 10 hervorhoben, sind Lehrlinge und ihre Lehrherren im allgemeinen von der Beitragspflicht zur Erwerbslosenfürsorge befreit. Der Reichsarbeitsminister macht in einem im Reichsarbeitsblatt Nr. 17 vom 1. September 1924 veröffentlichten Schreiben vom 9. August 1924 Nr. X 7316/24 darauf aufmerksam, daß Beiträge, die für Lehrlinge irrtümlich für die Zeit nach dem 1. März 1924 entrichtet worden sind, unter Beachtung der Vorschriften des § 405 der Reichsversicherungsordnung zurückgefordert werden können.

2. Rückforderung zu viel gezahlter Beiträge zur Erwerbslosenfürsorge. Nach einem Bescheide des Reichsarbeitsministers vom 29. Oktober 1924 Nr. IV 9159/24 (s. Reichsarbeitsblatt Nr. 25, S. 441 vom 16. 11. 1924) kann der Arbeitgeber Beiträge, die er zuviel zur Erwerbslosenfürsorge gezahlt hat, in vollem Umfange, und zwar auch für die rückliegende Zeit zurückverlangen. Nur dann besteht ein solches Rückforderungsrecht nicht mehr, wenn dieses Recht nach § 29 Absatz 2 der Reichsversicherungsordnung verjährt ist, d. h. wenn seit Schluß des Kalenderjahres, in welchem die Beiträge zuviel entrichtet worden sind, 6 Monate verstrichen sind. Zur Rückzahlung der zuviel gezahlten Beiträge ist die Krankenkasse verpflichtet, an welche die Beiträge gezahlt worden sind. Die Krankenkasse kann die von ihr zurückgezahlten Beiträge vom Arbeitsnachweis zurückfordern, oder sie kann bei der Überweisung später eingehender Beiträge die zurückgezahlten Beiträge in Abzug bringen.

XI. Arbeitsmangel und Betriebseinschränkungen.

A. Einschlägige Gesetzesbestimmungen.

1. Verordnung betr. Maßnahmen gegenüber Betriebsabbrüchen und Betriebsstillegungen vom 8. November 1920 (RGBl. S. 1901).
2. Verordnung über Betriebsstillegungen und Arbeitsstreckung vom 15. Oktober 1923 (RGBl. S. 983).
3. Verordnung über Erwerbslosenfürsorge vom 16. Februar 1924 (RGBl. I S. 127) nebst den Ausführungsverordnungen vom 18. Januar 1924 13. März 1924, 25. März 1924, 24. Mai 1924, (RGBl. I S. 34, 35, 279, 376, 562).
4. Betriebsrätegesetz vom 4. Februar 1920 (R.G.Bl. S. 147) insbesondere dessen §§ 74, 84 ff. und 96 f.).
5. Gesetz über die Beschäftigung Schwerbeschädigter vom 12. Januar 1923 (RGBl. I S. 57), insbesondere dessen §§ 15 und 16.

B. Die wichtigsten Einzelfragen.

a) Wann liegt eine Betriebsstillegung im Sinne des Gesetzes vor, so daß

aa) die Sperrvorschriften der Stillegungsverordnung beachtet werden müssen, oder

bb) Kündigungen von Arbeitnehmern und Betriebsvertretungsmitgliedern vorgenommen werden können, ohne daß ein Einspruchsrecht nach § 84 ff. des Betriebsrätegesetzes gegeben oder zur Kündigung eines Betriebsvertretungsmitgliedes die Zustimmung der Betriebsvertretung erforderlich ist?

1. **Stillegung im Sinne des § 96 Absatz 2 des Betriebsrätegesetzes liegt auch bei Stillegung in Arbeitskämpfen und bei Stillegung von kleineren Betriebsteilen vor.** In einer Entscheidung Nr. 21, U 5324/23, hat das Kammergericht entschieden, daß eine Betriebsstilllegung im Sinne des § 96 Absatz 2 des Betriebsrätegesetzes entgegen einer vielfach vertretenen Ansicht auch dann vorliegt, wenn lediglich eine kleinere Betriebsabteilung

stillgelegt wird, und auch wenn der Arbeitgeber sich aus Anlaß von Arbeitsstreitigkeiten entschließt, den ganzen Betrieb oder einzelne Betriebsteile stillzulegen.

Wenn also beispielsweise in einem selbständigen Betriebsteile, etwa in der Modellschreinerei eines Gießereibetriebes, Lohn- oder Akkorddifferenzen auftreten, die es infolge ihrer scharfen Zuspitzung notwendig machen, den betreffenden Betriebsteil vorübergehend stillzusetzen, so ist der Arbeitgeber berechtigt, die in diesem Betriebsteil beschäftigten Betriebsratsmitglieder ohne Zustimmung der Betriebsvertretung und ohne Ersatzzustimmung des Schlichtungsausschusses zu entlassen. Nach Ansicht des Kammergerichtes kommt es auch auf die Dauer der Betriebsstillegung grundsätzlich nicht an. Nur würde eine Betriebsstillegung im Sinne des § 96 Absatz 2 des Betriebsrätegesetzes als vorliegend nicht angesehen werden können, wenn die Stillegung nur für ganz kurze, fest bestimmte Zeit, etwa für 24 Stunden, ausgesprochen wird, lediglich um einzelne Betriebsratsmitglieder zu entlassen.

2. Stillegung im Sinne des § 85 BRG. auch bei vorübergehender Betriebseinstellung. Mit Urteil vom 14 Februar 1924 hat das Gewerbegericht Halle entschieden, daß gekündigten Arbeitnehmern nach § 85 des Betriebsrätegesetzes auch dann ein Einspruchsrecht gegen die Kündigung nicht zusteht, wenn die Betriebsstillegung, auf Grund deren die Entlassung ausgesprochen worden ist, nur zwei Tage dauert. Nach Ansicht des Gewerbegerichtes Halle ist die Kündigung auch dann gültig und im Wege des Einspruches nicht anfechtbar, wenn der Arbeitgeber gegen den § 74 des Betriebsrätegesetzes verstoßen hat, weil er es unterließ, die Betriebsvertretung rechtzeitig von der bevorstehenden Betriebsstillegung und Entlassung zu verständigen.

Endlich ist ein Einspruchsrecht gegen Kündigungen aus Anlaß von Betriebsstillegungen auch dann nach Ansicht des Gewerbegerichtes Halle nicht gegeben, wenn nachgewiesen werden kann, daß durch Arbeitsstreckung oder durch Einlegung von Feierschichten die Stillegung hätte verhütet werden können.

Diese Ansicht erscheint zutreffend, weil mit der Verordnung vom 12. Februar 1920 über Einstellungen und Entlassungen auch die Pflicht zur Arbeitsstreckung vor Entlassungen in Wegfall gekommen ist, und weil der § 74 des Betriebsrätegesetzes lediglich eine Sollvorschrift darstellt.

3. Keine Anwendung der Stillegungsverordnung beim Aufhören vorübergehender Beschäftigung. Nach einem Bescheide des Reichsarbeitsministers vom 27. August 1924 Nr. X 8014/24 ist ein Unternehmer nicht zu erneuter Anzeige gemäß der Stilllegungsverordnung vor der Entlassung und Betriebsstillegung verpflichtet, wenn ihm die Stillegung seines Betriebes mit Rücksicht auf die wirtschaftliche Lage seines Betriebes zu einem bestimmten Zeitpunkte genehmigt war, und wenn er über diesen Zeitpunkt hinaus seine Belegschaft oder einen Teil derselben vorübergehend weiter beschäftigt, sofern diese neue Beschäftigungsmöglichkeit klar erkennbar nach Zweck, Zeit und Umfang vorübergehender Natur ist und die allgemeine Wirtschaftslage des Betriebes sich nicht ändert. Es dürfte sich jedoch empfehlen, in einschlägigen Fällen die zuständige Regierungsbehörde vor der vorübergehenden Weiterbeschäftigung in aller Form darauf aufmerksam zu machen, daß die Weiterbeschäftigung nur eine vorübergehende sein wird, damit nicht nachträglich Schwierigkeiten entstehen.

4. **Übergang vom 2- zum 1-Schichtensystem bedeutet keine Betriebsstillegung.** Nach einem wohl zutreffenden Urteil des Gewerbegerichtes Emmerich vom 27. 2. 24 (s. Juristische Wochenschrift 53, 18 a, S. 1424) liegt keine anmeldepflichtige Betriebsstillegung im Sinne der Stillegungsverordnung vor, wenn eine Firma vom Zwei- zum Einschichten-System übergeht und die dadurch überflüssig werdenden Arbeitskräfte entläßt. Nach der Urteilsbegründung handelt es sich in diesem Falle nur um eine zeitliche Nichtbenutzung von Betriebsanlagen, die den Tatbestand der Betriebsstillegung im Sinne der Stillegungsverordnung nicht erfüllt.

5. **Wegfall des Kündigungseinspruchrechtes nur bei Betriebsstillegung und nicht schon bei Betriebseinschränkung.** Entgegen der in Arbeitgeberkreisen vertretenen Ansicht und gestützt auf den Bescheid des Reichsarbeitsministers vom 12. Juli 1920 Nr. I A 2158 und die Ausführungen im Kommentar von Feig-Sitzler zum Betriebsrätegesetz in den Anmerkungen unter Ziffer 4 zu § 85 hat das Kaufmannsgericht Berlin mit Urteil Nr. 57/1924 Nr. 7 entschieden, daß als teilweise Betriebsstillegung nur die Stillegung einer ganzen Betriebsabteilung, nicht jedoch auch schon eine Betriebseinschränkung in einzelnen Betriebsabteilungen unter Aufrechterhaltung der Arbeit in den einzelnen Betriebsabteilungen anzusehen ist. Nach Ansicht des Kaufmannsgerichtes Berlin liegt also beispielsweise eine Betriebsstillegung im Sinne des § 85 des Betriebsrätegesetzes, welche ein Einspruchsrecht des Arbeitnehmers gegen eine Kündigung ausschließt, nicht vor, wenn in einer Betriebsabteilung von 293 Arbeitsmaschinen 110 vorübergehend nicht benutzt werden, sofern diese 110 nicht benutzten Maschinen keine besondere Betriebsabteilung darstellen. Dagegen ist nach Ansicht des Kaufmannsgerichtes Berlin bei einer solchen oder ähnlichen Betriebseinschränkung im allgemeinen anzunehmen, daß die Entlassung keine den Einspruch begründende Härte darstellt, weil sie durch die Betriebsverhältnisse bedingt ist.

6. **Keine Anwendung der Stillegungsverordnung beim Aussetzen der Arbeit wegen Arbeitmangels.** Die zweite Strafkammer

des Landgerichts Bautzen hat als Berufungsgericht entschieden, daß die Vorschriften der Stillegungsverordnung keine Anwendung finden, wenn Betriebseinrichtungen zwar nicht benutzt werden, wenn aber die bisher beschäftigt gewesenen Arbeitnehmer nicht zur Entlassung kommen, sondern nur für die Dauer des Arbeitsmangels unter Fortfall der Gehaltsansprüche beurlaubt und zur Erwerbslosenfürsorge überwiesen werden. Die Entscheidung ist meines Erachtens richtig, da die Stillegungsverordnung nach ihrem Wortlaut nur in Frage kommt, wenn infolge des Nichtbenutzens von Betriebsanlagen die in der Stillegungsverordnung angegebene Mindestzahl von Arbeitnehmern zur Entlassung kommt. Beurlaubung aber ist keine Entlassung. Diese Ansicht ist jedoch nicht unumstritten. In der Kartenauskunftei des Arbeitsrechtes vertritt Oberregierungsrat Dr. Häußner aus dem Reichsarbeitsministerium den Standpunkt, daß das Aussetzen der Arbeit gegen den Willen der Arbeitnehmer beim Einstellen der Lohn- und Gehaltszahlungen einer Entlassung gleichkommt und infolgedessen die Anwendbarkeit der Stillegungsverordnung bedingt.

7. Keine Anwendung der Stillegungsverordnung bei Betriebseinschränkungen auf Veranlassung des Konkursverwalters. Der Preußische Minister für Handel und Gewerbe vertritt im Einvernehmen mit dem Preußischen Justizminister in einem im Reichsarbeitsblatt Nr. 17 vom 1. September 1924 veröffentlichten Schreiben vom 16. Juli 1924 Nr. III 5116 den Standpunkt, daß die Betriebsstillegung durch einen Konkursverwalter oder einen nach § 106 der Konkursordnung bestellten Sequester nicht unter die Stillegungsverordnung fällt, so daß in diesem Falle die Sperrfristen nicht eingehalten zu werden brauchen und eine Anmeldung der beabsichtigten Betriebsstillegung nicht erforderlich ist.

Bei dieser Gelegenheit sei darauf aufmerksam gemacht, daß nach herrschender Ansicht gegenüber Kündigungen durch den Konkursverwalter ein Einspruchsrecht auf Grund der § 84ff. des Betriebsrätegesetzes nicht möglich und auch für die Kündigung von Betriebsvertretungsmitgliedern die Zustimmung der Betriebsvertretung oder die Ersatzzustimmung des Arbeitsgerichtes nach den §§ 96 und 97 des Betriebsrätegesetzes nicht erforderlich ist, weil Kündigungen und Entlassungen durch den Konkursverwalter auf einer gesetzlichen Verpflichtung des Konkursverwalters beruhen.

8. Zustimmung zur Kündigung von Betriebsvertretungsmitgliedern bei Stillegung von einzelnen Betriebsabteilungen. Wenn nur eine einzelne selbständige Betriebsabteilung stillgelegt wird, und wenn in diesem Falle der Arbeitgeber aus sozialen oder betriebstechnischen Gründen einen Teil der Belegschaft der stillgelegten Betriebsabteilung in eine andere Abteilung des Betriebes übernimmt, ist nach einem Urteil des Gewerbegerichtes

Homburg vom 1. Oktober 1924, Nr. 37/1924 zur Kündigung und Entlassung eines im stillgelegten Betriebsteil beschäftigt gewesenen Betriebsvertretungsmitgliedes die Zustimmung der Betriebsvertretung oder die Ersatzzustimmung des Arbeitsgerichtes erforderlich, wenn der Arbeitgeber nicht nachweisen kann, daß die Übernahme des Betriebsvertretungsmitgliedes in einen anderen Betriebsteil unmöglich war.

Wenn diese Frage auch lebhaft umstritten und das Urteil des Gewerbegerichtes Homburg auch rechtlich kaum haltbar ist, weil es über den Schutzzweck des § 96 des Betriebsrätegesetzes weit hinausgeht, so mahnt dieses Urteil doch zur Vorsicht, zumal beispielsweise Feig-Sitzler im Kommentar zum Betriebsrätegesetz, 8. und 9. Auflage, einen ähnlichen Standpunkt vertreten. Damit bei der Stillegung eines einzelnen selbständigen Betriebsteiles aus der Übernahme einzelner Arbeitnehmer aus sozialen oder betriebstechnischen Gründen in andere Betriebsteile keine falschen Schlüsse gezogen werden, empfiehlt es sich daher, diejenigen Arbeitnehmern, die man weiter beschäftigen will, jedenfalls zunächst formell mit zu kündigen und zu entlassen und sie dann völlig neu in den anderen Betriebsteil wieder einzustellen.

9. Stillegung im Sinne der §§ 85 und 96 des Betriebsrätegesetzes liegt gemäß Urteil des Landgerichtes Altona vom 12. Oktober 1924 auch dann vor, wenn eine Anzahl der Arbeiter der stillgelegten Betriebsabteilung mit Aufräumungsarbeiten weiter beschäftigt und ein anderer Teil in eine andere selbständige Betriebsabteilung übernommen wird. Nach Ansicht des Landgerichtes Altona kommt es lediglich darauf an, ob die eigentliche Produktion der betreffenden Betriebsabteilung eingestellt und damit die normale Beschäftigung der Arbeitnehmer an ihrer früheren Arbeit unmöglich wird.

b) Was ist vor der Betriebsstillegung zu beachten?

1. Richtlinien über die Werksbeurlaubung. In einem Bescheide vom 17. Juni 1924, Nr. X 4147/24, veröffentlicht in Nr. 13 des Reichsarbeitsblattes vom 1. Juli 1924, legt der Reichsarbeitsminister seine Ansicht über die Zulässigkeit und die Voraussetzungen der sog. Werksbeurlaubung an Stelle der Entlassung wie folgt fest:

Die Werksbeurlaubung kann nicht einseitig vom Arbeitgeber ausgesprochen werden. Sie setzt vielmehr entweder eine ordnungsmäßige Kündigung oder eine Vereinbarung voraus. Die Kündigung zur Werksbeurlaubung ist hinsichtlich der Einhaltung der Kündigungsfrist, der Beachtung der Stillegungsverordnung und des Betriebsrätegesetzes genau so wie jede andere Kündigung zu beurteilen.

Im Wege der Vereinbarung kann die Werksbeurlaubung sowohl in Tarifverträgen als auch in Betriebsvereinbarungen oder Arbeitsordnungen oder Einzelverträgen mit oder ohne Einhaltung der Kündigungsfristen für einen bestimmten Einzelfall oder für den Fall des Eintrittes gewisser Verhältnisse vereinbart werden.

Einer behördlichen Zustimmung im Sinne der Stillegungsverordnung bedarf es zur Werksbeurlaubung nicht. Dagegen ist diese Genehmigung einzuholen, wenn die Werksbeurlaubten nachträglich doch entlassen werden sollen.

c) Wie weit sind Betriebsvertretungen und Gewerkschaften vor Betriebsstillegungen zu hören?

1. Nur Anhörungsrecht, kein Verhandlungsrecht der Betriebsvertretung vor Arbeitsstreckung. Nach den §§ 66, Nr. 1 und 74 des Betriebsrätegesetzes ist der Arbeitgeber verpflichtet, vor der Entlassung einer größeren Arbeitnehmerzahl infolge Arbeitsmangels, Betriebsstillegung oder Betriebseinschränkung der Betriebsvertretung Nachricht zu geben, damit diese Gelegenheit hat, Vorschläge zur Milderung der mit einer solchen Maßnahme verbundenen Härten zu machen. Der Arbeitgeber braucht sich jedoch auf Verhandlungen über etwaige Gegenvorschläge des Betriebsrates nach einer Entscheidung der Bezirkshauptmannschaft Flöha (abgedruckt in der Neuen Zeitschrift für Arbeitsrecht, 4. Jahrgang, Spalte 302) nicht einzulassen. Er genügt seiner Verpflichtung, wenn er die Gegenvorschläge bzw. die Wünsche der Betriebsvertretung schriftlich entgegennimmt. Eine Verpflichtung, den Vorschlägen stattzugeben, sieht das Betriebsrätegesetz ebenfalls nicht vor.

2. Keine Mitwirkung der Betriebsvertretung bei Arbeitsstreckung. In der Karte »Arbeitsstreckung: 2. Mitwirkung der Betriebsvertretung« vom 15. März 1924 der Auskunftei des Arbeitsrechtes vertritt Oberregierungsrat Dr. Häußner als zuständiger Referent des Reichsarbeitsministeriums unter Berufung auf zahlreiche zustimmende Entscheidungen und Äußerungen im Schrifttum den Standpunkt, daß der Betriebsvertretung weder bei der gesetzlich vorgeschriebenen noch bei der freiwilligen Arbeitstreckung ein Mitwirkungsrecht zusteht. Der Arbeitgeber ist also jederzeit berechtigt, mit der im Einzelfalle geltenden gesetzlichen oder vertraglichen Kündigungsfrist die Arbeitstreckung anzukündigen und nach Ablauf der Ankündigungsfrist die Streckung unter entsprechender Verkürzung des Lohnes oder Gehaltes durchzuführen.

3. Zuziehung von Gewerkschaftsangestellten zu Stillegungsverhandlungen. In einem in Nr. 7/8, 1924, der Neuen Zeitschrift für Arbeitsrecht veröffentlichten Gutachten vertritt Professor Dr Rudolf Schultz den Standpunkt, daß auf Grund der Stilllegungsverordnung die Regierungsbehörde berechtigt ist, zur Aufklärung der tatsächlichen, für die Betriebsstillegung angeführten Verhältnisse Gewerkschaftsangestellte als Sachverständige zuzuziehen. Nach dem Gutachten soll der Arbeitgeber nicht berechtigt sein, gegen solche Zuziehung von Gewerkschaftsangestellten als Sachverständige Einwendungen zu erheben oder ihnen das Betreten des Betriebes zu verweigern, da er sich sonst nach § 7 der Stillegungsverordnung strafbar machen würde.

Diese gutachtliche Äußerung ist zum mindesten bei der unklaren Gesetzesfassung sehr zweifelhaft. Jedenfalls wird der Arbeitgeber sich bei Ablehnung der Zuziehung nicht strafbar machen, wenn er begründeten Verdacht hat, daß der Gewerkschaftsvertreter den Einblick in die Betriebsverhältnisse zum Nachteil des Betriebes verwerten werde.

Es empfiehlt sich jedoch, Schwierigkeiten im Einzelfalle nach Möglichkeit dadurch aus dem Wege zu gehen, daß die Regierung in begründeten Gegenvorstellungen zur Bestellung anderer Sachverständiger bewogen wird.

4. Selbständige Auswahl der Notstandsarbeiter durch den Arbeitgeber. Nach einer Entscheidung des Berggewerbegerichtes Dortmund, Spruchkammer V, vom 19. Mai 1924 ist der Arbeitgeber in der Auswahl der für die Notstandsarbeiten bei Betriebsstillegungen zurückzubehaltenden und weiter zu beschäftigenden Arbeitnehmer völlig frei und selbständig.

d) Wie weit berechtigt Betriebsstillegung zur Einstellung der Lohn- und Gehaltszahlungen und zur fristlosen Entlassung?

1. Wegfall der Lohn- und Gehaltszahlungspflicht bei Werksbeurlaubung anläßlich unvermeidbarer Betriebsstillegungen. Bekanntlich gehen die Entscheidungen der Gewerbe- und Kaufmannsgerichte darüber, ob und wieweit bei Werksbeurlaubungen gelegentlich unvermeidbarer Betriebsstillegungen die Gehalts- und Lohnzahlungspflicht des Arbeitgebers in Fortfall kommt, bzw. ob der Arbeitgeber auf jeden Fall trotz Betriebsstillegung und Werksbeurlaubung und trotz Unterbleibens der Arbeitsleistung für die Dauer der Kündigungsfrist Lohn und Gehalt fortzuzahlen hat, wesentlich auseinander. Besondere Bedeutung verdienen infolgedessen die Fälle, in denen zu der gleichen Frage auf dem Berufungswege die Landgerichte Stellung nehmen.

Ein solches Berufungsurteil des Landgerichtes Dortmund vom 2. Juni 1924 stellt sich unter eingehender beachtlicher Begründung auf den von den Arbeitgebern und ihren Verbänden eingenommenen Standpunkt. Es hat entschieden, daß jedenfalls die durch den passiven Widerstand, seine Nachwehen und die Micumverhandlungen bedingten Betriebsstillegungen in Verbindung mit den zwischen den Arbeitgeber- und Arbeitnehmerverbänden, den Regierungsbehörden und dem Reichsarbeitsministerium getroffenen Vereinbarungen den Arbeitgeber berechtigen, unter Einstellung der Lohn- und Gehaltszahlungen seine Arbeitnehmer fristlos in die Erwerbslosenfürsorge unter Einstellung der Lohn- und Gehaltszahlungen zu beurlauben.

2. Kein Anspruch der Notstandsarbeiter auf Fortzahlung des Tarifgehaltes. Nach einer Entscheidung des Berggewerbegerichtes Dortmund, Kammer Essen II, die in der Deutschen Bergwerkszeitung vom 16. September 1924 veröffentlicht wird, können Angestellte nicht etwa die Fortzahlung des vollen Tarifgehaltes verlangen, wenn der Arbeitgeber nach den Grundsätzen über die Unmöglichkeit der Leistung oder nach einschlägigen Vertragsvereinbarungen berechtigt wäre, sie unter Einstellung der Lohn- und Gehaltszahlungen zu beurlauben oder zu entlassen, sie jedoch entgegenkommenderweise zur Verrichtung von Notstandsarbeiten im Betriebe behält. In diesem Falle ist der Arbeitgeber vielmehr berechtigt, eine der tatsächlichen Arbeitsleistung entsprechende angemessene geringere Vergütung zu gewähren.

3. Wegfall der Lohn- und Gehaltzahlungspflicht bei Stillegungen infolge der Rhein-Ruhr-Schwierigkeiten. Mit Urteil vom 17. Januar 1924 hat das Berggewerbegericht Dortmund entschieden, daß eine Firma auf Grund des § 323 BGB. von der Lohn- und Gehaltzahlungspflicht wegen Unmöglichkeit der Arbeitsleistung und Unvermögens zur Zahlung im Sinne des § 275 des BGB. befreit ist, wenn sie durch Maßnahmen der französischen Besatzung mittelbar oder unmittelbar zur Betriebsstillegung gezwungen wurde. In dem Urteil stellt das Berggewerbegericht sich auf den richtigen Standpunkt, daß es nicht darauf ankommt, ob die betreffende Firma nach der Stilllegung in der Lage ist, einem einzelnen klagenden Angestellten oder Arbeiter das verhältnismäßig geringe Gehalt zu zahlen, daß vielmehr geprüft werden muß, ob die Firma trotz der Stilllegung in der Lage ist, sämtlichen Angestellten und Arbeitern bis zum Ablauf der Einzelarbeitsverträge die vertraglichen Bezüge zu gewähren, da im Falle der Weiterzahlung des Gehaltes an einen Arbeitnehmer alle anderen Arbeitnehmer dieselben Ansprüche stellen würden.

4. Wegfall der Lohn- und Gehaltsansprüche wegen Annullierung von Aufträgen. Gestützt auf die Erwägung, daß die Arbeitnehmer das Betriebsrisiko mitzutragen haben, entschied ein Urteil des Gewerbegerichtes III Essen-Land vom 1. Februar 1924, daß der Lohn- und Gehaltsanspruch der Arbeitnehmer für die Zeit ohne vorherige befristete Aufkündigung des Arbeitsverhältnisses automatisch in Wegfall kommt, während der infolge Annullierung oder Streichung von Aufträgen dem Werke eine produktive Arbeitsmöglichkeit genommen wird (vgl. die Entscheidungen XI, d 1—3).

5. Kein Kündigungseinspruch bei unzulässigen Stillegungsentlassungen. Bei allen Entlassungen, die anläßlich von Betriebsstillegungen erfolgen, ist das Einspruchsrecht nach § 84 ff. des Betriebsrätegesetzes ausgeschlossen. Dies gilt auch, wenn entgegen der Stillegungsverordnung vor Ablauf der Stillegungsfrist Arbeitnehmer ohne Genehmigung der Demobilmachungsbehörde entlassen werden. In solchen Fällen können die Arbeitnehmer, die glauben, zu Unrecht entlassen zu sein, nur vor dem Gewerbe- oder Kaufmannsgericht durch Erhebung der Feststellungs-, Lohn- oder Gehaltsklage die Unwirksamkeit der Kündigung geltendmachen. (Urteil des Gewerbegerichtes Reichenbach i. V. vom 17. Juni 1924, s. Das Schlichtungswesen VI, 10, S. 179.)

(Weitere Entscheidungen s. unter Nr. XIII).

e) Wie weit befreit Werksbeurlaubung von der Lohn- und Gehaltszahlungspflicht?

1. Gehaltzahlung an Angestellte, die zur Erwerbslosenfürsorge beurlaubt werden. In Anlehnung an das Urteil des III. Zivilsenats des Reichsgerichtes vom 6. November 1923, betr. die Unmöglichkeit der Leistung und in Übereinstimmung mit einem gleichartigen Urteil des Berggewerbegerichtes Dortmund vom 17. November 1923, hat auch das Gewerbegericht des Kreises Schleiden die Klage von Angestellten auf Weiterzahlung des Gehaltes abgewiesen, welche nach Stillegung des Betriebes vor Ablauf der Kündigungsfristen zur Erwerbslosenfürsorge beurlaubt worden waren. Das Gewerbegericht stellte sich in der Urteilsbegründung auf den Standpunkt, daß die infolge des passiven Widerstandes notwendig gewordene Stillegung des Betriebes ein Umstand im Sinne des § 323 BGB. war, der weder vom Kläger noch von der Beklagten zu vertreten war, deshalb die beklagte Firma von der Gegenleistung befreite, weil sie die Leistung der klagenden Angestellten unmöglich machte.

2. Kündigungsentschädigung nach Werksbeurlaubung. In einem in Nr. 245 der »Rheinischen Zeitung« vom 17. Oktober 1924 veröffentlichten Urteil sprach das Kreisgewerbegericht Schleiden einem Betriebsleiter den Anspruch auf Zahlung des Gehaltes für die Dauer der Kündigungsfrist zu, obwohl er vor Ausspruch der Kündigung mit seiner Einwilligung in die Erwerbslosenfürsorge unter Einstellung der Gehaltszahlung wegen Arbeitsmangels beurlaubt worden war und obwohl er auch während der Kündigungsfrist nicht wieder beschäftigt wurde. Das Kreisgewerbegericht Schleiden begründete diese Entscheidung damit, daß der Zweck der Werksbeurlaubung, der auf eine Erhaltung der Anwartschaft auf Weiterbeschäftigung hinauslaufe, hinfällig werde, wenn der Arbeitgeber während der Zeit der Werksbeurlaubung die Kündigung ausspreche.

Die Ansichten der Gerichte und Arbeitsrechtler über diese Streitfrage gehen bekanntlich sehr weit auseinander. Es empfiehlt sich deshalb, in allen einschlägigen Dienst- und Arbeitsverträgen ausdrücklich festzulegen, daß der Arbeitgeber nicht nur zur Werksbeurlaubung bei Arbeitsmangel berechtigt sondern auch befugt ist, während der Zeit der Werksbeurlaubung die Kündigung unter Aufrechterhaltung der Werksbeurlaubung auszusprechen, wenn sich in absehbarer Zeit keine Möglichkeit zur Wiederbeschäftigung bietet.

3. Keine Lohn- und Gehaltsansprüche während der Kündigungsfrist bei Kündigung nach Werksbeurlaubung. Im Gegensatz zu dem unter Nr. XIe 2 bekanntgegebenen Urteil des Kreisgewerbegerichtes Schleiden hat das Kreisgewerbegericht in Euskirchen mit Urteil vom 21. Oktober 1924 Nr. 79/1924 mit guter Begründung entschieden, daß ein Arbeitgeber, der seine Angestellten oder Arbeiter nach gültiger Vereinbarung unter Einstellung der Lohn- und Gehaltszahlungen in die Erwerbslosenfürsorge überwiesen hat, auch dann nicht nachträglich während der Kündigungsfristen die Löhne und Gehälter weiter zu zahlen hat, wenn er nachträglich sich entschließt, einen Teil der Werksbeurlaubten zu entlassen. Voraussetzung ist natürlich, daß der Arbeitgeber während der Kündigungszeit nicht etwa die Dienste der betreffenden Arbeitnehmer erneut in Anspruch nimmt. Das Kreisgewerbegericht Euskirchen führt zur Begründung dieser Entscheidung in der vielumstrittenen Frage insbesondere an, daß während der Werksbeurlaubung die Arbeitnehmer nur noch einen Anspruch auf Berücksichtigung bei Wiedereinstellungen, nicht jedoch einen Anspruch auf Lohn- und Gehaltszahlungen haben. Nach Ansicht des Kreisgewerbegerichtes Euskirchen hat daher die Kündigung während der Werksbeurlaubung nur die Wirkung, daß dieses Recht auf bevorzugte Wiedereinstellung zur Beendigung gebracht wird. Dadurch kann aber nach der Urteilsbegründung der nicht mehr bestehende Anspruch auf Lohn- oder Gehaltszahlung nicht wieder aufleben.

f) Wie weit besteht trotz Betriebsstillegung und Werksbeurlaubung Anspruch auf Erholungsurlaub und Nebenleistungen?

1. Kein Anspruch auf Deputatkohlen oder ähnliche Leistungen bei Betriebsstillegungen. Das Berggewerbegericht Dortmund, Kammer Essen, II, hat am 8. April dieses Jahres entschieden, daß der Anspruch auf Deputatkohlen, Hausbrand und ähnliche Leistungen einen Teil der Vergütung für die Arbeitsleistung darstellt und infolgedessen zuungunsten des Arbeitnehmers immer dann in Wegfall kommt, wenn aus irgendwelchen Gründen der Lohn- oder Gehaltsanspruch wegfällt.

Kann also der Arbeitnehmer bei Betriebsstillegung auf Grund von Bestimmungen der Arbeitsordnung oder der Tarifverträge oder nach den Grundsätzen der §§ 323 ff. des BGB. keine Fortzahlung des Lohnes oder Gehaltes trotz Wegfalls der Arbeitsleistung verlangen, so ist der Arbeitgeber auch nicht verpflichtet, für die gleiche Zeit dem Arbeitnehmer anteilige vertragsmäßig festgelegte Deputatkohlen oder ähnliche Bezüge zukommen zu lassen, es sei denn, daß ausdrücklich vereinbart war, daß unabhängig von der Dauer der Arbeitsleistung ein jährliches Mindestquantum zu liefern war.

Zur Vermeidung von Streitigkeiten empfiehlt es sich aber, ausdrücklich in die Arbeitsordnung, die Tarifverträge oder die Einzelarbeitsverträge die Bestimmung aufzunehmen, daß Deputatkohlen, Hausbrand oder ähnliche Vergünstigungen anteilig immer nur für die Zeiten gewährt werden, während deren wirklich gearbeitet wird, bzw. während deren der Betrieb als solcher arbeitet, falls man die Bezüge auch während der Krankheit und des Erholungsurlaubes fortgewähren will.

Weitere Entscheidungen siehe unter Nr. IX.

g) Wie weit genießen Betriebsvertretungsmitglieder bei Stillegungen Sonderschutz?

1. Kein Sonderschutz der Betriebsvertretungsmitglieder bei Betriebsstillegungen. Ähnlich wie das Landgericht **Essen** in einer Entscheidung Nr. 6, S. 31/23, hat neuerdings auch das **Landgericht I Berlin** in einem Urteil der 8. Zivilkammer Nr. Z 23 T 70/24 den Standpunkt vertreten, daß bei Betriebsstillegungen, gleichgültig ob es sich um völlige oder nur teilweise Betriebsstillegungen handelt, eine Sonderstellung der Betriebsvertretungsmitglieder gegenüber den anderen Arbeitnehmern nicht in Frage kommt. Nach dieser Entscheidung des Landgerichts I Berlin dürfen bei Betriebsstillegungen auch solche Betriebsvertretungsmitglieder ohne Zustimmung der Betriebsvertretung mit entlassen werden, die von produktiver Arbeit frei gestellt waren.

2. Kein Sonderschutz der Betriebsratmitglieder bei Betriebsstillegungen. Werden ganze Betriebe oder einzelne Betriebsteile stillgelegt, so genießen nach einer Entscheidung des Berggewerbegerichts Dortmund, Kammer II, vom 5. Februar 1924, Betriebsvertretungsmitglieder keinerlei Sonderschutz. Sie können infolgedessen unter den gleichen Voraussetzungen und ohne Zustimmung der Betriebsvertretung entlassen werden wie sonstige Arbeitnehmer. Auch braucht ihnen nur solange der Lohn gezahlt zu werden wie den übrigen Arbeitnehmern.

Fällt der Lohnanspruch der übrigen Werksangehörigen infolge der Stillegung zeitweise oder dauernd fort, so können die Betriebsratmitglieder für die gleiche Zeit ebenfalls keinen Lohn beanspruchen. Sie können insbesondere einen Lohnanspruch nicht mit der Begründung geltend machen, daß sie im Interesse der Belegschaft und des Betriebes trotz der Stillegung ihren Betriebsrataufgaben auch weiterhin nachkommen müßten.

3. Kein Sonderschutz der Betriebsvertretungsmitglieder bei Betriebsstillegungen. Das Gewerbegericht der Stadtgemeinde Berlin hat mit Urteil vom 28. April 1924, Nr. 641/1924 K 11, entschieden, daß Betriebsvertretungsmitglieder sowohl bei völliger als auch bei teilweiser Stillegung des Betriebes den Sonderschutz der §§ 96 f. des Betriebsrätegesetzes nicht genießen. Dementsprechend ist nach Ansicht des Gewerbegerichtes Berlin auch bei teilweiser Stillegung des Betriebes zur Entlassung von Mitgliedern der Betriebsvertretungen die Zustimmung der Betriebsvertretung oder die Ersatzzustimmung des Arbeitsgerichtes nicht erforderlich.

Nach dem gleichen Urteile liegt auch dann eine den Kündigungssonderschutz der Betriebsvertretungsmitglieder beseitigende teilweise Betriebsstillegung vor, wenn Lehrlinge und Angestellte mit Rücksicht auf feste Verträge oder längere Kündigungsfristen noch weiter beschäftigt werden. Erforderlich ist nur, daß die teilweise Stillegung des Betriebes die Entlassung des Betriebsvertretungsmitgliedes notwendig macht.

In gleichem Sinne haben entschieden das Kammergericht Berlin (vgl. Juristische Wochenschrift 1924, S. 202), das Gewerbegericht Königsberg im Urteil vom 12. 3. 1924 (»Gewerbe- und Kaufmannsgericht«, 29. Jahrg., Nr. 8, Spalte 161 f.) und das Landgericht I Berlin, 8. Zivilkammer, im Urteil vom 23. 7., Nr. 70/24 sowie das Landgericht Essen im Urteil Nr. A. Z. 6, S. 31/23.

4. Überweisung von Betriebsratmitgliedern in die Erwerbslosenfürsorge bei Arbeitsmangel. Das Gewerbegericht Duisburg hat mit Urteil vom 9. Januar 1924 entschieden, daß der Arbeitgeber bei vorliegendem Arbeitsmangel nicht berechtigt ist, Betriebsratmitglieder so lange in die Erwerbslosenfürsorge zu überweisen, als noch andere Arbeitnehmer im Betriebe beschäftigt werden, da nach den Bestimmungen des § 96 des BGB. Mitglieder der Betriebsvertretungen davor geschützt sein sollen, durch eine willkürliche Handlungsweise ihres Arbeitgebers aus dem durch die Betriebsvertretung vertretenen Arbeitnehmerkreise entfernt zu werden.

Dagegen hat das Landgericht Essen mit meines Erachtens zutreffender Begründung entschieden, daß Betriebsratmitglieder bei Arbeitsmangel unter den gleichen Bedingungen wie auch sonstige Arbeitnehmer der Arbeitstreckung und Beurlaubung zur Erwerbslosenfürsorge unterworfen werden dürfen, da ein Betriebsratmitglied aus seiner Stellung keine über den Schutzzweck hinausgehenden Vorteile gegenüber anderen Arbeitern seines Betriebes haben solle und mit dem § 96 BRG. nicht bezweckt werden sollte, daß Betriebsratmitglieder auf Kosten anderer Arbeitnehmer voll weiter beschäftigt werden, wenn bei objektiver Würdigung sämtlicher Verhältnisse billigerweise auch das Betriebsratmitglied unter die Kurzarbeiter bzw. die Werksbeurlaubten eingruppiert werden müßte.

(Weitere Entscheidungen s. unter Nr. XVIII).

h) Wie weit genießen Schwerbeschädigte bei Stillegungen Sonderschutz?

Entscheidungen siehe unter Nr. XV.

i) Wie weit verpflichtet Betriebsstillegung Angestellte und Facharbeiter zur Verrichtung von Notstandsarbeiten?

1. Heranziehung technischer Angestellter zu Notstandsarbeiten. In der bekannten Streitfrage, ob und wieweit bei Betriebsstillegungen von Angestellten die Verrichtung von Notstandsarbeiten verlangt werden kann, hat das Berggewerbegericht Dortmund, Kammer 5, in einer Entscheidung vom 19. Mai 1924 einen beachtenswerten Standpunkt eingenommen. Nach seiner Ansicht ist der Arbeitgeber berechtigt, von technischen Angestellten die Verrichtung von Notstandsarbeiten, die normalerweise von Arbeitern ausgeführt werden, zu verlangen, wenn durch die Betriebsstillegung ihm die Möglichkeit genommen ist, die vertraglich vorgesehenen Dienste der Angestellten anzunehmen und zu bezahlen. Weigern sich Angestellte, solche Notstandsarbeiten zu verrichten, so können sie ohne Gehalt für die Zeit der Betriebsstillegung beurlaubt werden, sofern die Betriebsstillegung vom Arbeitgeber nicht verschuldet ist und eine Unmöglichkeit im Sinne des § 326 des Bürgerlichen Gesetzbuches darstellt.

Verrichten Angestellte solche Notstandsarbeiten, so haben sie auch keinen Anspruch auf die früheren tarifmäßigen Bezüge als Angestellte, sondern können lediglich die gleiche Bezahlung verlangen, die die Arbeiter, deren Tätigkeit sie ausüben, für die gleiche Arbeit erhalten würden. Wird beispielsweise einem Meister während der Betriebsstillegung Gelegenheit gegeben, die Arbeiten eines Maschinisten auszuführen, so kann er ohne Gehalt beurlaubt werden, wenn er sich weigert, diese Arbeit auszuführen. Wenn er sie ausführt, steht ihm nur der Lohn eines Maschinisten zu.

2. Verpflichtung der Facharbeiter zur Leistung anderer Arbeit in Notfällen. Nach einer Entscheidung des Gewerbegerichts Neuß vom 14. Dezember 1923 sind Facharbeiter in Notfällen auch dann, wenn für sie im Tarifvertrag oder im Einzelarbeitsvertrag nur besondere Arbeitsleistungen festgelegt sind, zur Leistung anderer als der vereinbarten Arbeit verpflichtet.

XII. Kurzarbeiter- und Erwerbslosen-unterstützung.

A. Einschlägige Gesetzesbestimmungen.

1. Verordnung über Erwerbslosenfürsorge vom 16. Februar 1924 (R.G.Bl. S. 127).
2. Ausführungsverordnung zur Verordnung über Erwerbslosenfürsorge vom 13. März 1924 (RGBl. S. 279).
3. Ausführungsvorschriften zur Verordnung über Erwerbslosenfürsorge vom 25. März 1924 (RGBl. S. 376).
4. Dritte Ausführungsverordnung zur Verordnung über Erwerbslosenfürsorge vom 24. Mai 1924 (RGBl. S. 562).
5. Bestimmungen des Reichsarbeitsministers über öffentliche Notstandsarbeiten vom 17. November 1923 (R.G.Bl. S. 1111).
6. Anordnung über die Zuschläge und Prämien für Notstandsarbeiten vom 18. Januar 1924 (RGBl. S. 35).
7. Bestimmungen über die Einstellung unterstützter Erwerbsloser vom 18. Januar 1924 (Reichsarbeitsblatt S. 34).
8. Arbeitsnachweisgesetz vom 22. Juli 1922.

B. Die wichtigsten Einzelfragen.

a) Darf bei Arbeitskämpfen Erwerbslosenunterstützung gezahlt werden?

1. Keine allgemeine Unterstützung Streikender aus öffentlichen Mitteln. Nach Befragung des sächsischen Ministeriums des Innern und des Reichsministers des Innern hat die Kreishauptmannschaft in Dresden die Unzulässigkeit allgemeiner Unterstützung Streikender aus öffentlichen Mitteln mit folgenden beachtlichen Sätzen festgestellt:

»Die Kreishauptmannschaft hatte sich wegen grundsätzlicher Entscheidung über die Zulässigkeit der Unterstützung streikender und ausgesperrter Arbeitnehmer aus Gemeindemitteln an das Ministerium des Innern gewandt, zugleich auch, um den von einigen Gemeindevertretungen vermutlich in irrtümlicher Berufung auf § 9 der Gemeindeordnung hierzu eingenommenen Standpunkt richtigzustellen.

Das Ministerium des Innern hat darauf entschieden, daß es die von der Kreishauptmannschaft vertretene Auffassung teile, wonach eine allgemeine oder prüfungslose Unterstützung streikender oder ausgesperrter Arbeiter aus Gemeindemitteln im Hinblick auf die §§ 4 und 23 der Sächsischen Armenordnung unzulässig und ein Eingreifen im Wege der öffentlichen Fürsorge nur gerechtfertigt sei, wenn streikende oder ausgesperrte Arbeiter und vor allem deren Angehörige infolge ihrer besonders großen persönlichen Notlage hilfsbedürftig im armenrechtlichen Sinne und zur Behebung der Notlage aus eigener Kraft nicht in der Lage sind. Es hat weiterhin auch der Kreishauptmannschaft darin beigepflichtet, daß einer Verletzung dieser Grundsätze durch die Gemeinden auf Grund des § 176 der Gemeindeordnung im Aufsichtswege entgegenzutreten sein wird.

Die Vorschrift in § 9 der Gewerbeordnung, auf die sich einzelne Gemeinden zur Begründung ihres ungesetzlichen gegenteiligen Standpunktes anscheinend stützen zu können glaubten, steht dieser Rechtsauffassung nicht entgegen, da die den Gemeinden durch diese Gesetzesvorschrift in der Verwaltung ihres Vermögens eingeräumte Freiheit nicht unbeschränkt ist, sondern in dem Aufsichtsrechte des Staates ihre Begrenzung findet.

2. Keine Erwerbslosen- und Wohlfahrtsunterstützung für streikende Arbeiter und Angestellte. Um der vielbeklagten mißbräuchlichen Ausnutzung der Erwerbslosenfürsorge zur Finanzierung von Arbeitskämpfen entgegenzuarbeiten, hat der preußische Minister für Volkswohlfahrt sowie der Reichsarbeitsminister in Übereinstimmung mit dem Reichsminister des Innern in verschiedenen Erlassen die Regierungs- und Gemeindebehörden ausdrücklich darauf aufmerksam gemacht, daß nach dem Sinn und Wortlaute der einschlägigen Bestimmungen an streikende Arbeitnehmer auf keinen Fall Erwerbslosenunterstützung und im allgemeinen auch keine Armenunterstützung oder Wohlfahrtsunterstützung aus öffentlichen Mitteln gezahlt werden darf.

b) Darf an Werksbeurlaubte Erwerbslosenunterstützung gezahlt werden?

1. Zahlung von Erwerbslosenunterstützung an Werksbeurlaubte. Mit Rundschreiben vom 8. August 1924 Nr. X/7350/24 (Reichsarbeitsblatt Nr. 17 vom 1. 9. 1924) hat der Reichsarbeitsminister die Arbeitsnachweisämter ermächtigt, auch an sogenannte Werksbeurlaubte Erwerbslosenunterstützung zu zahlen, sofern in der Zeit, für die die Erwerbslosenunterstützung beantragt wird, nach den zwischen dem Arbeitgeber und dem Arbeitnehmer getroffenen Abreden der Arbeitgeber keinen Anspruch mehr auf die Arbeitsleistung und der Arbeitnehmer keinen Anspruch mehr auf die Arbeitsvergütung hat. Die Arbeitsnachweise sollen aber darauf achten, daß durch die Werksbeurlaubung die Vermittlung unbeschäftigter Arbeitnehmer in andere Arbeit nicht leidet.

Der Reichsarbeitsminister befürwortet gleichzeitig die Werksbeurlaubung mit der Begründung, daß sie dazu beitrage, den Betrieben ihre eingearbeiteten Arbeitskräfte und den Arbeitnehmern ihre Arbeitsplätze auch in Zeiten schlechten Geschäftsganges zu erhalten.

c) Wie weit besteht Anspruch auf Kurzarbeiterunterstützung?

1. Keine Kurzarbeiterunterstützung für höhere Angestellte. Der Reichsarbeitsminister hat in einer Entscheidung vom 15. Februar 1924 Nr. X 1322/24 festgestellt, daß die Erwerbslosenfürsorgestellen keine Kurzarbeiterunterstützung für höhere Angestellte mehr zahlen dürfen, deren tägliche Arbeitszeit tarifvertraglich oder im Einzeldienstvertrag nicht ausdrücklich ziffernmäßig begrenzt ist. Der Reichsarbeitsminister begründet diese Stellungnahme damit, daß bei solchen Angestellten nicht einwandfrei festgestellt werden kann, ob und wieweit die übliche Zahl von Arbeitstunden nicht erreicht wird, weil bei solchen Angestellten ohnehin die Arbeitzeit sich der vorliegenden Arbeit anpaßt.

2. Antrag auf Wiedereinführung der Kurzarbeiterunterstützung. Der Deutsche Gewerkschaftsbund hat in einer ausführlich begründeten Eingabe den preußischen Minister für Volkswohlfahrt gebeten, beim Reichsarbeitsminister und beim Reichsminister der Finanzen die Wiedereinführung der Kurzarbeiterunterstützung zu befürworten.

In der Antragsbegründung wird darauf hingewiesen, daß durch die Aufhebung der Kurzarbeiterunterstützung bedingt sei, daß in vielen Fällen auch auf Wunsch der Arbeitnehmer die Entlassung eines Teiles der Belegschaften oder ganzer Belegschaften erfolge, wo und obwohl Kurzarbeit und Arbeitsstreckung im Interesse nicht nur der Arbeitnehmer und der Allgemeinheit sondern auch der betreffenden Betriebe liegen würde.

Der Deutsche Gewerkschaftsbund behauptet, daß genaue Berechnungen ergeben hätten, daß die Kosten der Berechnung und Auszahlung der Kurzarbeiterunterstützung wesentlich geringer sein würden als die Mehrbelastungen, die nach Aufhebung der Kurzarbeiterunterstützung durch Zunahme der Entlassungen dem Reich, den Gemeinden, den Ländern und den zu Beiträgen zur Erwerbslosenfürsorge herangezogenen Arbeitgebern und Arbeitnehmern entstehen würden.

d) Welche Bezüge erhalten erkrankte Erwerbslose und Werksbeurlaubte?

1. Krankengeldbezüge der Erwerbslosen. Durch Gesetz zur Änderung der Verordnung über Erwerbslosenfürsorge vom 11. August 1924 (siehe GRBl. S. 68[1]) wird bestimmt, daß als Grundlohn im Sinne des § 21 der Verordnung über Erwerbslosenfürsorge vom 16. Februar 1924 das Doppelte des Betrages gilt, den der Erwerbslose als Erwerbslosenunterstützung für seine Person erhalten würde, wenn er nicht erkrankt wäre. Nach diesem Grundlohn bemißt sich in Krankheitsfällen die Höhe des zuständigen Krankengeldes. Das Krankengeld darf jedoch im Einzelfalle nicht höher sein als die Erwerbslosenunterstützung, die der Erwerbslose für seine Person erhalten würde, wenn er nicht erkrankt wäre.

e) Wie weit haben Erwerbslose Pflichtarbeit zu leisten?

1. Heranziehung von Erwerbslosen zur Pflichtarbeit und zu Bildungsveranstaltungen gemäß den §§ 14 und 15 der Verordnung über Erwerbslosenfürsorge vom 16. Februar 1924. In einem Bescheide vom 25. Juni 1924, Nr. X 5641/24, der im Reichsarbeitsblatt Nr. 14, S. 279, vom 16. Juli 1924, veröffentlicht ist, macht der Reichsarbeitsminister darauf aufmerksam, daß gemäß § 15, Abs. 1, der Verordnung über Erwerbslosenfürsorge vom 16. Februar 1924 die Erwerbslosenunterstützung versagt werden muß, wenn ein Erwerbsloser, der das 18. Lebensjahr noch nicht vollendet hat, weder Pflichtarbeit leistet, noch an einem **Unterrichtskursus** teilnimmt.

Er weist ferner darauf hin, daß durch den Verwaltungsausschuß des örtlichen Arbeitsnachweisamtes die Auszahlung der Erwerbslosenunterstützung an Erwerbslose jeden Alters außer von der Leistung vorhandener Pflichtarbeit von der weiteren Voraussetzung abhängig gemacht werden kann, daß sie an Ausbildungslehrgängen, die von den Erwerbslosenfürsorgestellen eingerichtet oder angeregt worden sind, teilnehmen.

2. Strafbarkeit der Verweigerung von Notstandsarbeiten. Eine neuartige Entscheidung hat das Potsdamer Amtsgericht nach einer im »Vorwärts« veröffentlichten Notiz getroffen. Das Amtsgericht hat einen Erwerbslosen auf Grund des § 110 des Strafgesetzbuches wegen Ungehorsams zu einem Monate Gefängnis verurteilt, weil der betreffende Erwerbslose, als Vertrauensmann der Erwerbslosen, Notstandsarbeiter, die zur Straßenreinigung herangezogen waren, aufgefordert hatte, die Verrichtung der Notstandsarbeiten so lange zu verweigern, bis ihnen hierfür an Stelle der durch Prämien aufgebesserten Erwerbslosenunterstützung die vollen Tariflöhne gezahlt würden.

Das Urteil ist besonders deshalb beachtlich, weil im gleichen Falle das Potsdamer Schöffengericht einen Freispruch verkündet hatte, gegen den der Staatsanwalt Revision beim Kammergericht eingereicht hatte, und weil das Kammergericht das freisprechende Urteil aufgehoben hatte.

Das Urteil des Potsdamer Amtsgerichtes findet also eine Stütze in der Ansicht des Kammergerichtes.

f) Wie ist Pflichtarbeit Erwerbsloser zu bezahlen?

1. Zuschläge und Prämien für Notstandsarbeiter. Die Anordnung des Reichsarbeitsministers vom 18. Januar 1924 über Zuschläge und Prämien für Notstandsarbeiter (Reichsgesetzblatt Nr. 5, S. 35) räumt bekanntlich den zu Pflicht- und Notstandsarbeiten herangeholten Erwerbslosen zur Anspornung des Arbeitseifers gewisse Zuschläge zur Erwerbslosenunterstützung ein. Eine neue Verordnung des Reichsarbeitsministers vom 25. März 1924 verlängert die Geltungsdauer dieser Anordnung wegen ihrer praktischen Bewährung bis zum 31. März 1925.

2. Keine zu hohen Lohnzuschläge für Notstandsarbeiter. Aus Anlaß der Erhöhung der allgemeinen Sätze der Erwerbslosenunterstützung hat der Reichsarbeitsminister mit Rundschreiben vom 20. August 1924 Nr. X 7879/24 (Reichsarbeitsblatt Nr. 17, 1. 9. 24) angeordnet, daß zur Verhütung einer ungünstigen Wirkung allzu hoher Bezüge der Notstandsarbeiter auf das freie Wirtschaftsleben die Bezüge der Notstandsarbeiter einschließlich der Familienzuschläge und sämtlicher Sonderzuschläge weder 70 vH des Bruttolohnes der ungelernten bzw. gelernten Verwaltungsarbeiter, noch 70 vH des tariflichen Bruttolohnes überschreiten dürfen, der für Arbeiten gleicher Art im freien Wirtschaftsleben im Orte der Notstandsarbeiten bezahlt wird.

g) Unter welchen Bedingungen können Betriebe Mittel aus der produktiven Erwerbslosenfürsorge erhalten?

1. Zinssatz arbeitsrechtlicher Verzugszinsen. Nach einem Erlaß des Reichsministers der Finanzen und des Präsidenten der Reichsarbeitsverwaltung vom 1. und 28. Februar 1924, veröffentlicht in Nr. 7 des Reichsarbeitsblattes vom 1. April 1924, werden in Zukunft mangels abweichender Vereinbarungen 10 vH der verschuldeten Beträge bei allen Forderungen des Reiches und der öffentlichen Behörden und insbesondere bei Darlehensforderungen des Reiches aus der produktiven Erwerbslosenfürsorge gefordert.

2. Verzugszinsen bei nicht pünktlicher Rückzahlung von Darlehen der produktiven Erwerbslosenfürsorge. Der Präsident der Reichsarbeitsverwaltung weist die zuständigen Stellen durch Verfügung vom 6. Juni 1924, die im Reichsarbeitsblatt Nr. 13

vom 1. Juli 1924 veröffentlicht wird, an, in Zukunft ausdrücklich vertraglich festzulegen, daß der Empfänger von Darlehen aus der produktiven Erwerbslosenfürsorge in den Fällen, in denen er seiner Rückzahlungspflicht nicht rechtzeitig nachkommt, den in Frage kommenden Schuldbetrag vom Fälligkeitstage ab in Höhe des von der Reichsbank für wertbeständige Diskontkredite jeweils festgesetzten Zinssatzes mit einem Aufschlage von 2 vH zu verzinsen hat. Auch laufende Verträge sollen durch eine entsprechende neue Zinsvereinbarung ergänzt werden.

Der Präsident der Reichsarbeitsverwaltung macht ausdrücklich darauf aufmerksam, daß der vorgenannte Satz lediglich der Mindestsatz ist, und daß die Festsetzung und die Einforderung eines höheren Zinssatzes in den Fällen des Verzuges durch die zuständigen Behörden erwünscht ist.

h) Welche Sondervergünstigungen werden bei Einstellung Erwerbsloser gewährt?

1. Weitere Gewährung von Prämien für die Einstellung unterstützter Erwerbsloser. Nach der Verordnung des Reichsarbeitsministers vom 18. Januar 1924 betreffend die Einstellung unterstützter Erwerbsloser können Unternehmungen, deren Tätigkeit auf Erwerb gerichtet ist, und die ganz oder in selbständigen Betriebsteilen stilliegen, aus Mitteln der Erwerbslosenfürsorge Darlehen oder Zuschüsse erhalten, wenn sie den Betrieb wieder aufnehmen und in ihm mindestens 20 Erwerbslose beschäftigen, die zwei Wochen Erwerbslosenunterstützung bezogen haben und mit Bestimmtheit sonst noch längere Zeit arbeitslos sein würden.

Durch eine neue Verordnung des Reichsarbeitsministers vom 30. April 1924 (Reichsanzeiger Nr. 105 vom 3. V. 1924) ist die Geltungsdauer dieser in Nr. 3 des Reichsarbeitsblattes vom 1. Februar 1924 veröffentlichten Verordnung vom 18. Januar 1924 mit Rücksicht auf die bisherigen günstigen Erfahrungen bis zum 30. September 1924 verlängert worden.

XIII. Entlassungen und Entlassungspapiere.

A. Einschlägige Gesetzesbestimmungen.

1.—3. Siehe die unter den Nummern III A 1—3 aufgeführten Gesetze.
4. Das Betriebsrätegesetz vom 4. Februar 1920 (RGBl. S. 147).
5. Verordnung betr. Maßnahmen gegenüber Betriebsabbrüchen und Betriebsstillegung vom 8. November 1920 (RGBl. S. 1901).
6. Verordnung über Betriebsstillegung und Arbeitsstreckung vom 15. Oktober 1920 (RGBl. S. 983).
7. Gesetz über die Beschäftigung Schwerbeschädigter vom 12. Januar 1923 (RGBl. S. 57).

B. Die wichtigsten Einzelfragen.

a) Welche Kündigungsfristen sind einzuhalten?

1. Unzulässigkeit kurzer Kündigungsfristen bei Anstellung auf Probe. Nach einer Entscheidung des Kaufmannsgerichtes Bremen vom 6. Juni 1924, die in Heft 10 des Gewerbe- und Kaufmannsgerichtes, 29. Jahrgang, Spalte 238, veröffentlicht ist, ist es unzulässig, bei der Anstellung eines Handlungsgehilfen auf Probe neben der Begrenzung der Probezeit eine kürzere als einmonatige Kündigungsfrist zu vereinbaren. Wenn diese Entscheidung auch mit guten Gründen als unrichtig bezeichnet werden kann, empfiehlt es sich doch, mit Rücksicht auf diesen auch von anderen Gerichten geteilten Standpunkt statt der Vereinbarung einer kürzeren als einmonatigen Kündigungsfrist lieber die Probezeit kürzer zu bemessen und ev. eine Verlängerung der Probezeit etwa in der Weise vorzusehen, daß der Angestellte zunächst auf einen Monat zur Probe angestellt wird unter der Bedingung, daß der Arbeitgeber berechtigt ist, vor Ablauf dieses Monats die Probezeit noch zweimal um je einen Monat oder um eine kürzere oder längere Zeit durch einfache Erklärung gegenüber dem Angestellten zu verlängern.

2. Kündigungsfristen nach Außerkrafttreten eines Tarifvertrages. Nach einer Entscheidung des Gewerbegerichtes Bremen vom 12. 6. 1924 (s. Hanseatische Gerichtszeitung, Arbeitsrecht 1, 20, S. 84) gilt nach dem Außerkrafttreten eines Tarifvertrages für die einzelnen von dem Tarifvertrage beherrschten Dienst- und Arbeitsverträge mangels anderweitiger ausdrücklicher Vereinbarung die im Tarifvertrage vorgesehene Kündigungsfrist fort. Sah also beispielsweise der Tarifvertrag Kündigungsausschluß vor, so kann der Arbeitgeber auch nach dem Außerkrafttreten des Tarifvertrages ohne Einhaltung der gesetzlichen Kündigungsfrist unter Kündigungsausschluß vom Vertrage zurücktreten. Man wird dieser Ansicht mit der herrschenden Meinung wegen der bekannten Nachwirkung der Tarifverträge zustimmen müssen. Gleichwohl erscheint es sicherer, etwaigen Streitigkeiten dadurch vorzubeugen, daß man ein für allemal in die einzelnen Dienst- oder Arbeitsverträge oder in die Arbeitsordnung die Bestimmung hineinsetzt, daß als Kündigungsfrist die jeweils geltende tarifliche Kündigungsfrist und nach dem Außerkrafttreten eines Tarifvertrages bis zum Inkrafttreten eines neuen Tarifvertrages eine bestimmte, vom Arbeitgeber näher festgesetzte (etwa eintägige oder achttägige) Kündigungsfrist gilt, oder daß dann unter Kündigungsausschluß gearbeitet wird.

8. Kündigung vor Vertragsbeginn. In Übereinstimmung mit der herrschenden Ansicht stellte sich das Landgericht Kiel mit Urteil vom 17. Oktober 1924 auf den Standpunkt, daß ein Vertragsverhältnis schon vor seinem Beginn sowohl vom Arbeitgeber als auch vom Arbeitnehmer unter Einhaltung der vereinbarten Kündigungsfrist gekündigt werden kann.

b) Welche Formvorschriften sind bei der Kündigung zu beachten?

1. Notwendigkeit satzungsmäßiger Unterzeichnung der Kündigungsschreiben. Nach einem Urteil des Kaufmannsgerichtes Dresden vom 19. März 1924, Nr. VIII b 1 Pr. R. 316. 1, sind Kündigungsschreiben einer Gewerkschaft rechtsunwirksam, die nicht satzungsgemäß unterzeichnet sind. Es empfiehlt sich deshalb insbesondere bei Massenkündigungen, darauf zu achten, daß die Kündigungsschreiben von ordnungsmäßig bevollmächtigten Firmenvertretern unterzeichnet werden.

2. Kündigung durch Anschlag. Das Landgericht Dessau hat mit Urteil vom 25. Juli ds. Js. Nr. 2a S. 51/24 entschieden, daß es bei Massenkündigungen genügt, die Kündigung durch Anschlag bekanntzugeben, wenn »bei der großen Anzahl der in dem Betriebe beschäftigten Arbeiter nicht verlangt werden kann, daß jedem einzelnen Arbeiter die Kündigung besonders ausgesprochen wird«.

3. Gültigkeit bedingter Kündigungen durch Anschlag. Nach einer Entscheidung des Landgerichtes Neuwied

Nr. 3, S 59/24 ist eine Kündigung, die durch Anschlag am Werkstor erfolgt ist, gültig.

Nach der gleichen Entscheidung ist eine Kündigung auch nicht etwa deshalb unwirksam, weil sie für den Fall ausgesprochen wird, daß die Arbeitnehmer sich nach einem bei der Kündigung angegebenen Zeitpunkte sträuben, in eine Änderung der Arbeits- und Arbeitzeitbedingungen einzuwilligen. Nach der wohl zutreffenden Ansicht des Landgerichtes Neuwied verletzt eine bedingte Kündigung berechtigte Interessen der Arbeitnehmer dann nicht, wenn es sich um Bedingungen handelt, deren Erfüllung allein vom Arbeitnehmer abhängig ist, wenn also beispielsweise in dem Kündigungsanschlag gesagt wird, daß nach Ablauf von 14 Tagen alle Arbeitnehmer als entlassen angesehen werden, die bis dahin die neuen Lohn- und Arbeitsbedingungen nicht unterzeichnet haben.

4. Gültigkeit von Massenkündigungen durch Kündigungsanschlag am Werkstor. Das Berggewerbegericht Dortmund, Spruchkammer Oberhausen, hat in einem Urteile vom 22. Februar 1924 entschieden, daß es trotz der Empfangsbedürftigkeit der Kündigung genügt, wenn die Kündigung durch öffentlichen Anschlag am Werkstor erfolgt. In der Urteilsbegründung wird ausgeführt, daß an sich die Kündigung erst wirksam wird, wenn sie dem zu kündigenden Arbeitnehmer zugegangen ist. Das Berggewerbegericht Dortmund vertritt aber den meines Erachtens zutreffenden Standpunkt, daß die Kündigung schon dann kraft gesetzlicher Fiktion als zugegangen gilt und infolgedessen voll rechtsgültig geworden ist, wenn und sobald sich der Arbeitnehmer bei normaler Gestaltung der Verhältnisse die Kenntnis des Erklärungsinhaltes verschaffen konnte, sofern die Kenntnisnahme nach den Gepflogenheiten des Verkehrs von ihm erwartet werden muß. Nach der gleichen Entscheidung ist es auch für die Wirksamkeit der Kündigung im Einzelfalle gleichgültig, ob bei solchen Massenkündigungen durch Kündigungsanschlag am Werkstor der einzelne Arbeitnehmer wirklich von der Kündigung Kenntnis genommen hat.

Die Entscheidung wird jedoch nicht von allen Gerichten und Arbeitsrechtlern geteilt. Ich halte es deshalb für richtiger und sicherer, die Kündigung im Falle von Massenkündigungen nicht nur durch Anschlag am Werkstor, sondern, wenn möglich, auch durch Einzelschreiben oder, wenn dies aus besonderen Gründen nicht angängig ist, auch durch mündliche Bekanntgabe durch das Aufsichtspersonal in den Betrieben, durch Verständigung der Betriebsvertretung und im Falle der Betriebsabwesenheit der Belegschaft durch Bekanntmachungen in der Ortspresse den Arbeitnehmern zu übermitteln.

5. Sofortige Angabe des Kündigungsgrundes notwendig. Nach § 84, Ziffer 2 des Betriebsrätegesetzes kann der Arbeitnehmer im Falle der Kündigung seitens des Arbeitgebers innerhalb der gesetzlichen Kündigungseinspruchsfristen mit Aussicht auf Abfindung oder Wiedereinstellung Einspruch erheben, »wenn die Kündigung ohne Angabe von Gründen erfolgt ist«. Nach einer Entscheidung des Schlichtungsausschusses Hildesheim vom 5. Dezember 1923 muß der Grund sofort bei Zustellung der Kündigung angegeben werden. Es genügt also nicht, daß erst später, vielleicht nach Anrufung des Schlichtungsausschusses, stichhaltige Gründe angegeben werden.

Wenn m. E. auch die ausdrückliche Angabe des Kündigungsgrundes überflüssig ist in denjenigen Fällen, in denen der Arbeitnehmer nach den Umständen des Falles über den Grund der Kündigung nicht im Zweifel sein kann, so empfiehlt es sich doch. bei Zustellung der Kündigung alle für die Kündigung sprechenden stichhaltigen Gründe ausdrücklich anzugeben. Es ist ratsam, die Gründe schriftlich oder unter Zeugen zu übermitteln, um ein unangenehmes Beweisverfahren zu erübrigen.

6. Aushändigung eines Zeugnisses gilt im Zweifelsfalle als Kündigung. Das Gewerbegericht der Amtshauptmannschaft Pirna hat in einer im »Schlichtungswesen«, 6. Jahrgang, Heft 7, Seite 117, veröffentlichten Entscheidung vom 20. Februar 1924 Nr. 16 GG 24, entschieden, daß in der vom Arbeitnehmer nicht angeforderten Aushändigung eines Zeugnisses ohne nähere Angaben der Ausspruch der Kündigung zu erblicken ist; in dem gleichen Urteil vertritt das Gewerbegericht Pirna den Standpunkt, daß die widerspruchslose Annahme eines solchen Zeugnisses stillschweigendes Einverständnis mit dem Austritt zu dem im Zeugnis angegebenen Endtermine und bei Betriebsvertretungsmitgliedern einen Verzicht auf die Rechte des § 96 des Betriebsrätegesetzes bedeutet. Analog würde die widerspruchslose Annahme des Zeugnisses bei Arbeitnehmern, die der Betriebsvertretung nicht angehören, einen Verzicht auf die Einspruchsrechte nach §§ 84 ff des Betriebsrätegesetzes bedeuten.

Obwohl manches für die Richtigkeit dieser Auslegung spricht, und auch in manchen Betrieben die Aushändigung eines Zeugnisses als Form der Kündigung gewählt wird, empfiehlt es sich kaum, in dieser Weise die Kündigung auszusprechen, weil schwerlich sämtliche Gerichte sich der Ansicht des Gewerbegerichts Pirna anschließen werden.

c) Wann ist eine fristlose Entlassung durch den Arbeitgeber zulässig?

1. Kündigung wegen Verlustes voller Arbeitsfähigkeit. Gemäß einer Entscheidung des Berggewerbegerichtes Dortmund, Kammer Essen 3, vom 17. 6. 24 ist der Arbeitgeber nicht verpflichtet, einen Arbeitnehmer weiter zu beschäftigen, wenn er nach längerer Krankheit nur noch zu leichteren Arbeiten fähig ist und wenn der Arbeitnehmer nicht in der Lage ist, die Arbeit am alten Arbeitsplatze auszuführen. In diesem Falle ist die Kündigung nach Ansicht des Berggewerbegerichtes Dortmund aus wichtigem Grunde fristlos zulässig, weil der Arbeitnehmer im Sinne des § 82 des allgemeinen Berggesetzes und des § 123 der Gewerbeordnung zur Fortsetzung der Arbeit unfähig ist.

2. Unfähigkeit oder Ungeschicklichkeit ist kein Grund zur fristlosen Entlassung. Nach einer Entscheidung des Gewerbegerichtes Pirna vom 7. 2. 1924 (s. »Schlichtungswesen« VI, 8, S. 143) ist der Arbeitgeber im allgemeinen mangels abweichender Vereinbarungen nicht berechtigt, wegen Unfähigkeit oder Ungeschicklichkeit des Arbeitnehmers die fristlose Entlassung auszusprechen.

3. Keine fristlose Entlassung von Lehrlingen nach Ablauf der Probezeit wegen Untauglichkeit für das Lehrfach. Nach einem im Kölner Tageblatt vom 28. August, Nr. 363, bekanntgegebenen Urteile hat das Gewerbegericht Köln entschieden, daß ein Lehrling nach Ablauf der Probezeit nicht mehr fristlos entlassen werden kann, weil er für das Lehrfach sich als untauglich erwiesen habe, und weil der Vater des Lehrlings sich nicht genügend für ausreichenden Fleiß des Lehrlings einsetze.

Das Gewerbegericht Köln betont, daß der Lehrherr auf Grund des Lehrvertrages dem Lehrling und seinem gesetzlichen Vertreter gegenüber die Pflicht hat, den gesetzlichen Vertreter rechtzeitig und ausreichend zu verständigen, sobald der Lehrling es an dem erforderlichen Fleiße, an der nötigen Aufmerksamkeit oder an pünktlichem Besuche der Fortbildungsschule fehlen lasse.

4. Fristlose Entlassung wegen nicht rechtzeitiger Entschuldigung des Fernbleibens bei Krankheit. Das Kaufmannsgericht Hamburg hat mit Urteil vom 3. 6. 1924 entschieden, daß der Arbeitgeber berechtigt ist, einen Angestellten fristlos zu entlassen, wenn er es unterlassen hat, sich beim Fehlen in Krankheitsfällen rechtzeitig zu entschuldigen. Nach dieser Entscheidung besteht das Recht zur fristlosen Entlassung auch dann, wenn die Krankheit plötzlich auftritt, sofern sie den Arbeitnehmer nicht hindert, mindestens dritte Personen um die Benachrichtigung des Arbeitgebers zu bitten. Nach Ansicht des Kaufmannsgerichtes Hamburg hat eben der Arbeitnehmer die Pflicht, durch rechtzeitige Benachrichtigung des Arbeitgebers in Fällen beabsichtigten Fehlens entsprechende Dispositionen zu ermöglichen.

5. Fristlose Entlassung wegen nicht rechtzeitigen Wiederantrittes zum Dienste nach Gesundschreibung bei ärztlicher Nachuntersuchung. Nach einer im Kölner Tageblatt Nr. 433 vom 8. Oktober 1924 veröffentlichten Entscheidung des Kaufmannsgerichtes Köln ist der Arbeitgeber berechtigt, einen Angestellten fristlos zu entlassen, der die Arbeit nicht sofort wieder aufnimmt, sobald er bei ärztlicher Nachuntersuchung als gesund und arbeitsfähig bezeichnet worden ist. Der Arbeitnehmer kann nach dieser Entscheidung ein weiteres unentschuldigtes Fernbleiben von der Arbeit nach der zu seinen Ungunsten ergangenen Entscheidung der ärztlichen Untersuchungskommission auch nicht etwa nachträglich damit entschuldigen, daß ein anderer Arzt ihn später doch als krank bezeichnet hat. Selbst wenn der Angestellte nach der ärztlichen Untersuchung erneut oder an einer anderen Krankheit erkranken sollte, darf er nicht ohne weiteres von der Arbeit fernbleiben und es auf eine Klage gegen den Arbeitgeber ankommen lassen, sondern er ist zum mindesten verpflichtet, dem Arbeitgeber sofort am ersten Tage des weiteren Fernbleibens von der Arbeit die Begründung seines Fehlens darzulegen, damit dieser in der Lage ist, unverzüglich eine Nachprüfung vornehmen zu lassen.

6. Fristlose Entlassung wegen Nichtaufnahme der Arbeit trotz Gesundschreibung durch einen Vertrauensarzt. Das Kaufmannsgericht Offenbach entschied am 16. 9. 24 unter Nr. K 94/24, daß Angestellte die Arbeit sofort wieder aufzunehmen haben, wenn der Vertrauensarzt sie bei einer Nachuntersuchung für arbeitsfähig hält, obwohl der Hausarzt oder Kassenarzt auch weiterhin der Ansicht ist, daß Arbeitsunfähigkeit vorliegt. Nach der Urteilsbegründung geht das Urteil des Vertrauensarztes, besonders wenn dieser Spezialarzt ist und wenn eine Nachuntersuchung durch ihn seitens der Krankenkasse angeordnet war, der Ansicht des Haus- oder Kassenarztes vor

7. Fristlose Entlassung wegen Verhöhnung des Vorgesetzten. Nach einer in Nr. 479 des Kölner Tageblattes vom 4. 11. 1924 veröffentlichten Entscheidung des Kaufmannsgerichtes Köln ist der Arbeitgeber berechtigt, einen Angestellten fristlos aus wichtigem Grunde zu entlassen, wenn dieser eine berechtigte Zurechtweisung mit Pfeifen beantwortet.

8. Fristlose Entlassung wegen Verteilung aufhetzender kommunistischer Flugblätter. Gemäß einer Entscheidung des Gewerbegerichtes Leipzig vom 12. 8. 24 können Arbeitnehmer, auch wenn sie schwerbeschädigt oder Mitglieder einer Betriebsvertretung sind, gemäß § 123 Ziffer 7 des Betriebsrätegesetzes fristlos entlassen werden, wenn sie im Betriebe kommunistische Flugblätter zur Verteilung bringen, in welchen zu revolutionären Kampfhandlungen aufgefordert wird.

9. Fristlose Entlassung wegen Verteilung kommunistischer Flugblätter im Betriebe. In zahlreichen Fällen wird der Arbeitsfriede und die Arbeitslust in den Betrieben schwer gefährdet und beeinträchtigt durch die Verteilung aufreizender kommunistischer Flugblätter in den Arbeitsräumen, den Speisesälen usw. Die nachteilige Wirkung wird vielfach dadurch erhöht, daß Betriebsratmitglieder ihren Einfluß und ihre Freistellung ausnutzen, um durch die Verteilung solcher Flugblätter Verwirrung anzustiften.

Daß ein derartiges Vorgehen mit dem Sinne des Arbeitsvertrages und den Betriebsratpflichten nicht in Einklang zu bringen ist, steht allgemein fest. Übereinstimmung besteht auch darüber, daß in Arbeitsordnungen, Tarifverträgen und Einzelarbeitsverträgen die Verteilung von Flugblättern politischen Inhalts in den Betrieben allgemein verboten, und daß für Verstöße eine Ordnungsstrafe oder fristlose Entlassung gültig vorgesehen werden kann.

Dagegen betrachtet man es als zweifelhaft, ob auch mangels solcher einschlägiger Sonderbestimmungen fristlose Entlassung wegen Verteilung aufreizender Flugblätter im Betriebe erfolgen darf.

M. E. ist diese Frage zu bejahen, da die Verteilung aufreizender Flugblätter einen wichtigen Kündigungsgrund im Sinne der §§ 123, Ziff. 7, 124 a, 133 b, 133 c, Ziff. 2 der GO, 70 und 72, Ziff. 1 des HGB. und 626 des BGB. darstellt.

Die Zulässigkeit der fristlosen Entlassung aus solchem Grunde wird neuerdings überzeugend begründet in einem Urteil des Gewerbegerichtes Leipzig vom 12. 8. 24, demzufolge auch die Betriebsrat- und Schwerbeschädigteneigenschaft einer solchen fristlosen Entlassung nicht entgegensteht.

10. Fristlose Entlassung wegen Nichtrückgabe falscher Lohntüten. Nach **§ 123, Ziffer 2,** der Gewerbeordnung können Arbeiter vor Ablauf der vertragsmäßigen Zeit und ohne Aufkündigung entlassen werden, wenn sie eines Betruges sich schuldig machen. Ein solcher zur fristlosen Entlassung berechtigender Grund liegt nach einem Urteil des Berggewerbegerichtes Dortmund, Kammer Lünen, vom 27. März 1924 vor, wenn ein Arbeiter eine falsche Lohntüte nicht sofort zurückgibt, obwohl er weiß, daß die Tüte nicht für ihn bestimmt war oder mehr Geld enthielt als ihm zustand oder als auf der Tüte angegeben war. Falls der Arbeitgeber in solchen Fällen von der fristlosen Entlassung Gebrauch macht, steht dem entlassenen Arbeitnehmer gemäß § 85 des Betriebsrätegesetzes auch kein Einspruchsrecht gegen die Kündigung zu. Selbstverständlich darf der Arbeitgeber neben der fristlosen Entlassung den irrtümlich zuviel gezahlten Lohnbetrag einbehalten oder zurückfordern.

11. Fristlose Entlassung wegen Verhaftung eines Arbeitnehmers. § 123 Ziffer 8 der Gewerbeordnung gibt dem Arbeitgeber das Recht, einen Arbeitnehmer fristlos zu entlassen, »wenn er zur Fortsetzung der Arbeit unfähig« ist. Nach einer Entscheidung des Schlichtungsausschusses Hildesheim vom 5. Dezember ist diese Voraussetzung gegeben, wenn ein Arbeitnehmer verhaftet wird. Wenn also z. B. ein

Arbeitnehmer wegen Diebstahlverdachtes verhaftet worden ist, so kann er, solange die alsbaldige Freilassung nicht bevorsteht, fristlos entlassen werden, selbst auf die Gefahr hin, daß der Diebstahlverdacht sich nachträglich als unbegründet erweist.

12. Verhängung der Schutzhaft als Grund zur fristlosen Entlassung von Arbeitnehmern und Betriebsvertretungsmitgliedern. Nach einer Entscheidung des Gewerbegerichts der Amtshauptmannschaft Pirna vom 14. Februar 1924, Nr. 13 GG 24 (s. »Schlichtungswesen«, 6. Jahrgang, Heft 8, Seite 142) ist der Arbeitgeber berechtigt, einen Arbeitnehmer, auch wenn er Betriebsvertretungsmitglied ist, fristlos aus wichtigem Grunde zu entlassen, wenn über ihn eine Schutzhaft von unbestimmter Dauer oder auch nur von längerer Dauer verhängt wird.

13. Fristlose Entlassung höherer Angestellter wegen Unpünktlichkeit im Dienste. In einem in Nr. 641 der Rheinisch-Westfälischen Zeitung vom 23. August veröffentlichten Urteile hat das Gewerbegericht Elberfeld entschieden, daß auch bei höheren Angestellten fortdauernde Unpünktlichkeit im Dienste einen wichtigen Grund zur fristlosen Entlassung gibt, und zwar auch dann, wenn der betreffende Angestellte lange Zeit vor der Verwarnung mit Wissen des Arbeitgebers unpünktlich im Dienste gewesen ist.

In der Urteilsbegründung hebt das Gewerbegericht Elberfeld hervor, daß der Arbeitgeber das Recht, von einem Angestellten für die Folge pünktliche Einhaltung der Arbeitszeit zu verlangen, nicht dadurch verliert, daß der Angestellte eine bevorzugte Stellung im Betriebe einnimmt und es ihm deshalb lange Zeit nachgesehen worden ist, wenn er unpünktlich zum Dienste erschien. Gegenüber der Behauptung des klagenden Angestellten, das Verlangen der Beklagten, pünktlich zum Dienste zu erscheinen, stelle eine Herabsetzung seiner Persönlichkeit dar, betont das Gewerbegericht, daß gerade die Inhaber bevorzugter Stellungen den übrigen Angestellten kein schlechtes Beispiel geben dürfen, wenn grundsätzlich im Betriebe pünktliche Einhaltung der Arbeitszeit verlangt wird.

14. Fristlose Entlassung wegen vorzeitigen Verlassens der Arbeitstelle. Nach einer Entscheidung des Berggewerbegerichts Dortmund, Kammer Lünen, vom 7. II. 1924 dürfen Arbeitnehmer, und zwar auch Betriebsratmitglieder, fristlos wegen beharrlicher Arbeitverweigerung entlassen werden, die aus Protest gegen eine durch verbindlichen Schiedsspruch oder durch Tarifvereinbarung festgelegte Arbeitzeitverlängerung vor Ablauf der verlängerten Arbeitzeit und trotz ausdrücklicher Verwarnung die Arbeitstelle verlassen. Wenn auch im vorzeitigen Verlassen der Arbeitstelle aus Protest gegen eine Arbeitzeitverlängerung nach richtiger Ansicht immer eine beharrliche Arbeitverweigerung im Sinne des § 123 der Gewerbeordnung zu erblicken ist, so empfiehlt es sich doch, vorsichtshalber nach gültiger Arbeitzeitverlängerung (durch Tarifvertrag, verbindlichen Schiedsspruch oder behördliche Ausnahmegenehmigung) die Belegschaft ausdrücklich auf die Rechtsfolgen vorzeitigen Verlassens der Arbeitstelle aufmerksam zu machen und insbesondere fristlose Entlassung anzudrohen, wenn anzunehmen ist, daß einzelne Belegschaftsgruppen sich nicht ohne weiteres zur Einhaltung der verlängerten Arbeitzeit bereitfinden lassen.

15. Fristlose Entlassung wegen Verweigerung der Leistung angeordneter Überstunden. Nach der neuen Arbeitzeitverordnung ist der Arbeitgeber berechtigt, auch mangels tarifvertraglicher Vereinbarung und behördlicher Ausnahmegenehmigung an 30 Tagen des Jahres ohne Nachweis der Notwendigkeit die Leistung von Überstunden von den Arbeitnehmern zu verlangen. Nach einer im »Vorwärts« vom 5. Mai 1924 veröffentlichten Entscheidung der Kammer 8 des Gewerbegerichtes Berlin stellt die fortgesetzte Verweigerung der Leistung solcher Überstunden eine beharrliche Arbeitsverweigerung dar. Diese berechtigt den Arbeitgeber nach Androhung zur fristlosen Entlassung.

16. Fristlose Entlassung von Angestellten wegen Verweigerung der Übernahme anderer Arbeit. Eine Entscheidung der 11. Zivilkammer des Landgerichtes I Berlin vom 25. März 1924, Nr. 27, S. 52/23/18, besagt, daß der Arbeitgeber berechtigt ist, einen Angestellten fristlos wegen beharrlicher Arbeitsverweigerung zu entlassen, wenn dieser sich weigert, eine Arbeit in einem anderen Bureau — wenn auch untergeordneter Art — zu übernehmen. Nach der zutreffenden Ansicht des Landgerichtes Berlin muß der Angestellte, sofern er nicht ausdrücklich für eine ganz bestimmte Arbeit eingestellt worden ist, jede Arbeit auch in einem anderen Bureau übernehmen, deren Leistung ihm zugemutet werden kann

17. Stützung fristloser Entlassung auf spätere Tatsachen. Nach einer Entscheidung des Kammergerichtes vom 8. August 1922 8 U 3229/22 ist der Arbeitgeber berechtigt, in einem etwa anhängig gewordenen Rechtsstreit wegen der fristlosen Entlassung eines Arbeitnehmers die fristlose Entlassung auch auf Tatsachen zu stützen, die erst nach der fristlosen Entlassung eingetreten sind.

Wenn beispielsweise der Arbeitgeber einen Angestellten, der mit dreimonatiger Kündigungsfrist angestellt war, wegen einer schwer nachweisbaren Verfehlung am 1. April 1924 entlassen hat, so kann er in einem etwaigen Streitverfahren die fristlose Entlassung gegebenenfalls auch damit begründen, daß der betreffende Angestellte sich am 10. April eines zur fristlosen Entlassung berechtigenden schweren Diebstahls oder einer groben Beleidigung des Arbeitgebers schuldig gemacht hat. Kann nach einer solchen Eventualbegründung der erste Grund der fristlosen Entlassung nicht nachgewiesen werden, dagegen wohl der spätere Eventualgrund, so braucht der Arbeitgeber höchstens Lohn und Gehalt bis zum 10. April, dem jingierten späteren Gültigwerden der fristlosen Entlassung zu bezahlen.

18. Fristlose Entlassung wegen Wegnahme eines Umlaufzettels. Nach einer Entscheidung des Gewerbegerichtes Weida vom 25. Januar 1924 ist der Arbeitgeber berechtigt, durch sog. Umlaufzettel die Stellungnahme der Arbeiterschaft zu einer bestimmten Frage der Lohn- und Arbeitsbedingungen zu erforschen. Der Arbeitgeber darf z. B. durch Umlaufzettel feststellen lassen, ob die Arbeiterschaft für längere oder für kürzere Pausen ist. Auch dann ist der Arbeitgeber hierzu berechtigt, wenn in der betreffenden Frage schon ein Beschluß der Betriebsvertretung oder der Betriebsversammlung vorliegt.

Nach der gleichen Entscheidung darf der Arbeitgeber einen Arbeitnehmer, auch ein Betriebsratmitglied, fristlos entlassen, der solche Umlaufzettel zur Vereitelung ihres Zweckes verschwinden läßt oder vernichtet.

19. Keine fristlose Entlassung wegen Teilnahme an einer verbotenen politischen Versammlung außerhalb des Betriebes. Nach einer Entscheidung des Gewerbegerichtes Königsberg vom 20. 3. 1924 (veröffentlicht im Schlichtungswesen, 6. Jahrgang, Heft 7, S. 117) berechtigt die Teilnahme eines Arbeitnehmers an einer verbotenen politischen Versammlung den Arbeitgeber im allgemeinen nicht zur fristlosen Entlassung aus wichtigem Grunde. Nur dann würde eine solche Teilnahme an der verbotenen Versammlung in Verbindung mit dieser Versammlung die fristlose Entlassung rechtfertigen, wenn die Versammlung und insbesondere das Verhalten des einzelnen Arbeitnehmers in dieser Versammlung die Interessen des Arbeitgebers erheblich gefährdet hat, wenn also beispielsweise in der Versammlung unter aktiver Zustimmung des zu entlassenden Arbeitnehmers ein gewaltsames Vorgehen gerade gegen den betreffenden Arbeitgeber oder seinen Betrieb beschlossen worden ist.

20. Kein Recht zur fristlosen Entlassung wegen unbefugter Anbringung einer Vorschlagsliste zur Betriebsratswahl. Obwohl Arbeitnehmer an und für sich ihre Pflichten aus dem Arbeitsvertrage verletzen, wenn sie ohne Genehmigung des Arbeitgebers Anschläge im Betriebe anbringen, gibt ein Arbeitnehmer nach einer Entscheidung des Landgerichts I Berlin vom 3. Juni 1924, (s. Gewerbe- und Kaufmannsgericht, 29. Jahrg., Nr. 11, Sp. 268) dem Arbeitgeber keinen Grund zur fristlosen Entlassung, wenn er ohne seine Genehmigung eine Vorschlagsliste zur Betriebsratswahl im Betriebe anschlägt.

21. Fristlose Entlassung wegen Verleitung oder Aufforderung zur zwangsweisen Betriebsstillegung. Nach einer Entscheidung des Berggewerbegerichtes Dortmund, Kammer Hattingen, vom 13. 2. 1924 können Arbeitnehmer fristlos aus wichtigem Grunde, gleichgültig ob sie Schwerbeschädigte, Mitglieder einer Betriebsvertretung oder nicht besonders geschützte Arbeiter oder Angestellte sind, wegen einer gegen die guten Sitten verstoßenden Handlungsweise im Sinne des § 82, Ziff. 7 des allgemeinen Berggesetzes und des § 123, Ziff. 7 der GO. entlassen werden, wenn sie versuchen, durch Aufhetzung ihrer Mitarbeiter einen Betrieb sofort ohne Einhaltung der Kündigungsfrist und ohne geordnetes Streikverfahren zur Stillegung zu bringen.

22. Fristlose Entlassung auch Unbeteiligter bei Demonstrationen. Das Gewerbegericht Remscheid hat, gestützt auf die grundsätzlichen Ausführungen des Reichsgerichtsurteils vom 6. II. 1923, betreffend die Solidarhaftung der Arbeitnehmer, in einer beachtenswerten Entscheidung festgestellt, daß der Arbeitgeber berechtigt ist, die gesamte Belegschaft ohne Rücksicht auf das Maß der Beteiligung des einzelnen Arbeitnehmers fristlos zu entlassen, wenn Demonstrationen der Belegschaft, Teilstreiks, Bedrohungen von Beamten und ähnliche Vorkommnisse eine geordnete und produktive Aufrechterhaltung des Betriebes unmöglich machen. In solchen Fällen dürfen auch Arbeitnehmer fristlos mit entlassen werden, die zur Zeit der Demonstrationen wegen Krankheit im Betriebe nicht anwesend waren, sofern die Weiterbeschäftigung wegen der allgemein vorliegenden Betriebsstörung unrationell ist. In der Urteilsbegründung führt das Gewerbegericht Remscheid in Anlehnung an die vorerwähnte Reichsgerichtsentscheidung zutreffend aus, daß die Erhebung des Arbeitnehmers zu einem Gliede der Arbeits- und Betriebsgemeinschaft durch das Betriebsrätegesetz auch eine solidarische Mithaftung des einzelnen Arbeitnehmers für betriebstörende Handlungen der Mitarbeiter bedingt.

23. Fristlose Entlassung wegen Betriebssabotage und Werkszerstörung. Gemäß Entscheidung der Spruchkammer für den Bergbau des Schlichtungsausschusses Gelsenkirchen vom 18. XII. 23 ist bei Zerstörung betriebswichtiger Werksanlagen durch einen größeren Teil der Belegschaft der Arbeitgeber zur fristlosen Entlassung und zur Verweigerung weiterer Lohn- und Gehaltszahlung gegenüber allen Werksangehörigen berechtigt, bezüglich deren die Vermutung besteht, daß sie an den Sabotageakten mittelbar oder unmittelbar beteiligt gewesen sind. Der Arbeitgeber braucht also nicht schlüssig nachzuweisen, daß der einzelne fristlos entlassene Arbeitnehmer aktiv an den Sabotageakten beteiligt war.

24. Fristlose Entlassung Streikender auch bei einem durch die Gewerkschaften sanktionierten Generalstreik. In der Arbeitnehmerpresse wird immer noch der Standpunkt vertreten, daß die Befolgung einer Generalstreikparole der Gewerkschaften eine Erfüllung öffentlich-rechtlicher Verfassungsverpflichtung darstellt und deshalb dem Arbeitgeber kein Recht zur fristlosen Entlassung gibt.

Dieser Standpunkt ist jedoch völlig unhaltbar. Die Reichsverfassung gewährt zwar indirekt ein Streikrecht, entbindet aber die

Streikenden nicht von ihren vor dem Streik eingegangenen zivilrechtlichen Vertragspflichten und nimmt dem Arbeitgeber nicht das Recht, aus einem Vertragsbruch bei Befolgung der Generalstreikparole die Rechtsfolgerungen zu ziehen und insbesondere die fristlose Entlassung auszusprechen. Auch steht den Arbeitnehmern gegenüber einer Kündigung aus solchem Anlaß kein Kündigungseinspruch auf Grund des § 84 des Betriebsrätegesetzes zu (vgl. Entscheidung des Schlichtungsausschusses Groß-Berlin Nr. A 11901/23).

d) Wann ist ein fristloser Dienstaustritt des Arbeitnehmers zulässig?

(Siehe Entscheidung Nr. XIII B g) 1).

e) Welche Rechtsfolgen hat eine unzulässige fristlose Entlassung?

1. Keine Schadenersatzpflicht wegen entgangener Kantinenbenutzung bei unberechtigter fristloser Entlassung. Das Kaufmannsgericht Hamburg hat nach einer in Nr. 6, S. 24 der Hanseatischen Gerichtszeitung, Jahrg. 1924, veröffentlichten Entscheidung vom 6. Februar 1923 entschieden, daß Angestellte auch dann, wenn sie wegen fristloser Entlassung einen Anspruch auf Ersatz des entgangenen Arbeitsverdienstes für die Kündigungszeit haben, nicht Ersatz des Schadens verlangen können, der ihnen dadurch entstanden ist, daß sie während der nicht eingehaltenen Kündigungsfrist die Kantine oder sonstige Wohlfahrtseinrichtungen des Betriebes nicht benutzen konnten.

Das Kaufmannsgericht Hamburg begründet diese Ansicht damit, daß einem Arbeitnehmer kein selbständiges, von der Beschäftigung unabhängiges Recht der Kantinenbenutzung zusteht. Nach seiner Ansicht ist nach dem ganzen Wesen der Kantinenwirtschaft anzunehmen, daß ein Recht der Kantinenbenutzung nur solchen Arbeitnehmern zusteht, die noch tatsächlich im Betriebe beschäftigt sind.

2. Verlust des Schadenersatzanspruchs aus fristloser Entlassung wegen sofortiger Aufnahme gleichwertiger Arbeit. Nach einer Entscheidung des Gewerbegerichtes Pirna vom 7. 2. 1924 (s. »Schlichtungswesen« VI, 8, S. 143) fällt auch bei unberechtigter fristloser Entlassung der Lohnanspruch des Arbeitnehmers gegen den Arbeitgeber fort, wenn der Entlassene sofort andere Arbeit übernimmt, für welche er den normalen Arbeitsverdienst seiner alten Arbeitsstelle erreicht.

f) Welche Rechtsfolgen hat ein unzulässiger fristloser Dienstaustritt?

1. **Haftpflicht vertragsbrüchiger Angestellter.** Gemäß einer Entscheidung der Kammer 4 des Kaufmannsgerichts Berlin vom 15. Mai 1924 (s. »Gewerbe- und Kaufmannsgericht« 29. Jahrg., Nr. 11, Spalte 268) ist der Arbeitgeber berechtigt, von einem unter Vertragsbruch aus seinen Diensten ausgeschiedenen Angestellten Ersatz der Mehrkosten zu verlangen, die dem Arbeitgeber dadurch erwachsen, daß er an Stelle des vertragsbrüchigen Angestellten zur Erledigung der diesem obliegenden Arbeiten mehrere Kräfte einstellen oder für die Einstellung eines gleichwertigen Angestellten unter den veränderten Arbeitsmarktverhältnissen höhere Beträge aufwenden muß.

g) Welche Rechtsfolgen hat die schuldhafte Verursachung des Dienstaustrittes durch den Arbeitgeber?

1. **Schadenersatzpflicht des Arbeitgebers bei fristlosem Dienstaustritt eines leitenden Angestellten wegen Untergrabung der Autorität.** Nach einem Urteil des Reichsgerichtes vom 29. 4. 1924 Nr. III 266/23 ist ein leitender Angestellter, insbesondere der Direktor eines Betriebes berechtigt, den Dienstvertrag fristlos aufzukündigen, wenn der Betriebsinhaber sein Ansehen bei der Belegschaft und seine Autorität durch Zugeständnisse an die Belegschaft untergräbt, die mit einem pflichtmäßigen Verhalten des leitenden Angestellten in Widerspruch stehen. In diesem Falle kann der leitende Angestellte Ersatz des vollen Schadens verlangen, der ihm durch den fristlosen Austritt aus seiner Stellung erwächst.

In dem der Entscheidung zugrunde liegenden Falle hatte eine Stadtgemeinde als Besitzerin eines Elektrizitätswerkes das Ansehen des Direktors des Elektrizitätswerkes dadurch untergraben und dessen fristlosen Dienstaustritt veranlaßt, daß sie nach Ausbruch eines Streikes sich zur Beruhigung der Belegschaft auf die Seite der Arbeitnehmer stellte und deren Forderungen restlos erfüllte, obwohl die Erfüllung dieser Forderungen vor Arbeitsniederlegung durch den Direktor im ausdrücklichen Einvernehmen mit der Stadtverwaltung abgelehnt worden war.

h) Wann ist ein Kündigungseinspruch zulässig und gerechtfertigt?

1. **Kein Kündigungseinspruch bei Entlassungen infolge von Aussperrungen.** In Übereinstimmung mit einem Urteile des Arbeitsgerichtes Rüstringen hat das Arbeitsgericht Fulda am 23. Februar 1924 entschieden, daß Arbeitnehmern und Betriebsratmitgliedern gegen Aussperrungskündigungen die Rechte der §§ 84 und 96 des Betriebsrätegesetzes nicht zustehen.

2. **Keine Einspruchsmöglichkeit bei Entlassung wegen Ablaufs eines befristeten Arbeitsvertrages.** Mit Urteil vom 17. Juni 1924 hat das Landgericht Kiel entschieden, daß ein Arbeitnehmer gegen seine Entlassung keinen Einspruch auf Grund der §§ 84ff. oder 96ff. des Betriebsrätegesetzes erheben kann, wenn die Entlassung wegen Ablaufs eines befristeten Arbeitsvertrages erfolgt. Diese Ansicht dürfte richtig sein, weil ja der Entlassung wegen Ablaufs eines befristeten Arbeitsvertrages eine Kündigung nicht voranzugehen braucht, und weil nur gegen »Kündigungen«, nicht auch gegen »Entlassungen« ein Einspruchsrecht gegeben ist.

3. **Zulässigkeit von Kündigungen zur Betriebseinschränkung trotz Beibehaltung längerer als 48stündiger Arbeitzeit.** Das Gewerbegericht Elberfeld hat mit Urteil vom 27. Juni 1924 entschieden, daß gegen Kündigungen aus Anlaß von Betriebseinschränkungen nicht schon deshalb ein begründetes Einspruchsrecht wegen unbilliger Härte gemäß § 84 des Betriebsrätegesetzes den gekündigten Arbeitnehmern zusteht, weil der Betrieb nicht vor der Betriebseinschränkung und der Entlassung von einzelnen Arbeitnehmern die Arbeitzeit des ganzen Betriebes oder einzelner Betriebsabteilungen von der bestehenden längeren auf die 48stündige Arbeitzeit herabgesetzt hat.

4. **Auswahl der zu Entlassenden nach wirtschaftlichen Gesichtspunkten.** Zum Schaden der Betriebsproduktivität wird vielfach angenommen, daß die Auswahl der zu entlassenden Arbeitnehmer bei Betriebseinschränkungen in erster Linie nach sozialen Gesichtspunkten vorzunehmen ist. Demgegenüber hat das Gewerbegericht Köln unter zutreffender Begründung den richtigen Standpunkt vertreten, daß bei der Auswahl der zu entlassenden Arbeitnehmer in erster Linie die wirtschaftlichen Betriebsverhältnisse zu berücksichtigen sind. Das betreffende Urteil hebt ausdrücklich hervor, daß es zumal in den jetzigen Zeiten des wirtschaftlichen Wiederaufbaues dem Arbeitgeber überlassen bleiben muß, bei Betriebseinschränkungen die tüchtigsten Arbeiter zu behalten und andere Arbeiter, die weniger leistungsfähig sind, zu entlassen, selbst wenn die nach solchen Gesichtspunkten ausgewählten Arbeitnehmer bezüglich ihrer sozialen Verhältnisse schlechter stehen als die weiterbeschäftigten Arbeiter. Nach der gleichen Entscheidung stellt zwar besonders in der heutigen Zeit die Entlassung sozial schlecht gestellter Arbeitnehmer eine Härte dar. Eine solche Härte ist jedoch nicht als »unbillige« Härte zu betrachten und begründet infolgedessen keinen Einspruch auf Grund des § 84 des Betriebsrätegesetzes.

5. **Berücksichtigung sozialer Verhältnisse bei Entlassungen.** Ein Erlaß des Reichsarbeitsministers vom 15. November 1924 Nr. IV 10614/24 (Reichsarbeitsblatt 27 vom 1. Dezember 1924, S. 461) macht darauf aufmerksam, daß auch nach Aufhebung des § 13 der

Verordnung vom 12. Februar 1920 über Einstellung und Entlassung von Arbeitern und Angestellten bei Entlassungen neben den Betriebsverhältnissen möglichst die sozialen Verhältnisse der Arbeitnehmer berücksichtigt werden müssen, widrigenfalls in einer Kündigung eine unbillige Härte im Sinne des § 84 Nr. 4 des Betriebsrätegesetzes erblickt und dementsprechend einem Kündigungseinspruch im allgemeinen stattgegeben werden könne.

6. **Keine Entlassung Jugendlicher wegen ungünstiger Lage des Fortbildungsschulunterrichtes.** Wenn der Betrieb dadurch gestört oder beeinträchtigt wird, daß Jugendliche während der Arbeitzeit den Fortbildungsschulunterricht besuchen müssen, so gibt dies dem Arbeitgeber nach einer Entscheidung des Gewerbegerichtes Wilhelmshaven vom 15. Mai 1924 (s. Gewerbe- und Kaufmannsgericht 1924, S. 278) keinen Grund zur fristlosen Entlassung. Auch stellt nach der gleichen Entscheidung die befristete Entlassung aus diesem Grunde eine unbillige Härte im Sinne des § 84, Ziffer 4, des Betriebsrätegesetzes dar, die den Jugendlichen berechtigt, mit Aussicht auf Weiterbeschäftigung oder Zahlung einer Abfindungssumme Einspruch gegen die Kündigung zu erheben.

7. **Kündigung wegen häufiger Krankheit.** Fehlt ein Arbeitnehmer infolge häufiger Krankheit sehr oft im Betriebe, so stellt nach einer Entscheidung des Arbeitsgerichtes Greiz vom 6. Februar 1924 die befristete Kündigung keine unbillige, einen Kündigungseinspruch rechtfertigende Härte dar, weil ein häufiges Fehlen mit einer geordneten Betriebsführung nicht vereinbar ist.

8. **Auch Ausländer genießen den Kündigungsschutz.** Nach einem in der Zeitschrift »Das Schlichtungswesen« VI 8, S. 136, veröffentlichten Bescheide des Sächsischen Arbeitsministeriums vom 21. April genießen ausländische Arbeitnehmer in demselben Maße den Kündigungsschutz der §§ 86 ff. des Betriebsrätegesetzes wie die inländischen Arbeitnehmer.

i) Welche Formvorschriften sind beim Einspruchsverfahren zu beachten?

1. **Abhängigkeit der Kündigungseinspruchsklagen von der Zustimmung der Betriebsvertretung.** Obwohl nach dem Wortlaute des Betriebsrätegesetzes die Anhängigmachung eines Kündigungseinspruches beim Schlichtungsausschuß bzw. neuerdings beim Arbeitsgerichte von der Prüfung und Billigung des Kündigungseinspruches von der Betriebsvertretung abhängig ist, haben viele Schlichtungsausschüsse sich über diese Formvorschrift hinweggesetzt und Arbeitgeber auf Grund eines Kündigungseinspruches oft zur Weiterbeschäftigung oder Abfindung in Fällen verurteilt, in denen die genannte Formvorschrift nicht erfüllt war.

Nach einer Entscheidung des Reichsgerichtes III 753/22 **entbehren derartige Schlichtungsausschuß- und Arbeitsgerichtsentscheidungen der rechtlichen Gültigkeit.**

Nach der wohl unbedingt zutreffenden Ansicht des Reichsgerichtes ist in jedem Falle Voraussetzung der Anrufung des Schlichtungsausschusses oder Arbeitsgerichtes, daß der Gruppenrat den Einspruch positiv für begründet erklärt hat.

Das in einer Einspruchssache später angerufene Gericht darf und muß trotz der sog. Endgültigkeit der Einspruchsentscheidung prüfen, ob diese Entscheidung innerhalb der gesetzlichen Schranken der Zuständigkeit des Schlichtungsausschusses und unter Beobachtung aller Formvorschriften erlassen worden ist.

2. **Ungültigkeit eines Kündigungseinspruches wegen nicht vollzähliger Ladung der Betriebsvertretungsmitglieder.** Nach einer im »Vorwärts« vom 21. Oktober veröffentlichten Entscheidung des Gewerbegerichtes Berlin ist ein rechtzeitig geltend und beim Arbeitsgericht anhängig gemachter Kündigungseinspruch nach den §§ 84 ff. in Verbindung mit § 32 des Betriebsrätegesetzes ungültig und vom Arbeitsgericht zurückzuweisen, wenn zu der Sitzung, in welcher der Arbeiter- oder Angestelltenrat dem Kündigungseinspruch zugestimmt hat, nicht sämtliche Arbeiter- oder Angestelltenratsmitglieder unter Mitteilung der Prüfungsgegenstände rechtzeitig geladen worden sind.

3. **Unwirksamkeit des Kündigungseinspruchs wegen Mitwirkung des Gekündigten bei der Beschlußfassung des Gruppenrates.** Nach einer im Schlichtungswesen, Heft 5, S. 71, 6. Jahrgang, veröffentlichten Entscheidung des Landgerichtes Plauen vom 10. März 1924 muß das Arbeitsgericht einen Kündigungseinspruch als unwirksam verwerfen, wenn sich herausstellt, daß der gekündigte Arbeitnehmer bei der Beschlußfassung des Gruppenrates über den Kündigungseinspruch mitgestimmt hat.

Nach dieser Entscheidung würde auch die Zustimmungserklärung der Betriebsvertretung zur Kündigung eines Betriebsvertretungsmitgliedes zum Nachteil des Arbeitgebers ungültig sein, wenn das gekündigte Betriebsvertretungsmitglied bei der Abstimmung über die Kündigung mitgestimmt hat.

4. **Zulässigkeit des Rechtsweges nach Unzuständigkeitserklärung des Schlichtungsausschusses im Einspruchsverfahren.** Nachdem das Reichsgericht mit der bekannten Entscheidung Bd. 105, S. 132 ff., entschieden hatte, daß bei fristlosen Entlassungen das Arbeitsgericht oder das ordentliche Gericht nicht mehr in Anspruch genommen werden kann, wenn die Betriebsvertretung oder der entlassene Arbeitnehmer eine Entscheidung des Schlichtungsausschusses bzw. des für diesen nunmehr

zuständigen Arbeitsgerichtes im Einspruchsverfahren über die Zulässigkeit oder Unzulässigkeit der fristlosen Entlassung erwirkt hat, blieb bekanntlich noch die Frage offen, ob die Anrufung des Gerichtes noch möglich bleibt, wenn im Einspruchsverfahren aus formellen Gründen nur die Unzuständigkeit der angerufenen Stelle festgestellt wurde.

Diese Streitfrage ist nunmehr ebenfalls durch ein Urteil des Reichsgerichtes vom 26. Februar 1924 geklärt. Nach diesem Urteil Nr. III 287/23 kann im Rechtswege trotz des vorausgegangenen Einspruchsverfahrens die Zulässigkeit der fristlosen Entlassung vom Arbeitgeber oder Arbeitnehmer noch festgestellt werden, wenn das Einspruchsverfahren mit der Unzuständigkeitserklärung des Schlichtungsausschusses oder Arbeitsgerichtes aus formellen Gründen insbesondere mangels Billigung des Einspruches durch die Betriebsvertretung endete.

5. Form der Einspruchsklage bei Kündigungen. Das Kaufmannsgericht Heidelberg hat in einer Entscheidung vom 10. 10. 24 eine Fristversäumnis gemäß § 86 des Betriebsrätegesetzes festgestellt, weil die Einspruchsklage keinen bestimmten Antrag enthielt. Der Kündigungseinspruch wird also nach diesem Urteil hinfällig, wenn nicht innerhalb der im § 86 des Betriebsrätegesetzes gesetzten Frist eine ordnungsmäßige Einspruchsklage mit einem bestimmten Klageantrag beim zuständigen Gericht eingebracht wird.

6. Notwendigkeit der Begründung der Einspruchsklage nach den §§ 84ff. des Betriebsrätegesetzes. Seitdem für die Entscheidung auf Grund von Kündigungseinsprüchen nach § 84ff. des Betriebsrätegesetzes an Stelle der Schlichtungsausschüsse die vorläufigen Arbeitsgerichte, also die Gewerbe- und Kaufmannsgerichte bzw. die Arbeitsrechtlichen Kammern der Schlichtungsausschüsse zuständig sind, finden auf das Einspruchsverfahren die Vorschriften der Zivilprozeßordnung und der Gewerbegerichtsordnung Anwendung. Daraus folgt, daß nach einer Entscheidung des Gewerbegerichts Berlin vom 8. 2. 24 und nach einer gleichen Entscheidung vom 15. Februar 1924 der Kündigungseinspruch hinfällig wird, wenn er nicht innerhalb der in den §§ 84ff. des Betriebsrätegesetzes gesetzten Ausschlußfristen mit ordnungsmäßiger Klagebegründung bei Gericht eingegangen ist. Es genügt also nicht, daß der einspruchserhebende Arbeitnehmer oder für ihn die Betriebsvertretung lediglich eine Verhandlung auf Grund des Einspruches beim zuständigen Gericht beantragt. Es muß vielmehr innerhalb der Ausschlußfrist in einer den Vorschriften der Zivilprozeßordnung entsprechenden Klageschrift genau angegeben werden, auf welche tatsächlichen Einzelgründe der Klageanspruch gestützt wird.

7. Unzulässigkeit nachträglicher Ergänzung eines mangelhaften Antrages nach § 86 des Betriebsrätegesetzes und Artikel III § 4

der Verordnung vom 30. Oktober 1923. In der Notiz XIII i 6 hatten wir an Hand einer Entscheidung des Gewerbegerichtes Berlin vom 8. Februar 1924 darauf hingewiesen, daß das Gewerbegericht, das Kaufmannsgericht oder die arbeitsrechtliche Kammer des Schlichtungsausschusses selbst beim Vorliegen der übrigen Voraussetzungen der §§ 84ff. des Betriebsrätegesetzes einem Kündigungseinspruche nicht stattgeben darf, wenn der Kläger nicht innerhalb der für die Einreichung des Einspruches beim Arbeitsgericht gesetzten Frist eine ordnungsmäßige, den Vorschriften der Zivilprozeßordnung entsprechende, ausreichend spezificierte Klagebegründung eingereicht hat.

Mit Urteil Nr. 57/1924 GGK 11 hat das Gewerbegericht der Stadt Berlin als Arbeitsgericht zutreffend entschieden, daß der Arbeitgeber sich auch auf eine nachträgliche Ergänzung eines mangelhaft begründeten Klageantrages nicht einzulassen braucht, sondern ohne weiteres und mit Erfolg Klageabweisung beantragen kann.

k) Welche Sonderbestimmungen gelten für die Entlassung von Betriebsvertretungsmitgliedern?

1. **Fristlose Entlassung von Betriebsvertretungsmitgliedern wegen aufhetzender Reden.** Mit Urteil vom 24. Juni 1924 hat das Berggewerbegericht Dortmund, Kammer Gelsenkirchen, die fristlose Entlassung eines Betriebsratsvorsitzenden wegen einer Rede aufhetzenden Inhalts an die Belegschaft für zulässig und rechtswirksam erklärt.

2. **Fristlose Entlassung wegen Angehörigkeit eines Betriebsvertretungsmitgliedes zu einem ungesetzlichen Aktions- oder Überwachungsausschuß.** Der Schlichtungsausschuß Groß-Berlin hat unter der Nummer A 11 921/23 entschieden, daß die Zugehörigkeit des Mitgliedes einer Betriebsvertretung zu einem ungesetzlichen Aktions- oder Überwachungsschuß einen wichtigen und ausreichenden Grund zur fristlosen Entlassung darstellt.

3. **Fristlose Entlassung von Betriebsratmitgliedern wegen Verdächtigung der Werksleitung oder höherer Werksangestellter.** Nach einer sorgfältig begründeten Entscheidung des Landgerichtes Köln vom 3. März 1924, Nr. 8 O 177/23, genießen Betriebsratmitglieder keineswegs in Ausübung ihrer Tätigkeit und der dabei gemachten Äußerungen eine Immunität wie die Abgeordneten der Volksvertretungen. Sie sind vielmehr in vollem Umfange zivil- und strafrechtlich für alle in Ausübung oder gelegentlich der Ausübung ihrer Aufgaben gemachten Äußerungen verantwortlich. Dementsprechend können Betriebsratmitglieder fristlos entlassen werden, die durch verdächtigende Äußerungen den guten Ruf oder die Autorität der Werksleitung oder höherer Werksangestellter gefährden,

sofern sie nicht in der Lage sind, nachzuweisen, daß die ausgesprochenen Verdächtigungen tatsächlich begründet sind.

4. Entlassung wegen Verletzung von Betriebsratspflichten. Das Landgericht Dresden vertritt im Urteil vom 19. Mai 1924 (s. »Gewerbe- und Kaufmannsgericht« 29, 12, S. 285) den Standpunkt, daß die Verletzung von Betriebsratspflichten nur dann eine fristlose Entlassung des Betriebsratsmitgliedes rechtfertigt, wenn die pflichtwidrige Ausübung des Betriebsratsamtes Charaktereigenschaften erkennen läßt, die sich mit der dienstlichen Stellung des Betriebsratsmitgliedes nicht vereinbaren und die Fortsetzung des Arbeitsverhältnisses für den Arbeitgeber als eine unbillige Zumutung erscheinen lassen.

5. Zustimmungsfreie Entlassung von Betriebsvertretungsmitgliedern auch bei Teilaussperrungen. Das Landgericht Dessau hat mit Urteil vom 25. Juli Nr. 2a S. 51/24 entschieden, daß auch bei teilweiser Betriebsstillegung, und zwar auch dann, wenn diese durch Aussperrung herbeigeführt wird, Betriebsvertretungsmitglieder ohne Zustimmung der Betriebsvertretung und ohne Ersatzzustimmung des Arbeitsgerichtes unter denselben Voraussetzungen wie die übrigen Arbeitnehmer des Betriebes entlassen werden können. Das Landgericht Dessau begründet dieses Urteilergebnis damit, daß § 96 Abs. 2, Ziffer 2 des Betriebsrätegesetzes auch bei teilweiser Betriebsstillegung anwendbar ist, und zwar ohne Rücksicht darauf, aus welchen Gründen die Stillegung erfolgt, und gleichgültig, ob etwa angenommen werden kann, daß erst durch die kampfweise Entlassung der Teilbelegschaft die teilweise Betriebsstilllegung herbeigeführt wird.

6. Rückwirkende Kraft der Ersatzzustimmung des Schlichtungsausschusses oder Arbeitsgerichtes zur Kündigung eines Betriebsvertretungsmitgliedes? Während bisher die überwiegende Rechtsauffassung und die Mehrzahl der Rechtsentscheidungen den § 97 des Betriebsrätegesetzes dahin auslegten, daß die vom Schlichtungsausschuß und vom jetzigen Arbeitsgericht ausgesprochene Ersatzzustimmung zur Kündigung eines Betriebsvertretungsmitgliedes rückwirkende Kraft hat, so daß also der Arbeitgeber die Kündigung eines Betriebsvertretungsmitgliedes vorbehaltlich der Zustimmung der Betriebsvertretung oder Ersatzzustimmung des Arbeitsgerichtes aussprechen kann, hat am 12. April 1924 unter der Nr. 5 U 5315/23 das Kammergericht Berlin entschieden, daß die Zustimmung des Schlichtungsausschusses bzw. des Arbeitsgerichtes zur Kündigung eines Betriebsvertretungsmitgliedes keine rückwirkende Kraft haben kann. Wenn auch dieses Urteil bedenklich ist, empfiehlt es sich doch, daß der Arbeitgeber sich möglichst vor Ausspruch der Kündigung, also möglichst rechtzeitig vor dem nächsten Kündigungstermin, der Ersatzzustimmung des Arbeitsgerichtes versichert.

7. Auch zustimmungsfreie befristete Kündigung von Betriebsratsmitgliedern beim Vorliegen eines wichtigen Grundes. Nach § 96 ff. des Betriebsrätegesetzes bedarf bekanntlich die Kündigung und Entlassung eines Betriebsvertretungsmitgliedes nicht der Zustimmung der Betriebsvertretung, wenn die Kündigung fristlos aus einem Grunde erfolgt, der nach dem Gesetz als sog. wichtiger Grund zur Abstandnahme von der Einhaltung der Kündigungsfrist berechtigt.

Nach einer Entscheidung des Gewerbegerichtes Hamburg vom 7. Dezember 1923 ist beim Vorliegen eines wichtigen, an sich zur fristlosen Entlassung berechtigenden Grundes die Zustimmung der Betriebsvertretung zur Kündigung auch dann nicht notwendig, wenn der Arbeitgeber aus irgendeinem Grunde in nachsichtiger, entgegenkommender Weise an Stelle der fristlosen Entlassung die befristete Kündigung ausspricht.

Eine solche Abschwächung der fristlosen Entlassung in befristete Kündigung ist besonders dann ratsam, wenn nicht einwandfrei feststeht, ob das Gericht das Vorliegen eines wichtigen Grundes anerkennt. Es kann nämlich dann die Zeit bis zum Ablauf der Kündigungsfrist zur Durchführung einer entsprechenden Feststellungsklage benutzt werden, ohne daß der Arbeitgeber Gefahr zu laufen braucht, bei ungünstigem Klageausgang trotz Unterbleibens der Arbeitsleistung den Lohn zahlen zu müssen.

8. Kein Kündigungsschutz der Wahlkandidaten durch § 96 BRG. Eine wohlbegründete Entscheidung des Gewerbegerichtes Berlin vom 22. VI. 1923 Nr. AZ. 468/1923 stellt fest, daß der Kündigungsschutz des § 96 des Betriebsrätegesetzes lediglich Arbeitnehmern zugute kommt, die bereits rechtsgültig und rechtskräftig zur Betriebsvertretung gewählt sind, nicht dagegen auch Arbeitnehmern, die lediglich auf einer Wahlliste stehen. Während der Vorbereitungen zu den bevorstehenden Betriebsratswahlen ist daher die Gültigkeit der Kündigung und Entlassung eines Wahlkandidaten nicht von der Zustimmung der Betriebsvertretung bzw. der Ersatzzustimmung des Arbeitsgerichtes abhängig. Die Kündigung stellt auch nur dann einen Verstoß gegen den § 95 des Betriebsrätegesetzes dar, wenn dieselbe ausschließlich und nachweislich erfolgte, weil der betreffende Arbeitnehmer auf einer Wahlliste als Betriebsvertretungsmitglied vorgeschlagen worden ist. Nach einer Entscheidung des Gewerbegerichtes Stuttgart vom 13. VI. 1923 beginnt auch der Entlassungsschutz des § 96 des Betriebsrätegesetzes nicht schon bei der Feststellung des Wahlergebnisses, sondern frühestens mit Schluß der durch den Aushang des Wahlergebnisses in Lauf gesetzten 14tägigen Anfechtungsfrist und auch dann nur, wenn die Wahl gültig und rechtskräftig ist.

(Weitere Entscheidungen siehe unter den Nummern XI, XIII, XVIII und XXII).

l) Welche Sonderbestimmungen gelten für die Entlassung von Schwerbeschädigten?

(Entscheidungen siehe unter der Nummer XV).

m) Welche Sonderbestimmungen gelten für Entlassungen bei Arbeitskämpfen?

(Entscheidungen siehe unter den Nummern XIII c u. XXII).

n) Welche Sonderbestimmungen gelten für Entlassungen bei Betriebsstillegungen und Betriebseinschränkungen?

1. Keine Ungültigkeit der Kündigung bei Verletzung des § 74 des Betriebsrätegesetzes. Nach § 74 des Betriebsrätegesetzes ist der Arbeitgeber verpflichtet, sich möglichst frühzeitig mit dem Betriebsrat oder mit dem Betriebsausschuß ins Benehmen zu setzen, wenn infolge Betriebseinschränkung die Entlassung einer größeren Zahl von Arbeitnehmern erforderlich wird. Aus dieser Gesetzesvorschrift folgert man in Arbeitnehmerkreisen die Ungültigkeit von Massenkündigungen, denen eine rechtzeitige Verständigung der Betriebsvertretung nicht vorausgegangen ist.

Nach einer Entscheidung des Berggewerbegerichtes Dortmund, Kammer Oberhausen, vom 22. Januar 1924 bedingt jedoch eine Nichtbeachtung des § 74 des Betriebsrätegesetzes keine Ungültigkeit von Massenkündigungen. Diese Entscheidung des Berggewerbegerichtes Dortmund vom 22. Januar 1924 steht im Einklang mit gleichlautenden Entscheidungen des 4. Zivilsenats des Oberlandesgerichtes Stettin vom 9. Juli 1923 Nr. 4 U 433/23, des Schlichtungsausschusses Oldenburg vom 16. November 1920, des Schlichtungsausschusses Düsseldorf vom 4. Oktober 1920, des Schlichtungsausschusses Groß-Berlin vom 15. Februar 1921 und vom 23. März 1921.

Nach diesen Urteilen stellt der § 74 des Betriebsrätegesetzes lediglich eine Ordnungsvorschrift dar, deren Verletzung Rechtsfolgen für den Arbeitgeber nicht nach sich zieht. Es sei bei dieser Gelegenheit darauf hingewiesen, daß der § 74 des Betriebsrätegesetzes keine eingehenden mündlichen Verhandlungen erfordert. Es genügt vielmehr nach einer Entscheidung des Kammergerichtes Berlin vom 27. Juni 1923, Nr. 8 U 4256/22/34, eine schriftliche Mitteilung an die Betriebsvertretung, in welcher darauf hingewiesen wird, daß zu einem bestimmten Zeitpunkt ein näher bezeichneter Teil der Belegschaft zur Entlassung kommen muß.

2. Weitere Entscheidungen siehe unter den Nummern XI u. XIII c.

o) Wie sind die Entlassungspapiere und Zeugnisse auszustellen?

1. Nennung von Entlassungsgründen im Zeugnis. Wenn der Arbeitnehmer die Ausdehnung seines Zeugnisses auf seine Leistung wünscht, ist der Arbeitgeber nach einer Entscheidung des Gewerbegerichtes Dessau vom 16. 5. 24 Nr. G 82 berechtigt, auch gegen den Willen des Arbeitnehmers den genauen Kündigungsgrund wahrheitsgemäß anzugeben.

2. Keine Verpflichtung des Arbeitgebers zur Angabe des Entlassungsgrundes im Zeugnisse. In einem zutreffenden Urteile vom 17. Dezember 1923 hat die Kammer 6 a des Gewerbegerichts Berlin festgestellt, daß es im freien Ermessen des Arbeitgebers steht, in ein Zeugnis, welches entsprechend der Forderung des Arbeitnehmers auf Führung und Leistung ausgedehnt werden soll, den Entlassungsgrund anzugeben oder nicht. Nach dem gleichen Urteil darf aber der Arbeitgeber gegen den Willen des Arbeitnehmers den Entlassungsgrund nicht angeben, wenn der Arbeitnehmer lediglich ein Zeugnis über die Art und Dauer seiner Tätigkeit, nicht jedoch auch ein Zeugnis über seine Leistungen und seine Führung während der Dauer des Dienstverhältnisses verlangt.

3. Keine Verpflichtung des Arbeitgebers zur Ausstellung einer Abgangsbescheinigung neben dem Zeugnis. Arbeitnehmer verlangen vielfach neben einem sich auf die Dauer des Arbeitsverhältnisses und die Leistung und Führung erstreckenden Zeugnisse eine Abgangsbescheinigung mit der Begründung, daß eine solche Bescheinigung nötig sei zur Erlangung von Erwerbslosenunterstützung oder zu ähnlichen Zwecken.

Zur Ausstellung solcher Bescheinigungen neben einem vollständigen Zeugnis, welches den gesetzlichen Erfordernissen entspricht, ist jedoch der Arbeitgeber nicht verpflichtet. Nach einer Entscheidung des Gewerbegerichtes Berlin, Kammer 6a, vom 17. Dezember 1923 braucht der Arbeitgeber auch nicht neben dem Zeugnis besonders zu bescheinigen, daß der Arbeitnehmer wegen Arbeitmangels entlassen ist. Er ist lediglich verpflichtet, gegebenenfalls auf Befragen dem zuständigen Arbeitsnachweis über die Gründe der Entlassung Auskunft zu geben.

4. Unzulässigkeit eines Zeugnisvermerkes, daß die Arbeiten „in der heutzutage üblichen Weise zufriedenstellend" erledigt seien. Das Kaufmannsgericht München hat in einer bemerkenswerten Entscheidung den Standpunkt vertreten, daß es unzulässig ist, in ein Zeugnis den einschränkenden Vermerk aufzunehmen, daß die Arbeiten nur »in der heutzutage üblichen Weise« zufriedenstellend erledigt worden sind

Selbst wenn der Arbeitgeber der Überzeugung ist, daß die Leistungen der Angestellten oder Arbeiter durchweg gegenüber früheren Jahren schlechter geworden sind, so darf er nach Ansicht des Kaufmannsgerichtes München ein solches allgemeines Werturteil nicht in einem Einzelzeugnisse zum Ausdruck bringen, weil darin nach der Urteilsbegründung eine unzulässige Benachteiligung des betreffenden einzelnen Angestellten liegt.

p) Welche Rechtsfolgen erwachsen aus verspäteter oder falscher Ausstellung von Entlassungspapieren und aus nachteiliger Auskunftserteilung?

1. Verpflichtung zum Schadenersatz bei verspäteter Aushändigung verlangter Zeugnisse. Der Arbeitgeber ist bekanntlich verpflichtet, bei Beendigung des Arbeitsverhältnisses dem entlassenen oder austretenden Arbeitnehmer auf Verlangen ein Zeugnis auszuhändigen. Einem entsprechenden Wunsche des Arbeitnehmers hat der Arbeitgeber mit tunlicher Beschleunigung nachzukommen. Kann der Arbeitgeber aus irgendeinem Grunde dem Wunsche nicht sofort entsprechen, so hat er das verlangte Zeugnis nach einer in Nr. 268 der »Rheinischen Zeitung« vom 14. November veröffentlichten Entscheidung des Kaufmannsgerichtes Köln dem Arbeitnehmer zuzustellen. Unterläßt er dies, so hat er dem Arbeitnehmer den Schaden zu ersetzen, den dieser nachweislich dadurch erleidet, daß er infolge Fehlens des Zeugnisses eine neue Arbeitsstelle nicht erlangen oder antreten kann. In diesem Falle kann sich der Arbeitgeber auch nicht damit entschuldigen, daß das Zeugnis zum Abholen bereit gelegen habe.

2. Keine Schadenersatzansprüche bei verspäteter Anforderung der Entlassungspapiere. An sich ist der Arbeitgeber dem Arbeitnehmer zum Schadenersatz verpflichtet, wenn er trotz Aufforderung es unterläßt, dem Arbeitnehmer die notwendigen Entlassungspapiere auszuhändigen und wenn diesem dadurch nachweislich Schaden erwächst. Wenn dagegen der Arbeitnehmer die Entlassungspapiere nicht anfordert, oder nach einmaliger Anforderung sich nicht wiederholt um die Arbeitspapiere bemüht und dadurch sein Interesse an denselben bekundet, so kann er nach einer im Kölner Tageblatt Nr. 485 vom 7. 11. 1924 veröffentlichten Entscheidung des Kaufmannsgerichtes Köln nicht nach einigen Monaten mit Aussicht auf Erfolg wegen verspäteter Aushändigung der Arbeitspapiere auf Schadenersatz klagen.

3. Schadenersatzverpflichtung wegen unrichtiger Angaben in Entlassungsbescheinigungen für die Erwerbslosenfürsorge. Gibt der Arbeitgeber in einer für Zwecke der Erwerbslosenfürsorge ausgestellten Entlassungsbescheinigung einen falschen Entlassungsgrund vorsätzlich oder fahrlässig an, so muß er nach einer Entscheidung des Gewerbegerichtes Hannover vom 26. Mai 1924 (siehe Gewerbe- und Kaufmannsgericht 1924, S. 267) dem Arbeitnehmer den Schaden ersetzen, den dieser dadurch erleidet, daß er auf Grund der falschen Angabe überhaupt nicht oder verspätet in den Genuß der Erwerbslosenunterstützung gekommen ist.

4. Zulässigkeit nachteiliger, wahrheitsgemäßer Auskunft über entlassene Arbeitnehmer. Das Gewerbegericht Berlin hat unter der Nummer 426/1924 am 22. Mai 1924 entschieden, daß ein Arbeitgeber nicht zum Schadenersatz verpflichtet ist, wenn er einem anderen Arbeitgeber auf Wunsch Auskunft über den Grund der Entlassung eines Arbeitnehmers wahrheitsgemäß gibt und dadurch die Einstellung des betreffenden Arbeitnehmers durch den anfragenden Arbeitgeber vereitelt.

q) Wann und in welcher Höhe ist eine Abfindungssumme zu zahlen?

1. Berechnung der Abfindungssumme nach einem Vielfachen des letzten tariflichen Monatsgehaltes. Nach einer in der Deutschen Arbeitgeber-Kartothek Karte Rechtsprechung XXXV veröffentlichten Entscheidung des Kaufmannsgerichtes der Stadtgemeinde Berlin vom 31. März 1924 ist es zulässig, die Höhe der Abfindungssumme des § 87 des Betriebsrätegesetzes statt in Zwölfteln des letzten Jahresarbeitsverdienstes auch in einem Vielfachen eines bestimmten tariflichen Monatsgehaltes festzulegen.

2. Zulässigkeit der Bemessung der Entschädigungssumme des § 87 des Betriebsrätegesetzes nach Monatsgehältern. Nach einem Urteil des Kaufmannsgerichtes der Stadtgemeinde Berlin Nr. 57/1924 Nr. 7 sind die jetzigen Arbeitsgerichte befugt, bei Kündigungseinsprüchen eine dem Arbeitgeber auferlegte Entschädigungssumme statt nach Zwölfteln des letzten Jahresarbeitsverdienstes auch nach einem Vielfachen des letzten Monatsverdienstes festzusetzen. Diese Ansicht ist vielumstritten. Die rechtliche Unzulässigkeit und Unwirksamkeit einer solchen Entscheidung wird beispielsweise in eingehender Begründung in Nr. 21 der Blätter für Arbeitsrecht von Dr. Grabert, Berlin, dargelegt.

3. Abfindungssumme beim Wechsel der Rechtsform des Unternehmens. Das Gewerbegericht Berlin hat mit Urteil vom 26. Februar 1924 entschieden, daß bei der Berechnung der Beschäftigungszeit für die dem Arbeitgeber gemäß § 87 des Betriebsrätegesetzes aufzuerlegende Entschädigung ein und dasselbe Unternehmen trotz Wechsels seiner Rechtsform als der gleiche Betrieb gilt. Wenn also eine Einzelfirma in eine Gesellschaft mit beschränkter Haftung oder eine

Aktiengesellschaft umgewandelt wird, können Arbeitnehmer, die von der Gesellschaft entlassen werden, verlangen, daß bei der Berechnung der Abfindungssumme im Falle einer unbilligen Kündigung die bei der Einzelfirma zurückgelegte Dienstzeit mit in Anrechnung gebracht wird.

r) Welche Zeit ist zum Aufsuchen einer neuen Stelle freizugeben?

1. Zeit zum Aufsuchen einer neuen Stellung. Nach den Bestimmungen des § 629 des BGB. hat der Arbeitgeber dem Arbeitnehmer nach der Kündigung eine angemessene Freizeit zum Aufsuchen einer neuen Stelle zu geben. Gemäß einer Entscheidung des Kaufmannsgerichtes Hamburg vom 23. 9. 24 darf der Arbeitnehmer sich die Zeit zum Aufsuchen einer neuen Stellung, jedoch nicht eigenmächtig, nach seinem Gutdünken nehmen, sondern er muß sich zu diesem Zwecke Urlaub erbitten. Nur wenn ihm dieser Urlaub grundlos dauernd abgeschlagen wird, kann er nötigenfalls nach Ansicht des Kaufmannsgerichtes Hamburg die Freizeit in angemessenen Grenzen selbst nehmen, ohne sich der Gefahr der fristlosen Entlassung wegen unbefugter Entfernung von der Arbeitsstelle auszusetzen.

s) Welche Rechtswirkungen haben Abfindungsquittungen?

1. Verzicht auf Kündigungseinspruch durch Unterzeichnung einer Ausgleichsquittung. Mit Urteil vom 28. Mai 1924, Nr. 897/24 K 11, hat das Gewerbegericht der Stadtgemeinde Berlin entschieden, daß durch die Erteilung einer vorbehaltlosen Ausgleichquittung bei oder nach der Entlassung der Arbeitnehmer auf alle weiteren Ansprüche gegen den Arbeitgeber, und zwar auch auf sein Einspruchsrecht auf Grund des Betriebsrätegesetzes verzichtet. Eine solche Verzichtswirkung nimmt das Gewerbegericht Berlin auch für den Fall an, daß der entlassene Arbeiter in dem Augenblicke, in dem er die Ausgleichsquittung unterschreibt, beim Arbeiterrat bereits Einspruch gegen seine Entlassung eingelegt hat.

Unter einer solchen Ausgleichsquittung versteht das Gewerbegericht Berlin eine Erklärung auf der Personalkarte oder auf einer sonstigen Unterlage, die der Arbeitnehmer bei der Empfangnahme seiner Papiere unterschreibt, und in der es u. a. heißt: »Gleichzeitig bescheinige ich, daß ich an obige Firma keinerlei Forderungen irgendwelcher Art mehr geltendzumachen habe.«

2. Keine Wirkung von Abfindungsquittungen auf künftige Ansprüche. Entsprechend der unter Nr. XIII s1 mitgeteilten Entscheidung des Gewerbegerichtes der Stadtgemeinde Berlin vom 28. Mai 1924 hat am 3. 10. 24 das Kaufmannsgericht Berlin unter dem Aktenzeichen 1848/24 entschieden, daß ein Angestellter, der beim Ausscheiden aus dem Dienste des Arbeitgebers eine Quittung des Inhalts unterzeichnet, daß er auf alle weiteren Ansprüche gegen den Arbeitgeber verzichte, keinerlei Ansprüche irgendwelcher Art auf Grund des Arbeitsvertrages gegen den Arbeitgeber mehr geltend machen kann.

Dagegen hat das Gewerbegericht Dresden in einem Urteil vom 19. 9. 24, Nr. VIII b, 559,2 entschieden, daß mit der Unterzeichnung einer solchen Quittung der Arbeitnehmer nur auf Ansprüche verzichtet, die bereits bei der Unterzeichnung bestanden und geltend gemacht werden konnten. Nach Ansicht des Gewerbegerichtes Dresden verzichtet der Arbeitnehmer durch die Unterzeichnung einer allgemeinen Abfindungsquittung, insbesondere mangels ausdrücklicher gegenteiliger Vereinbarung nicht auf künftige Ansprüche, die ihm dadurch erwachsen, daß nach der Unterzeichnung der Abfindungsquittung durch Verbindlichkeitserklärung eines Schiedsspruches oder eines Tarifvertrages rückwirkend die Löhne und Gehälter erhöht werden. Den gleichen Standpunkt wie dieses Urteil des Gewerbegerichtes Dresden nimmt ein Urteil des Landgerichtes Berlin I vom 10. 4. 24 (s. »Gewerbe- und Kaufmannsgericht«, 29. Jahrgang, Spalte 233) ein.

XIV. Schutz der Kinder, Jugendlichen und Frauen.

A. Einschlägige Gesetzesbestimmungen.

1.—6. Siehe die unter Nr. VIII A aufgeführten Gesetze.

7. Gesetz betr. Kinderarbeit in gewerblichen Betrieben vom 30. März 1903 (RGBl. S. 113).

XV. Schutz der Schwerbeschädigten.

A. Einschlägige Gesetzesbestimmungen.

1. Gesetz über die Beschäftigung Schwerbeschädigter vom 12. Januar 1923 (RGBl. S. 57).
2. Ausführungsverordnung zum Gesetz über die Beschäftigung Schwerbeschädigter vom 13. Februar 1924 (RGBl. I S. 73).
3. Betriebsrätegesetz vom 4. Februar 1920 (RGBl. S. 147).

B. Die wichtigsten Einzelfragen.

a) Wie weit ist der Arbeitgeber zur Neueinstellung von Schwerbeschädigten verpflichtet?

1. **Pflichtbeschäftigung Schwerbeschädigter.** Nach einer neuen Ausführungsverordnung zum Gesetz über die Beschäftigung Schwerbeschädigter vom 13. Februar 1924, die im Deutschen Reichsanzeiger Nr. 38 veröffentlicht ist, hat jeder Arbeitgeber, der über 20 bis einschließlich 50 Arbeitplätze verfügt, wenigstens einen Schwerbeschädigten zu beschäftigen. Arbeitgeber, die über mehr Arbeitplätze verfügen, haben auf je weitere 50 Arbeitplätze wenigstens einen weiteren Schwerbeschädigten zu beschäftigen. Ein Überschuß von 20 wird dabei vollen 50 gleichgerechnet.

Die Hauptfürsorgestelle ist nach der gleichen Verordnung berechtigt, zu bestimmen, daß jeder Arbeitgeber, der über mindestens 20 Arbeitplätze verfügt, bestimmte Arbeitplätze für Schwerbeschädigte zu reservieren hat, wenn diese Plätze sich für Schwerbeschädigte eignen und die Einstellung für den Arbeitgeber keine besondere Härte bedeutet. Zur Erfüllung dieser Beschäftigungspflicht kann der Arbeitgeber durch Bußen angehalten werden.

b) Wie weit genießen Schwerbeschädigte Sonderschutz bei Arbeitsstreckung und Betriebsstillegung?

1. **Wegfall des Sonderschutzes der Schwerbeschädigten bei Arbeitsstreckung und Betriebsstillegung.** In Übereinstimmung mit der herrschenden Meinung und einer Entscheidung des Kaufmannsgerichts Hamborn vom 13. Februar 1924 hat das Berggewerbegericht Dortmund, Kammer Süd Bochum, mit Urteil vom 26. Februar 1924 entschieden, daß bei Stillegung ganzer Betriebe auf Grund höherer Gewalt Schwerbeschädigte keinen Sonderschutz gegenüber anderen Arbeitnehmern genießen. Das

Berggewerbegericht Dortmund begründet diese Ansicht damit, daß die Vorschriften des § 12 des Gesetzes über die Beschäftigung der Schwerbeschädigten nur zu normalen Zeiten und bei normalen Betriebsverhältnissen angewandt werden können.

2. Kein unbedingter Anspruch auf 3-Monatsentschädigung der Schwerbeschädigten bei Betriebsstillegungen. § 16 des Schwerbeschädigtengesetzes bestimmt, daß die Hauptfürsorgestelle die Zustimmung zur Kündigung eines Schwerbeschädigten nicht versagen darf, wenn der Betrieb eines privaten Arbeitgebers nicht nur vorübergehend vollständig eingestellt oder wesentlich eingeschränkt wird und zwischen dem Tage der Kündigung und dem Tage, bis zu dem Gehalt oder Lohn weitergezahlt wird, mindestens drei Monate liegen.

Diese Bestimmung gibt dem Schwerbeschädigten nach einem Urteil des Gewerbegerichtes Erfurt vom 4. 2. 1924 (siehe Reichsarbeitsblatt Nr. 20, S. 387 vom 8. 10. 1924) kein Recht, in jedem Falle von der Hauptfürsorgestelle zu verlangen, daß die Zustimmung verweigert wird, wenn nicht nach der Kündigung der Lohn für drei Monate weitergezahlt wird. Der § 16 stellt vielmehr lediglich eine Schutzbestimmung zugunsten der Arbeitgeber dar und nimmt der Hauptfürsorgestelle nicht das Recht, aus Billigkeitsgründen in Fällen von Betriebsstillegungen dem Arbeitgeber die Kündigung von Schwerbeschädigten mit der normalen Frist von vier Wochen zu gestatten.

3. Werksbeurlaubung Schwerbeschädigter bei Betriebseinschränkungen und Betriebsstillegungen. Nach einer mit der herrschenden Meinung übereinstimmenden Entscheidung des Berggewerbegerichtes Dortmund, Kammer Essen, vom 12. 2. 1924 können Schwerbeschädigte bei Werksbeurlaubung ganzer Betriebsteile oder Arbeitnehmergruppen einen Sonderschutz nicht beanspruchen. Sie können also ohne Genehmigung der Hauptfürsorgestelle vom gleichen Tage ab werksbeurlaubt, d. h. unter Aufrechterhaltung des Arbeitsvertrages unter Einstellung der Lohnzahlung in die Erwerbslosenfürsorge beurlaubt werden, wie ihre nicht schwerbeschädigten Mitarbeiter. Es braucht also im Einzelfalle lediglich geprüft zu werden, ob nach den einschlägigen Vertrags- und Tarifvereinbarungen die Werksbeurlaubung überhaupt und von welchem Tage ab sie vertraglich zulässig ist. Bei der Wiederhereinnahme zur Arbeit nach Wiederaufnahme des Betriebes brauchen die Schwerbeschädigten auch nicht bevorzugt zu werden, sofern mindestens 2 vH Schwerbeschädigte wieder beschäftigt werden. Letzteres ist auch in einer Entscheidung des Berggewerbegerichtes Dortmund, Kammer Werden, vom 5. März 1924, Nr. II A 19/24 festgestellt worden.

4. Zustimmungsfreie Entlassung von Schwerbeschädigten bei Betriebsstillegungen. Mit zutreffender Begründung und mit richtigem

Ergebnis hat das Kaufmannsgericht Hamborn mit Urteil vom 13. Februar 1924 entschieden, daß bei Stillegung eines Werkes infolge höherer Gewalt, z. B. infolge Absatzmangels oder von Betriebsstörungen Schwerbeschädigte ohne Zustimmung der Hauptfürsorgestelle und unter den gleichen Voraussetzungen wie sonstige Arbeitnehmer entlassen werden können, da ja durch den Kündigungsschutz des Gesetzes betreffend die Beschäftigung Schwerbeschädigter das Recht des Arbeitgebers zur fristlosen Entlassung aus wichtigem Grunde nicht berührt wird.

Nimmt der Arbeitgeber den Betrieb wieder auf, so braucht er lediglich die im Gesetz vorgesehene Mindestzahl von Schwerbeschädigten wieder einzustellen und ist in der Auswahl der wieder einzustellenden Schwerbeschädigten frei.

5. Kein Sonderschutz der Schwerbeschädigten bei Arbeitstreckung. In der Karte »Arbeitstreckung: 3. Einzelfragen« der Auskunftei des Arbeitsrechtes vom 5. 5. 1924 vertritt Herr Oberregierungsrat Dr. Häusner als zuständiger Referent des Reichsarbeitsministeriums die meines Erachtens zutreffende Ansicht, daß bei der Arbeitsstreckung Schwerbeschädigte keine Sonderstellung einnehmen. Schwerbeschädigte können also insbesondere bei der Arbeitstreckung nicht etwa auf Grund des § 13 des Schwerbeschädigtengesetzes vom 12. Januar 1923 verlangen, daß ihnen gegenüber die Streckung mindestens vier Wochen vorher angekündigt wird. Schwerbeschädigte müssen sich vielmehr die Lohnkürzung bei Arbeitstreckung von demselben Zeitpunkte ab gefallen lassen, wie auch die übrigen Arbeitnehmer des gleichen Betriebes, sofern die vertraglichen oder tarifvertraglichen Kündigungsfristen die gleichen sind.

(Weitere Entscheidungen siehe unter Nr. XI).

c) Wie weit genießen Schwerbeschädigte Sonderschutz bei Arbeitskämpfen?

1. Kein Sonderschutz der arbeitswilligen Schwerbeschädigten bei Streiks. Das Gewerbegericht Köln hat in einer in der Entscheidungssammlung »Betriebsstillegung und Betriebseinschränkung« von A. Rose, S. 93, veröffentlichten Entscheidung den Standpunkt vertreten, daß während einer durch Streik herbeigeführten Betriebsstillegung Schwerbeschädigte, deren Dienste der Arbeitgeber nicht in Anspruch genommen hat, selbst dann keinen Anspruch auf Lohn haben, wenn sie nachweislich nicht mitstreiken wollten und ihre Dienste dem Arbeitgeber ausdrücklich angeboten haben.

2. Kein Lohnanspruch arbeitswilliger Schwerbeschädigter während eines Teilstreiks. In Übereinstimmung mit dem bekannten vielumstrittenen Urteil des Reichsgerichtes vom 26. 2. 1923, (s. RG 106, 272) vertritt auch das Landgericht Altona in einem

Urteil Nr. P 5, S. 317/22 (s. »Blätter für Arbeitsrecht«, Nr. 24, vom 26. 10. 1924) den wohl als zutreffend anzusehenden Standpunkt, daß der Arbeitgeber nicht verpflichtet ist, für die Dauer der Betriebsstillegung Schwerbeschädigte weiter zu entlohnen, wenn er infolge der durch den Streik herbeigeführten Betriebsstillegung die Dienste der Schwerbeschädigten nicht in Anspruch nehmen kann.

3. Kein Sonderschutz der Schwerbeschädigten bei Aussperrungen. Gemäß einer Entscheidung des Gewerbegerichts Hannover vom 12. Mai 1924 können bei Aussperrung Schwerbeschädigte den Sonderschutz des Schwerbeschädigtengesetzes nicht in Anspruch nehmen. Sie können vielmehr mit denselben Fristen wie die übrigen Arbeitnehmer ohne Zustimmung der Hauptfürsorgestelle entlassen werden und haben nur ein Recht auf bevorzugte Wiedereinstellung, sofern sie nicht durch ihr Verhalten vor der Aussperrung dem Arbeitgeber einen wichtigen Grund zur fristlosen Entlassung gegeben haben. Denselben Standpunkt vertritt eine Entscheidung des Gewerbegerichts Hamburg vom 16. April 1924, Nr. 461/1924.

d) Wie weit genießen Schwerbeschädigte Sonderschutz nach Arbeitskämpfen?

1. Kein Schutz der Schwerbeschädigten durch § 13, Absatz 3 des Schwerbeschädigtengesetzes bei verunglückten Versuchen, einen Streik herbeizuführen. Nach § 13, Absatz 3 des Schwerbeschädigtengesetzes können bekanntlich Schwerbeschädigte, die lediglich aus Anlaß eines Streikes entlassen worden sind, sofortige Wiedereinstellung nach Beendigung des Arbeitskampfes verlangen.

Da durch diese Schutzbestimmung Schwerbeschädigte vor dauernden Rechtsnachteilen nur für den Fall geschützt werden sollen, daß sie gewissermaßen durch die Mehrheit der Arbeitnehmerschaft mehr oder weniger moralisch gezwungen worden sind, sich dem Streik anzuschließen, kommt dieser Sonderschutz des § 13 des Schwerbeschädigtengesetzes nach einer Entscheidung des Landgerichtes Bremen vom 9. April 1924 nur Schwerbeschädigten zugute, die ohne eigenes aktives Hervortreten in einen regelrechten Streik durch die Mehrheit des Betriebes mit hineingezogen worden sind, nicht jedoch auch Schwerbeschädigten, die entlassen worden sind, weil sie vor Ausbruch eines Streikes sich in passiver Resistenz einer Minderheit der Belegschaft angeschlossen und zusammen mit dieser Minderheit vergeblich versucht haben, einen Streik herbeizuführen.

2. Kein unbedingter Wiedereinstellungsanspruch Schwerbeschädigter nach Streikbeilegung. In Übereinstimmung mit den unter Nr. XV bereits angeführten Entscheidungen hat auch das

Gewerbegericht Hannover mit Urteil vom 14. Juli 1924 Nr. C 344/24 entschieden, daß der Arbeitgeber trotz der grundsätzlichen Verpflichtung zur Wiedereinstellung von Schwerbeschädigten nach Beilegung von Arbeitskämpfen nicht gehalten ist, solche Schwerbeschädigte wieder einzustellen, die sich als Hetzer zum Streik hervorgetan haben. Nach Ansicht des Gewerbegerichts Hannover will der § 313 Abs. 3 des Schwerbeschädigtengesetzes nach Arbeitskämpfen nur solche Schwerbeschädigte besonders schützen, die selbst vor den Arbeitskämpfen und während derselben arbeitswillig gewesen sind und nur durch den Beschluß der Mehrheit der Belegschaft zur Niederlegung der Arbeit mit gezwungen worden sind. Dagegen will nach der zutreffenden Ansicht des Gewerbegerichts Hannover das Schwerbeschädigtengesetz den Schwerbeschädigten kein Privileg einräumen, das ihnen gestattet durch aktive Beteiligung an den Arbeitskämpfen den Arbeitgeber zu schädigen.

3. Nur beschränkte Wiedereinstellung von Schwerbeschädigten nach Streikbeendigung. In Übereinstimmung mit den unter Nr. XV. Bc 1 ff angeführten Entscheidungen hat das Gewerbegericht Hannover mit Urteil vom 24. Juli 1924 entschieden, daß nach § 13 Abs. 3 des Schwerbeschädigtengesetzes nur solche Schwerbeschädigte bei Streikbeendigung die Wiedereinstellung verlangen können, welche während des Streikes arbeitswillig waren oder ohne ihr Zutun in den Streik verwickelt worden sind. Nach dieser zutreffenden Ansicht haben dagegen Schwerbeschädigte, die durch die Art ihrer Beteiligung am Streik dem Arbeitgeber einen wichtigen Grund zur fristlosen Entlassung gegeben haben, kein Recht auf Wiedereinstellung.

4. Kein Schutz der Schwerbeschädigten nach wildem Streik. Nach einem Urteil des Gewerbegerichtes der Stadtgemeinde Berlin Nr. R 957/60/1923 K 3 können Schwerbeschädigte, die wegen Teilnahme an einem wilden Streik fristlos entlassen worden sind, nicht die Wiedereinstellung auf Grund des § 13, Absatz 3 des Schwerbeschädigtengesetzes nach der Streikbeendigung verlangen.

5. Kein Wiedereinstellungseinspruch von Schwerbeschädigten, die Mitarbeiter zum Streik aufgefordert haben. In einem Urteil vom 21. März 1924, Nr. 1879/24, hat die Kammer 11 des Gewerbegerichtes Berlin entschieden, daß Schwerbeschädigte, die bei einem Streik Mitarbeiter zum Vertragsbruch verleiten, nach Abschluß des Streiks nicht wieder eingestellt zu werden brauchen.

In dem fraglichen Falle hatte ein Schwerbeschädigter eine Mitarbeiterin unter Bedrohung veranlaßt, sich unter Vertragsbruch an einem Streik zu beteiligen.

In der Urteilsbegründung führt das Gewerbegericht Berlin aus, daß ein Schwerbeschädigter nach Abschluß eines Streiks auf Grund des § 13 des Schwerbeschädigtengesetzes die Wiedereinstellung nur dann verlangen kann, wenn es sich um einen organisierten, allgemeinen Streik handelt, und wenn der Schwerbeschädigte nicht durch sein Verhalten vor oder nach dem Streike oder während desselben persönlich einen wichtigen Grund zur fristlosen Entlassung gegeben hat. Diese Voraussetzung war in dem dem Urteile zugrunde liegenden Falle nicht erfüllt, weil der betreffende Schwerbeschädigte durch die Verleitung einer Mitarbeiterin zum Vertragsbruch sich eines Verstoßes nach § 123, Ziffer 7, der Gewerbeordnung schuldig gemacht hat. Der Wiedereinstellungsanspruch besteht eben grundsätzlich nur, wenn der Schwerbeschädigte sich einem Mehrheitsbeschluß der Belegschaft gefügt und sich ohne aktives Hervortreten der Arbeitsniederlegung angeschlossen hat.

6. Wiedereinstellungsanspruch von Schwerbeschädigten trotz aktiver Beteiligung am Arbeitskampfe. Im Gegensatz zu den unter Nr. XV Bd angeführten Entscheidungen stellte sich das Landgericht I Berlin mit Urteil vom 3. März 1924, Nr. 23, S. 190/23 auf den Standpunkt, daß nach Beilegung eines Arbeitskampfes auf Grund des § 13 Abs. 3 des Schwerbeschädigtengesetzes vom 12. Januar 1923 alle streikentlassenen Schwerbeschädigten ein Recht auf Wiedereinstellung haben, und zwar ohne Rücksicht darauf, ob und wie weit sie sich aktiv an den Arbeitskämpfen beteiligt haben und auch dann, wenn sie sich durch Hetzen zum Streik hervorgetan haben.

7. Kein Wiedereinstellungsanspruch Schwerkriegsbeschädigter bei freiwilligem Anschluß an einen Streik. Nach § 13 Abs. 3 des Schwerbeschädigtengesetzes ist der Arbeitgeber nach Abschluß eines Arbeitskampfes verpflichtet, Schwerbeschädigte, denen lediglich aus Anlaß eines Streiks oder einer Aussperrung fristlos gekündigt ist, wieder einzustellen.

Diese Bestimmung will die Schwerbeschädigten schützen, die lediglich unter dem Drucke ihrer Mitarbeiter in einen Streik eingetreten sind, und verhüten, daß Schwerbeschädigte durch die Ausübung gewerkschaftlicher Solidarität um den ihnen vielfach nur mit großer Mühe von der Hauptfürsorgestelle beschafften Arbeitsplatz kommen.

Nach einem unter Berücksichtigung einer Auskunft des Reichsarbeitministers vom 27. Oktober 1923 am 8. November 1923 ergangenen Urteil des Gewerbegerichtes Berlin findet diese Bestimmung keine Anwendung, wenn es sich um einen Streik handelt, der weder von der Organisation noch von der Mehrheit der Belegschaft beschlossen ist und dem sich der Schwerbeschädigte vollkommen aus freien Stücken und ohne jeden Druck seitens seiner Mitarbeiter angeschlossen hat. In solchen Fällen kann vielmehr nach dem vorerwähnten Urteil die Entlassung unter Wegfall des Wiedereinstellungsanspruches nach § 13 ohne Zustimmung der

Hauptfürsorgestelle fristlos vom Arbeitgeber ausgesprochen werden, da die Teilnahme am Streik ein unbefugtes Verlassen der Arbeit und somit einen Grund zur fristlosen Entlassung nach § 123 GewO. darstellt. (Urteil des Gewerbegerichtes Berlin vom 8. Nov. 1923 Nr. 957, 60, 1923/K/3/1.)

(Weitere Entscheidungen siehe unter Nummer XIII und XXII.)

e) Wie weit genießen Schwerbeschädigte Sonderschutz bei Änderung der Arbeitsbedingungen?

1. Zustimmung der Hauptfürsorgestelle ist zur Änderung der Arbeitsbedingungen eines Schwerbeschädigten nicht erforderlich. Nach einem Urteil des Kaufmannsgerichtes Plauen vom 21. Mai 1924, Nr. Z. Kg. 32/34 (veröffentlicht im Schlichtungswesen, 6. Jahrg., Heft 8, S. 143) ist zur Änderung der Bedingungen des Arbeitsvertrages eines Schwerbeschädigten die Zustimmung der Hauptfürsorgestelle nicht erforderlich. Demgemäß kann der Arbeitgeber also auch ohne Zustimmung der Hauptfürsorgestelle den mit einem Schwerbeschädigten abgeschlossenen Dienst- oder Arbeitsvertrag aufkündigen, wenn durch die Aufkündigung das Arbeitsverhältnis nicht beendigt, sondern dem Arbeitgeber nur die Möglichkeit gebracht werden soll, vom Ablauf der Kündigungsfrist ab die Arbeitsbedingungen zu ändern.

2. Kein fristloser Dienstaustritt von Schwerbeschädigten wegen Unzufriedenheit mit ihrem Gehalt. Nach einer Entscheidung des Kaufmannsgerichtes Bremen vom 7. August 1923, die im »Gewerbe- und Kaufmannsgericht«, 29. Jahrg., Heft 1, Spalte 15, veröffentlicht wird, können Schwerbeschädigte nicht deshalb einseitig fristlos gegen den Willen des Arbeitgebers vom Arbeitsvertrage zurücktreten, weil sie mit dem vom Arbeitgeber für sie festgesetzten Gehalt unzufrieden sind. Im Falle der Unzufriedenheit mit der Gehaltsfestsetzung steht ihnen vielmehr entweder das Recht der Beschwerde bei der Hauptfürsorgestelle oder das Recht zu, den Arbeitsvertrag mit der normalen für ihren Dienstvertrag vorgesehenen Kündigungsfrist aufzukündigen.

3. Rücksichtnahme auf Schwerbeschädigte bei Genehmigung verlängerter Arbeitzeit. Ein im Reichsarbeitsblatt Nr. 9, S. 161, vom 1. Februar 1924 veröffentlichtes Rundschreiben des Reichsarbeitsministers vom 17. April 1924 weist die Gewerbeaufsichtsbeamten an, bei der Überwachung der Arbeitzeitregelung und bei Genehmigung von Überschreitungen des Achtstundentages dem Schutz der Kriegsbeschädigten, insbesondere der Kriegsblinden und der Kriegerwitwen, die neben ihrer Arbeit im Betriebe noch kleine Kinder zu versorgen haben, besondere Aufmerksamkeit zuzuwenden, weil für diese eine Überschreitung der achtstündigen Arbeitzeit viel schwerer ins Gewicht falle wie für andere Arbeitnehmer.

f) Ist auch bei Entlassung eines Schwerbeschädigten nach Ablauf der Probezeit die Zustimmung der Hauptfürsorgestelle notwendig?

1. Genehmigungsfreie Kündigung von Schwerbeschädigten nach Ablauf der Probezeit. Das Landgericht I Berlin, Zivilkammer 11, hat nach einer im Gewerbe- und Kaufmannsgericht, 29. Jahrg., Heft 10, Spalte 239, veröffentlichten Entscheidung festgestellt, daß der Arbeitgeber berechtigt ist, einen »auf Probe« eingestellten Schwerbeschädigten nach Ablauf der Probezeit ohne Genehmigung der Hauptfürsorgestelle zu entlassen.

Mit Rücksicht auf die Schwierigkeit, die Genehmigung der Hauptfürsorgestelle zur Kündigung eines Schwerbeschädigten zu erhalten, empfiehlt es sich daher, bei Neueinstellung von Schwerbeschädigten, deren Arbeitseifer man noch nicht kennt, eine angemessene Probezeit zu vereinbaren.

2. Zustimmungsfreie Entlassung auf Probe angestellter Schwerbeschädigter. Mit zutreffender Begründung hat das Landgericht I Berlin nach einer weiteren in der Zeitschrift »Handel und Industrie, München« vom 27. Sept. 1924, veröffentlichten Entscheidung den Standpunkt vertreten, daß ein auf Probe angestellter Schwerbeschädigter nach Ablauf der Probezeit ohne Genehmigung der Hauptfürsorgestelle entlassen werden darf, da zur Entlassung bei Ablauf der Probezeit gemäß § 620, Abs. 1, des Bürgerlichen Gesetzbuches eine Kündigung nicht erforderlich ist und die Zustimmung der Hauptfürsorgestelle im Schwerbeschädigtengesetz als Voraussetzung der befristeten Kündigung, nicht jedoch als Voraussetzung jeder gültigen Entlassung vorgesehen ist.

Damit der Arbeitgeber jedoch in der Lage ist, einen auf Probe angestellten Schwerbeschädigten ohne Zustimmung der Hauptfürsorgestelle wieder zu entlassen, ist es notwendig und zweckmäßig, eine feste, nicht allzulang befristete Probezeit zu vereinbaren und die Entlassung bei Nichteignung auch prompt zum Ablauf der Probezeit auszusprechen. Sollte nach Ablauf der Probezeit ein endgültiges Urteil über die Leistungsfähigkeit und die Möglichkeit der Weiterbeschäftigung noch nicht abgegeben werden können, so empfiehlt es sich, eine bestimmt befristete Verlängerung der Probezeit unter Zeugen oder schriftlich zu vereinbaren.

g) Ist Kenntnis des Arbeitsgebers von der Schwerbeschädigten-Eigenschaft Voraussetzung für den Kündigungssonderschutz?

1. Unkenntnis der Schwerbeschädigteneigenschaft bei Einstellungen. Nach einem Urteil des Landgerichtes Göttingen vom

6. Febr. 1924, veröffentlicht in der Neuen Zeitschrift für Arbeitsrecht IV, 6, S. 376, ist das Schwerbeschädigtengesetz auch dann anwendbar und der Arbeitgeber auch dann den Kündigungsbeschränkungen dieses Gesetzes unterworfen, wenn er beim Abschluß des Arbeitsvertrages die Schwerbeschädigteneigenschaft des Eingestellten nicht gekannt hat.

Wenn der Schwerbeschädigte jedoch die Tatsache der Schwerbeschädigung arglistig verschwiegen hat und der Arbeitgeber sie nicht vor der Einstellung erkennen mußte, kann der Arbeitgeber den Arbeitsvertrag nach den §§ 119 und 123 des Bürgerlichen Gesetzbuches wegen Irrtums bzw. wegen arglistiger Täuschung anfechten, nur muß er dies unverzüglich tun.

2. Entlassung wegen Verschweigens einer Schwerbeschädigung. Verschweigt ein Arbeitnehmer bei seiner Bewerbung und beim Abschluß des Dienstvertrages eine Beschädigung, und beeinträchtigt diese seine Arbeitsfähigkeit wesentlich, so kann der Arbeitgeber gemäß §§ 119 Absatz 2 des BGB. den Arbeitsvertrag wegen Irrtums über verkehrswesentliche Eigenschaften des Arbeitnehmers (d. h. wegen Irrtums über seine Arbeitsfähigkeit) anfechten. Die Anfechtung muß unverzüglich, d. h. ohne schuldhaftes Zögern erfolgen, sobald der Arbeitgeber von der Beschädigung und der durch sie bedingten Beeinträchtigung der Arbeitsfähigkeit Kenntnis erhält. Voraussetzung ist jedoch, daß die Art der Beschädigung nicht so offen zutage trat, daß der Arbeitgeber oder sein Vertreter sie beim Abschluß des Arbeitsvertrages erkennen mußte (vgl. Entscheidung des Gewerbegerichtes Hannover vom 13. Dezember 1923, C 516/23).

3. Kein Kündigungssonderschutz der Schwerbeschädigten, deren Schwerbeschädigteneigenschaft der Arbeitgeber bei der Einstellung nicht gekannt hatte. In der Notiz XV Bg 1 hatten wir ein Urteil des Landgerichtes Göttingen vom 6. Februar 1924 bekanntgegeben, nach welchem Schwerbeschädigte auch dann nur mit Zustimmung der Hauptfürsorgestelle mangels Vorliegens eines wichtigen Grundes entlassen werden können, wenn der Arbeitgeber die Schwerbeschädigteneigenschaft bei der Einstellung nicht gekannt hat.

Im Gegensatz hierzu hat neuerdings das Gewerbegericht Werder a. d. Havel in Übereinstimmung mit einem Urteil des Landgerichtes Potsdam vom 7. Januar 1923 (veröffentlicht in der Juristischen Wochenschrift, Jahrgang 23, S. 247) entschieden, daß ein Schwerbeschädigter diesen Sonderschutz nicht genießt, wenn der Arbeitgeber die Schwerbeschädigteneigenschaft bei der Einstellung nicht gekannt hat und nicht zu erkennen in der Lage war.

Bei diesen Widersprüchen in der Rechtsprechung empfiehlt es sich, die Arbeitnehmer bei der Einstellung einen Vermerk in der Personalkarte des Inhaltes unterzeichnen zu lassen, ob und wie weit sie Schwerbeschädigte sind und den Arbeitsvertrag sofort wegen arglistiger Täuschung anzufechten, wenn der Schwerbeschädigte hierbei falsche Angaben gemacht hat und sich herausstellt, daß die Schwerbeschädigung seine Arbeitsfähigkeit wesentlich beeinträchtigt.

h) Welche Vorschriften gelten für die Erteilung der Kündigungszustimmung durch die Hauptfürsorgestelle?

1. Vorhandensein eines anderen Arbeitsplatzes ist nicht Vorbedingung für Zustimmung der Hauptfürsorgestelle zur Kündigung eines Schwerbeschädigten. Nach § 13 des Schwerbeschädigtengesetzes vom 12. 1. 1923 (Reichsgesetzblatt I, S. 57) hat die Hauptfürsorgestelle ihre Zustimmung zur Kündigung eines Schwerbeschädigten zu erteilen, wenn dem Schwerbeschädigten ein anderer angemessener Arbeitsplatz gesichert ist. Dies bedeutet nach einer Entscheidung des Gewerbegerichtes Erfurt vom 4. 2. 1924 nicht etwa, daß die Hauptfürsorgestelle nur dann die Zustimmung erteilen darf, wenn ein anderer Arbeitsplatz für den zu kündigenden Schwerbeschädigten gesichert ist, sondern daß in diesem Falle die Hauptfürsorgestelle unter allen Umständen verpflichtet ist, die Zustimmung zu erteilen. Also auch dann, wenn ein neuer Arbeitsplatz nicht gesichert ist, kann die Hauptfürsorgestelle nach freiem Ermessen die Zustimmung zur Kündigung erteilen.

2. Kein Nachprüfungsrecht der Gerichte gegenüber Zustimmungserklärungen der Hauptfürsorgestelle zur Kündigung der Schwerbeschädigten. Mit Urteil vom 4. Februar 1924 (veröffentlicht in Nr. 20 des Reichsarbeitsblattes, S. 387, Pos. 8, 10, 24) entschied das Gewerbegericht Erfurt, daß Zustimmungserklärungen der Hauptfürsorgestelle, gleichgültig, ob sie schriftlich oder mündlich und aus welchen Gründen sie abgegeben worden sind, der Nachprüfung durch das Gericht nicht unterliegen. Nach der Urteilsbegründung sind die Gerichte insbesondere nicht befugt, eine von der Hauptfürsorgestelle abgegebene Zustimmungserklärung deshalb für unwirksam zu erklären, weil die Zustimmungserklärung sachlich ungerechtfertigt erscheint.

i) Wie weit kann der Schwerbeschädigte auf seine Sonderrechte verzichten?

1. Verzicht auf die Rechte aus dem Schwerbeschädigtengesetz durch die Aufnahme der Arbeit in einem anderen Betriebe. Nach dem Schwerbeschädigtengesetz ist mangels Vorliegens eines wichtigen Grundes die Kündigung eines Schwerbeschädigten ohne Zustimmung der Hauptfürsorgestelle im allgemeinen rechtlich unwirksam. Der Schwerbeschädigte kann daher trotz der Kündigung und der nicht genehmigten Entlassung auf Fortzahlung des Lohnes klagen. Voraussetzung ist jedoch, daß er seine Dienste dem Arbeitgeber weiterhin zur Verfügung stellt. Wenn er dagegen in einem anderen Betriebe in Arbeit tritt und dort längere Zeit in Tätigkeit gestanden hat, kann er solche Lohnansprüche auch dann nicht mehr stellen, wenn er diese letztere Arbeitsstelle wieder aufgeben muß, weil er durch den Antritt einer neuen Arbeitsstelle in die Kündigung eingewilligt und seinen Verzicht auf die Rechte aus dem Schwerbeschädigtengesetz erklärt hat.

2. Verlust des Entschädigungsanspruches bei Antritt einer anderen Stellung Das Gewerbegericht Staßfurt entschied am 24. 6. 24 unter der Nr. GS 25/1924, daß Schwerbeschädigte, die ohne Zustimmung der Hauptfürsorgestelle entlassen worden sind, ihre Lohnansprüche gegenüber dem früheren Arbeitgeber verlieren, wenn sie eine andere Stellung antreten. Sie können in diesem Falle auch dann die Lohnansprüche gegenüber dem früheren Arbeitgeber nicht mehr einklagen, wenn sie die Stellung bei dem letzten Arbeitgeber aus irgendeinem Grunde wieder aufgeben müssen.

k) Sind Schwerbeschädigte verpflichtet, Notstandsarbeiten zu leisten?

1. Verpflichtung der Schwerbeschädigten zu Notstandsarbeiten. Wenn eine Arbeitsordnung ganz allgemein vorsieht, daß die Arbeitnehmer in Notfällen verpflichtet sind, vorübergehend auch andere Arbeit als die Vertragsarbeit zu übernehmen, so sind nach einem Urteil des Landgerichtes Berlin vom 23. 6. 24 (s. »Arbeitsrechtliche Beilage« der Mitteilungen der Vereinigung der deutschen Arbeitgeberverbände 24, Nr. 10, S. 48) auch Schwerbeschädigte zu derartigen Notstandsarbeiten verpflichtet, wenn und soweit sie ihnen nach der Schwere der Arbeit und nach ihrer Beschädigung zugemutet werden können.

l) Wie weit genießt der Schwerbeschädigten-Obmann Sonderschutz?

1. Kein Schwerbeschädigtenschutz eines nichtschwerbeschädigten Obmanns der Schwerbeschädigten. Das Gewerbegericht der Stadtgemeinde Berlin hat mit Urteil vom 23. Januar 1924, Nr. 36/24 N8, mit zutreffender Begründung entschieden, daß ein von den Arbeitern gewählter Obmann der Schwerbeschädigten, der selbst nicht schwerbeschädigt ist, den Kündigungssonderschutz des Schwerbeschädigtengesetzes nicht beanspruchen kann.

m) Welche Wirkung hat die Rentenzuerkennung?

1. **Die Rentenzuerkennung und Gleichstellung mit Schwerbeschädigten hat nur deklaratorische und keine konstitutive Bedeutung.** Nach einer in der neuen Zeitschrift für Arbeitsrecht, 4. Jahrgang, Heft 1, Spalte 58, veröffentlichten Entscheidung des Kammergerichtes vom 21. 10. 24 Nr. 8 U 7025/22 hat die Gleichstellung eines Schwerbeschädigten, für den eine Rente noch nicht festgesetzt ist, mit Schwerbeschädigten auf Grund des § 20, Abs. 1 des Schwerbeschädigtengesetzes keine konstitutive, sondern nur deklaratorische Bedeutung. Durch diese Gleichstellung wird nur festgestellt, daß der betreffende Arbeitnehmer von Anfang an einem Schwerbeschädigten gleichstand. Erfolgt also diese Gleichstellung nach Ausspruch einer Kündigung, jedoch noch vor Ablauf einer Kündigungsfrist, so wirkt sie auf den Ausspruch der Kündigung mit der Maßgabe zurück, daß die Kündigung mangels Vorliegens eines wichtigen Grundes und mangels Zustimmung durch die Hauptfürsorgestelle wirkungslos bleibt.

n) Ist die Entlassung eines Schwerbeschädigten nach § 124 a der Gewerbeordnung zulässig?

1. **Kündigung von Schwerbeschädigten aus wichtigem Grunde auch auf Grund des § 124a der Gewerbeordnung.** Während gewerbliche Arbeiter, die mit 14tägiger und kürzerer Kündigungsfrist eingestellt sind, mangels anderweitiger vertraglicher Vereinbarungen nur aus den im § 123 der Gewerbeordnung aufgeführten wichtigen Gründen fristlos entlassen werden können, besteht in der Literatur und Praxis bekanntlich Streit darüber, ob Schwerbeschädigte darüber hinaus auf Grund des § 124a der Gewerbeordnung aus sonstigen wichtigen Gründen fristlos entlassen werden können, weil bei ihnen auf Grund gesetzlicher Bestimmung die Mindestkündigungsfrist im allgemeinen 4 Wochen beträgt.

Mit Urteil vom 10. April 1924, Nr. 461/24, hat das Gewerbegericht Hamburg in eingehender Begründung den Standpunkt vertreten, daß Schwerbeschädigte tatsächlich auch aus anderen als im § 123 der Gewerbeordnung aufgezählten Gründen fristlos entlassen werden können. Das Gewerbegericht Hamburg stützt seine Ansicht im wesentlichen auf die Erwägung, daß nach dem Sinn und Zwecke der §§ 123 und 124a der Gewerbeordnung die Kündigung aus wichtigem Grunde nur dann auf die Fälle des § 123 der Gewerbeordnung beschränkt sein soll, wenn der Arbeitgeber in der Lage ist, mit kurzer Frist auch unter Einhaltung der vertraglichen und gesetzlichen Fristen das Arbeitsverhältnis zur Beendigung zu bringen, eine Voraussetzung, die bei Schwerbeschädigten nach den ihnen gesetzlich eingeräumten längeren Kündigungsfristen und Sonderschutzbestimmungen nicht zutrifft.

XVI. Wettbewerbsverbote und Kautionen.

A. Einschlägige Gesetzesbestimmungen.

1. Handelsgesetzbuch vom 10. Mai 1897 (RGBl. S. 219), insbesondere dessen §§ 60, 61, 74 ff. nebst den Abänderungsbestimmungen vom 2. Juni 1892, 12. Mai 1904, 30. Mai 1908 und 7. Januar 1913 (RGBl. S. 218, 168, 307, 90).
2. Bürgerliches Gesetzbuch vom 18. August 1896 (R.G.Bl. S. 195) insbesondere dessen §§ 336—345.
3. Gesetz gegen den unlauteren Wettbewerb vom 7. Juni 1909 (RGBl. S. 499).

B. Die wichtigsten Einzelfragen.

a) Wie weit ist Nebenbeschäftigung erlaubt?

1. Nebenbeschäftigung höherer Angestellter während der Dienstzeit. Das Elberfelder Landgericht hat vor kurzem entschieden, daß einem höheren Angestellten mangels ausdrücklicher einschlägiger Vertragsvereinbarungen nicht deshalb fristlos gekündigt werden kann, weil er »innerhalb seiner Dienststunden eine rege Privatkorrespondenz auch mit Konkurrenzfirmen unterhalten, sich dabei der Schreibmaschine der Beklagten und deren Angestellten, des Klägers Untergebenen, bedient hat«.

In der Urteilsbegründung vertritt das Elberfelder Landgericht die Auffassung, daß Angestellte in gehobener Stellung in gewissem Rahmen das Einverständnis ihrer Firma voraussetzen können, wenn sie Privatbriefe durch von der Firma bezahlte Kräfte schreiben lassen. Nach der Urteilsbegründung kann es höheren Angestellten »auch nicht zum Vorwurf gemacht werden, wenn sie zum Zwecke besseren Fortkommens mit anderen Firmen in Verbindung treten, wenn diese Korrespondenz keinen unerträglichen Umfang annimmt«.

Mit Rücksicht auf diese Entscheidung empfiehlt es sich, Mißbräuchen einschlägiger Art dadurch vorzubeugen, daß Nebenbeschäftigung und anderweitige Beschäftigung während der Dienststunden sowie private Benutzung des Bureaupersonals im Dienstvertrag ausdrücklich als unzulässig bezeichnet werden.

b) Wie sind Kautionen aufzuwerten?

1. Aufwertung von Kautionen. Nach zwei Urteilen des Kaufmannsgerichts Berlin vom 11. Januar und 1. Februar 1924 Nr. 968, 1923, und Nr. 1166/1923 müssen Kautionen, die bekanntlich nicht unter die Aufwertungsvorschriften der dritten Steuernotverordnung fallen, angemessen bei der Rückzahlung aufgewertet werden. Das Maß der Aufwertung hat nach diesen Urteilen das Gericht nach freiem Ermessen festzustellen. Bei der Feststellung des Aufwertungsmaßes soll das Gericht die sozialen und finanziellen Verhältnisse beider Parteien würdigen und insbesondere auch berücksichtigen, wie die Kautionsempfänger mit dem zur Kaution gegebenen Gelde tatsächlich gearbeitet hat und was der Kautionsgeber mit dem Gelde angefangen haben würde, wenn er seinerzeit keine Kaution zu stellen gehabt hätte.

2. Aufwertung und Verjährung der Ansprüche auf Rückzahlung von Kautionen. Das Kaufmannsgericht Hamburg verurteilte mit Urteil vom 28. April 1924 (Hanseatische Gerichtszeitung, Arbeitsrecht 1924, Nr. 27, S. 110) einen Arbeitgeber, eine bei ihm eingezahlte Kaution eines Angestellten mit 10 vH abzuwerten und entschied, daß Ansprüche aus dem Kautionsvertrage zwischen Arbeitgebern und Arbeitnehmern nicht schon in zwei Jahren nach Ablauf des Arbeits- oder Dienstverhältnisses verjähren, sondern der dreißigjährigen normalen Verjährung unterliegen, da es sich nicht um Ansprüche aus dem Arbeitsvertrage, sondern um selbständige Vereinbarungen handle, die den Regeln des Verwahrungsvertrages unterliegen.

XVII. Koalitionsfreiheit.

A. Einschlägige Gesetzesbestimmungen.

1. Reichsgewerbeordnung vom 26. Juli 1900 (RGBl. S. 871), insbesondere deren § 152.
2. Reichsverfassung vom 11. August 1919 (RGBl. 1383ff.), insbesondere deren Artikel 124 und 159.
3. Bürgerliches Gesetzbuch vom 18. August 1896 (RGBl. S. 195), insbesondere dessen §§ 71—79.

B. Die wichtigsten Einzelfragen.

a) Besteht nur Vereinigungsfreiheit oder auch Vereinigungszwang?

1. Kein Vereinigungszwang, nur Vereinigungsfreiheit. Die Reichsverfassung gewährleistet in ihrem Artikel 159 »für jedermann und für alle Berufe die Freiheit, sich zur Wahrung und Förderung der Arbeits- und Wirtschaftsbedingungen zu vereinigen«.

Es wird in der Literatur und in der Praxis vielfach behauptet, daß durch diese Verfassungsbestimmung lediglich die Vereinigungsfreiheit in positivem Sinne, also die Freiheit, sich einer beliebigen Vereinigung anzuschließen, nicht jedoch auch die Vereinigungsfreiheit in negativem Sinne, d. h. die Freiheit, sich von jeder Vereinigung fernzuhalten, geschützt werde.

Der Artikel 159 der Reichsverfassung kann sinn- und wortgemäß nur dahin ausgelegt werden, daß er die Vereinigungsfreiheit sowohl in positivem als auch in negativem Sinne umfaßt, weil sonst der Verfassungsschutz der Vereinigungsfreiheit auf einen gefährlichen Vereinigungszwang hinauslaufen und den terroristischen Gewerkschaften ein Mittel in die Hand geben würde, auch innerlich Widerstrebende mit allen Mitteln zum Beitritt zu zwingen.

Eine solche Auslegung des Artikels 159, wie sie von manchen Arbeitnehmern vertreten wird, wäre auch mit dem § 152 Abs. 2 der Gewerbeordnung und 81 und 84 des Betriebsrätegesetzes unvereinbar.

Nachdem das Reichsgericht sich bereits indirekt gegen die beanstandete Auslegung ausgesprochen hat, führt ein im Reichsarbeitsblatt Nr. 10, S. 184, abgedrucktes Urteil des Oberlandesgerichtes Jena ausdrücklich und eingehend aus, daß der Artikel 159 auch das Recht schützt, sich von jeder Vereinigung fernzuhalten.

b) Genießen auch Lehrlinge Koalitionsfreiheit?

1. **Unwirksamkeit von Organisierungsverboten für Lehrlinge.** Das Landgericht Bautzen hat unter der Nummer 4 Dg 39/22 entschieden, daß im Lehrvertrag der Beitritt des Lehrlings zu einer Berufsorganisation nicht rechtswirksam ausgeschlossen und mit Entlassung bedroht werden kann. In der Urteilsbegründung vertritt das Landgericht Bautzen den Standpunkt, daß auch Lehrlinge den Schutz des Artikels 159 der Reichsverfassung genießen.

Lehrverträge, die in einer besonderen Klausel den Beitritt des Lehrlings zu einer Berufsorganisation mit Entlassung bedrohen, hält das Landgericht Bautzen nur in bezug auf diese Klausel und nicht auch bezüglich des Gesamtvertrages für nichtig. Nach seiner Ansicht muß die Annahme der Nichtigkeit des ganzen Lehrvertrages selbst dann abgelehnt werden, wenn der Lehrvertrag offenbar nicht ohne diese Klausel abgeschlossen worden wäre. Nach seiner Ansicht würde die Annahme der Nichtigkeit des ganzen Lehrvertrages dem Sinne der Reichsverfassung widersprechen, weil dann der Lehrherr die Entlassung auf die Nichtigkeit des ganzen Vertrages stützen und damit doch den von ihm gewollten Zweck der Klausel erreichen könnte.

c) Kann auf Einhaltung von Satzungsbestimmungen geklagt werden?

1. **Aufhebung des § 152 der Gewerbeordnung durch Artikel 159 der Reichsverfassung.** In der viel umstrittenen Frage, ob durch den Artikel 159 der Reichsverfassung der § 152 der Gewerbeordnung in vollem Umfange aufgehoben worden ist, hat sich das Landgericht Potsdam im Urteil vom 20. März 1924 (veröffentlicht in der neuen Zeitschrift für Arbeitsrecht IV, 9, S. 567) im Gegensatz zu einem Urteil des Reichsgerichtes vom 22. Juni 1922 und einem Urteil des Kammergerichtes vom 22. Dezember 1921 auf den bejahenden Standpunkt gestellt. Nach Ansicht des Landgerichtes Potsdam steht daher den Arbeitgeber- und Arbeitnehmerverbänden heute gegenüber ihren Mitgliedern ein klagbares Recht auf Einhaltung der Verbandssatzungen und Verbandspflichten zu. Das Urteil ist besonders deshalb bedeutungsvoll, weil es sich eingehend mit der einschlägigen Literatur befaßt.

(Weitere Entscheidungen siehe unter Nummer XIX.)

d) Wie weit macht terroristisches Hinausdrängen von Mitarbeitern schadenersatzpflichtig?

1. **Schadenersatzpflicht der Betriebsvertretungsmitglieder wegen terroristischen Herausdrängens von Mitarbeitern.** In Übereinstim-

mung mit der Entscheidung des Reichsgerichts vom 8. November 1923 haben das Amtsgericht und das Landgericht in Zwickau am 15. Januar 1924 bzw. am 3. März 1924 unter den Aktenzeichen 2 Cg 581/23 und DG 28/24 entschieden, daß Betriebsvertretungsmitglieder dem entlassenen Mitarbeiter zum vollen Ersatz des ihm aus der Entlassung entstandenen Schadens verpflichtet sind, wenn sie sich aus irgendwelchen Gründen dazu verleiten lassen, vom Arbeitgeber die Entlassung eines nicht organisierten oder eines anders organisierten Mitarbeiters unter Streikandrohung zu verlangen.

Die Schadenersatzpflicht wird nach Ansicht der erkennenden Stellen schon dadurch und schon dann begründet, wenn der Vorsitzende oder ein Mitglied der Betriebsvertretung es übernimmt, einen derartigen Beschluß der Betriebsvertretung dem Arbeitgeber zu übermitteln. Der den Spruch übermittelnde Vorsitzende kann sich also nicht damit entschuldigen, daß er lediglich den Mehrheitsbeschluß überbracht habe. Jedes Mitglied hat vielmehr die Übermittlung als ungesetzlich abzulehnen.

2. Keine Schadenersatzansprüche kommunistischer Arbeitnehmer, die auf Grund von Streikandrohungen der nicht kommunistischen Belegschaftsangehörigen aus dem Arbeitsverhältnis herausgedrängt worden sind. Das Reichsgericht vertritt im allgemeinen (z. B. in einem Urteil des 6. Zivilsenates vom 6. 4. 1922) den Standpunkt, daß Betriebsvertretungsmitglieder und sonstige Arbeitnehmer, die durch Streikandrohungen die Entlassung nicht organisierter oder anders organisierter Mitarbeiter erzwingen, den herausgedrängten Arbeitnehmern gegenüber zum Schadenersatz verpflichtet sind.

In Abweichung von diesem Grundsatz hat das Reichsgericht jedoch mit Urteil vom 3. Mai 1924 Nr. IV 855/23 entschieden, daß eine solche Schadenersatzpflicht nicht gegeben ist, wenn Arbeitnehmer durch Streikandrohungen vom Arbeitgeber die Entlassung kommunistisch terroristischer Mitarbeiter erzwingen. Das Reichsgericht erblickt in der Erzwingung der Entlassung kommunistischer Mitarbeiter dann nur eine berechtigte Selbsthilfe, wenn zu befürchten steht, daß die kommunistischen Werksangehörigen nach Gewinnung größeren Anhanges ihre Macht benutzen, um die nicht kommunistische Mitarbeiterschaft zu terrorisieren.

XVIII. Betriebsvertretungen.

A. Einschlägige Gesetzesbestimmungen.

1. Betriebsrätegesetz vom 4. Februar 1920 (RGBl. S. 147).
2. Wahlordnung zum Betriebsrätegesetz vom 5. Februar 1920 (RGBl. S. 175).
3. Gesetz über die Betriebsbilanz und die Betriebs-Gewinn- und Verlustrechnung vom 5. Februar 1921 (RGBl. S. 159).
4. Gesetz über die Entsendung von Betriebsratsmitgliedern in den Aufsichtsrat vom 15. Februar 1922 (RGBl. S. 203).
5. Wahlordnung zum Gesetz über die Entsendung von Betriebsratsmitgliedern in den Aufsichtsrat vom 23. März 1922 (RGBl. S. 305).
6. Verordnung zur Ausführung des Betriebsrätegesetzes vom 24. Februar 1920 (RGBl. S. 259).
7. Verordnung zur Ausführung des Betriebsrätegesetzes vom 14. April 1920 (RGBl. S. 522).
8. Verordnung zur Ausführung des Betriebsrätegesetzes vom 5. Juni 1920 (RGBl. S. 1139).

B. Die wichtigsten Einzelfragen.

a) Wann und in welcher Größe sind Betriebsvertretungen zu errichten?

1. Betriebsratsneuwahlen. Nach der Verordnung vom 8. März 1923 gilt das Verbot der Neuwahlen zu den Betriebsvertretungen im besetzten Gebiet und im Einbruchsgebiet nur bis zum 31. März 1924. Nach einer Äußerung des Reichsarbeitsministeriums ist mit einer Verlängerung dieses Verbots nicht zu rechnen. Infolgedessen können im besetzten Gebiet und im Einbruchsgebiet nach dem 31. März ds. Js. Neuwahlen zu den Betriebsvertretungen ohne weiteres unter Beachtung der §§ 20—25 des Betriebsrätegesetzes und der Bestimmungen der Wahlordnung zum Betriebsrätegesetz stattfinden.

2. Keine Neuwahl der Betriebsvertretung beim Rücktritt der Kandidaten einzelner Vorschlagslisten. Im Gegensatz zu der wohl herrschenden Meinung hat das Gewerbegericht Chemnitz in einer

Entscheidung vom 16. 7. 24 die Ansicht vertreten, daß auch nach dem Rücktritt ganzer Vorschlagslisten keine vorzeitige Neuwahl des Betriebsrates anzuberaumen ist, wenn der Betriebsrat aus den übrigen Vorschlagslisten noch ausreichend besetzt werden kann. Das Gewerbegericht Chemnitz begründet diesen Standpunkt damit, daß es zu dauernden Beunruhigungen der Betriebe führen würde, wenn es der Minderheit in der Betriebsvertretung jederzeit möglich wäre, durch ihren Rücktritt und den Rücktritt der Ersatzmitglieder der gleichen Liste oder der Listen, denen die Zurücktretenden angehören, eine Neuwahl herbeizuführen.

Für die Richtigkeit dieser Ansicht spricht der Wortlaut des § 42, Absatz 2 des Betriebsrätegesetzes, demzufolge erst zu einer Neuwahl zu schreiten ist, wenn die Gesamtzahl der Betriebsratmitglieder und Ersatzmitglieder unter die vorschriftsmäßige Zahl der Betriebsratmitglieder sinkt. Gegen die Richtigkeit dieser Ansicht spricht der Wortlaut des § 40, Absatz 2 des Betriebsrätegesetzes, nach dem für ausscheidende Betriebsvertretungsmitglieder Ersatz nur aus der gleichen Vorschlagsliste zu entnehmen ist.

3. Erlöschen der Betriebsrateigenschaften bei Änderung der Arbeitsbedingungen. Das Gewerbegericht Beckum hat mit Urteil vom 26. II. 1924 entschieden, daß die Betriebsrateigenschaft erlischt, wenn der Gesamtbelegschaft eines Betriebes zu einem bestimmten Termine rechtmäßig und ordnungsmäßig gekündigt wird unter der gleichzeitigen Aufforderung zum Abschluß neuer Arbeitsverträge mit veränderten Arbeitsbedingungen.

Nach diesem Urteile erlischt also beispielsweise die Betriebsrateigenschaft sämtlicher Arbeiterratmitglieder eines Betriebes, wenn die mit den Arbeitern dieses Betriebes laufenden Dienstverträge zwecks Änderung der Arbeitsbedingungen zum 1. IV. 1924 ordnungsmäßig aufgekündigt werden, und zwar auch dann, wenn am 1. IV. neue Arbeitsverträge mit neuen Arbeitsbedingungen abgeschlossen werden. Die Betriebsrateigenschaft erlischt auch schon dann, wenn die Belegschaft sich am 1. IV. stillschweigend ohne Abschluß besonderer Arbeitsverträge nach Aufkündigung der alten Arbeitsbedingungen mit den neuen Arbeitsbedingungen einverstanden erklärt.

4. Keine selbständige Neuwahl des Angestelltenrates. Nach einem Beschlusse des Gewerbegerichtes Essen vom 23. Juni 1924 können gemäß § 18, Abs. 1, des Betriebsrätegesetzes in Verbindung mit § 24 der Wahlordnung die Mitglieder des Betriebs-, Arbeiter- und Angestelltenrates nur in gemeinsamer Wahl gewählt werden. Wenn sich also die Angestellten in einer ordnungsmäßig ausgeschriebenen und durchgeführten Betriebsratswahl aus irgendeinem Grunde nicht beteiligt haben, so kann der Betriebsrat nicht etwa durch Bestellung eines neuen Wahlvorstandes und durch Ausschreibung einer Nachwahl nur für die Angestellten diesen Gelegenheit geben, ihr Wahlrecht nachträglich auszuüben. Die Mitglieder des Betriebsrates gelten in einem solchen Falle vielmehr auch als Vertreter der Angestellten. Dagegen steht nichts im Wege, daß die sämtlichen Gewählten ihr Amt geschlossen niederlegen und dadurch eine Neuwahl sämtlicher Betriebs-, Arbeiter- und Angestelltenratsmitglieder ermöglichen. In diesem Falle müssen jedoch auch die gewählten Ersatzmitglieder mit zurücktreten.

5. Wegfall der Betriebsvertretung bei dauernder Verminderung der Arbeitnehmerzahl. Nach einem Urteil des Gewerbegerichtes Gotha vom 20. August 1924 Nr. 79, 81/24, hört an dem Tage, an dem die Arbeitnehmerzahl eines Betriebes dauernd unter 20 sinkt, die bisherige Betriebsvertretung auf zu bestehen. Nach der gleichen Entscheidung verliert ein Betriebsobmann sein Betriebsvertretungsamt an demselben Tage, an welchem die Arbeitnehmerzahl dauernd die Zahl 20 erreicht. Die Ansicht ist jedoch umstritten.

b) Welche Vorschriften sind bei der Betriebsvertretungswahl zu beachten?

1. Pflicht des Arbeitgebers zur Bestellung eines Wahlvorstandes zur Betriebsvertretungswahl. In einer im Jahrg. 29, Heft 9, S. 198, des Gewerbe- und Kaufmannsgerichtes veröffentlichten Entscheidung vom 9. Februar 1924 vertritt das Gewerbegericht Magdeburg den Standpunkt, daß der Arbeitgeber nicht nur nach Ablauf der Wahlzeit des bestehenden Betriebsrates, sondern auch dann zur Bestellung eines Wahlvorstandes verpflichtet ist, wenn sich die Notwendigkeit einer Neuwahl aus anderen Gründen beispielsweise deshalb ergibt, weil der gesamte Betriebsrat zurückgetreten oder die Mitgliedschaft sämtlicher Mitglieder des Betriebsrates erloschen ist.

Aus dem Gesetz ergibt sich eine solche Verpflichtung des Arbeitgebers nicht zweifelsfrei.

Immerhin erscheint es zweckmäßig, daß der Arbeitgeber zur Vermeidung von Unannehmlichkeiten und Schadenersatzverpflichtungen auch in solchen Fällen vorsichtshalber einen Wahlvorstand bestellt. Solche Vorsicht ist besonders deshalb am Platze, weil, wenn auch aus umstrittenen Gründen, die Gewerbe- und Kaufmannsgerichte immer mehr zu der Ansicht neigen, daß der Arbeitgeber den Arbeitnehmern wegen einer Verletzung der Pflicht zur Bestellung eines Wahlvorstandes Schadenersatz zu leisten hat. So hat neuerdings das Gewerbegericht Magdeburg mit Urteil vom 9. Februar 1924 einen Arbeitgeber verurteilt, einem Arbeiter den Schaden zu ersetzen, den dieser dadurch erlitten hat, daß durch Nichtbestellung eines Wahlvorstandes ein Einspruch gegen die Kündigung unmöglich gemacht worden ist.

2. Wahlberechtigung Erwerbsloser, Kranker und Urlauber bei der Betriebsratwahl. Nach einer Entscheidung des Berggewerbegerichts Dortmund, Kammer Werden, vom 8. März 1924 besitzen Arbeitnehmer, die zur Erwerbslosenfürsorge nach ordnungsmäßiger Kündigung überwiesen worden sind, kein aktives und passives Wahlrecht bei den Betriebsratwahlen, und zwar auch dann nicht, wenn sie ihre Entlassungspapiere noch nicht abgeholt haben und mit ihrer Wiedereinstellung rechnen.

Dagegen sind Arbeitnehmer, die krank, feiern oder sich im Erholungsurlaub befinden, wählbar und wahlberechtigt.

3. Wählbarkeit trotz kurzer Unterbrechung der sechsmonatigen Betriebszugehörigkeit. Nach § 20 des Betriebsrätegesetzes sind bei den Betriebsratwahlen nur Arbeitnehmer wählbar, die 6 Monate in dem betreffenden Betriebe beschäftigt waren. Das Gewerbegericht Hamburg vertritt in einer Entscheidung vom 5. 5. 24 die Ansicht, daß dieses Erfordernis auch dann erfüllt ist, wenn die Beschäftigungszeit von 6 Monaten nur eine verhältnismäßig kurze Zeit unterbrochen worden ist.

4. Ungültigkeit der Wahl zum Betriebsrat wegen zu geringen Alters nur nach Wahlanfechtung. Im Gegensatz zu der allgemeinen Auslegung des § 21 der Wahlordnung zum Betriebsrätegesetze hat der Schlichtungsausschuß Hildesheim am 12. Dezember 1923 entschieden, daß die Wahl eines wegen seiner Jugend nicht wählbaren Arbeitnehmers zum Betriebsrat so lange als gültig anzusehen ist, als nicht eine Wahlanfechtung gemäß § 19ff. der Wahlordnung erfolgt ist.

5. Kein passives Betriebsratwahlrecht der Lehrlinge. Der Bergrevierbeamte des Bergreviers Essen II hat mit Entscheidung vom 6. Mai 1924 in Übereinstimmung mit den Bestimmungen des Betriebsrätegesetzes festgestellt, daß die Wahl von Lehrlingen, Praktikanten usw. zum Betriebsrat ungültig ist.

6. Keine Ungültigkeit, nur Anfechtbarkeit der Wahl zum Betriebsrat wegen mangelnder Berufszugehörigkeit. Nach § 20 des Betriebsrätegesetzes besitzen nur solche Arbeitnehmer das passive Wahlrecht bei den Betriebsrätewahlen, welche mindestens drei Jahre dem Gewerbezweig oder dem Berufszweig angehören, in dem sie tätig sind.

Die Wahl eines Arbeitnehmers, der diese Bedingung nicht erfüllt, ist jedoch nach einer Entscheidung des Rates der Stadt Leipzig vom 2. Juli, die in der Neuen Zeitschrift für Arbeitsrecht 4, 7/8, S. 496, veröffentlicht wird, nicht nichtig, sondern nur anfechtbar. Daraus folgt, daß die Wahl gültig wird, wenn nicht innerhalb der im Gesetz vorgesehenen Anfechtungsfristen die Wahl ordnungsmäßig angefochten wird. Auch kann der Arbeitgeber einem Arbeitnehmer, der trotz fehlender Berufszugehörigkeit zum Betriebsvertretungsmitglied gewählt worden ist, ohne Zustimmung der

Betriebsvertretung oder Ersatzzustimmung des Arbeitsgerichtes nicht befristet kündigen, solange nicht die Wahlanfechtung durchgeführt ist.

Den entgegengesetzten Standpunkt vertritt das Landgericht Dresden nach einer Mitteilung im Schlichtungswesen VI 7, S. 112.

7. Ungültigkeit der Betriebsratswahl wegen vorzeitiger Öffnung des Stimmzettelkastens. Wenn die Wahl einer Betriebsvertretung sich über mehrere Tage erstreckt, darf der Stimmzettelkasten trotzdem erst am letzten Tage geöffnet werden, und es ist nicht zulässig, die jeweiligen Tagesergebnisse der Wahl schon am Schlusse eines jeden Tages festzustellen. Geschieht dies doch, so ist die Wahl nach einer Entscheidung des Reichswirtschaftsrates Nr. 258 vom 17. September 1921 ungültig, weil bei einem solchen Verfahren zu leicht festgestellt werden kann, für welche Wahlliste sich die am zweiten Wahltag Wählenden entschieden haben.

8. Ungültige Wahlen zur Betriebsvertretung bedürfen nicht der Anfechtung. Nach § 20 und 21 der Wahlordnung zum Betriebsrätegesetz ist die Wahl ungültig, wenn gegen wesentliche Vorschriften über das Wahlverfahren verstoßen ist, und wenn Personen gewählt sind, die zur Zeit der Wahl nicht wählbar waren, auch inzwischen die Wählbarkeit nicht erlangt haben, oder von denen oder zu deren Gunsten die Wahl von Dritten rechtswidrig beeinflußt worden ist.

Nach einer Entscheidung des Landgerichtes Dresden Nr. 8 D g 208/23 bedarf eine solche Wahl nicht der Anfechtung. Sie ist vielmehr ohne weiteres ungültig und bringt auch den betreffenden Betriebsvertretungsmitgliedern beispielsweise nicht den Sonderschutz der §§ 96 des Betriebsrätegesetzes.

9. Keine Betriebsvertretungswahl durch stillschweigende Akklamation. Das Gewerbegericht Hamburg hat entschieden, daß Betriebsvertretungsmitglieder, insbesondere Betriebsobleute, nicht schon dann als gültig gewählte Betriebsvertretungsmitglieder anzusehen sind, wenn sie tatsächlich im stillschweigend erteilten Einvernehmen der Mitarbeiter als Obleute auftreten. Solche Vertrauensleute genießen also nicht den Kündigungsschutz des § 96 BRG.

10. Kein zivilrechtlicher Klageanspruch auf Duldung der Betriebsratwahl. Mit Urteil Nr. III 768/22 hat das Reichsgericht entschieden, daß den Arbeitnehmern kein Recht zusteht, im ordentlichen Rechtswege gegen den Arbeitgeber auf Duldung der Betriebsratwahl bzw. auf Erteilung des Einverständnisses mit der Betriebsratwahl zu klagen.

In der Urteilsbegründung, in der das Reichsgericht sich gleichzeitig in beachtlicher Weise mit dem Wesen der Betriebsratrechte überhaupt befaßt, heißt es u. a.:

»Die aus dem fortgesetzten Streben der Arbeiter, Einfluß auf die Leitung der Betriebe zu gewinnen, und aus den damit zusammenhängenden sozialen und wirtschaftlichen Kämpfen der neuen Zeit geborenen neuen Rechtsgedanken der Arbeitsgemeinschaft von Arbeitgebern und Arbeitnehmern fanden in der Reichsverfassung weitgehende gesetzliche Anerkennung. Gleichberechtigt und in Gemeinschaft sollen Arbeitgeber und Arbeitnehmer nicht nur an der Regelung der Arbeits- und Lohnbedingungen sondern auch an der gesamten Wirtschaftsentwicklung der produktiven Kräfte mitwirken. Zur Durchführung dieser Aufgabe sollen auf seiten der Arbeitnehmer Arbeiterräte und aus Unternehmern, Arbeitern und Mitgliedern anderer beteiligten Kreise gemeinsame Wirtschaftsräte gebildet werden. Diese öffentlich-rechtlichen Betriebsvertretungen sind als von der Willkür der Beteiligten unabhängige Zwangseinrichtungen geschaffen, ein Zwangsmittel zu ihrer Bildung aber ist nicht vorgesehen. Sonach haben die Arbeiter eines Betriebes bei dem Vorliegen der gesetzlichen Voraussetzungen für die Wahl einer Betriebsvertretung zwar das Recht auf Vornahme der Wahl und auf Nichtbehinderung des gewählten Betriebsrates bei der Ausübung seiner öffentlich-rechtlichen Aufgaben, und die Verletzung dieses Rechtes durch den Arbeitgeber kann ihn auch nach Maßgabe der §§ 95 und 99 des Betriebsrätegesetzes strafbar machen — einen privatrechtlichen Anspruch gegen den Arbeitgeber auf Duldung der Wahl und auf Anerkennung des gewählten Betriebsrates haben die Arbeiter aber nicht, denn Streitigkeiten über die Ausübung eines subjektiven öffentlichen Rechtes und über die Erfüllung der ihm entsprechenden öffentlich-rechtlichen Pflichten fallen nicht unter das Gerichtsverfassungsgesetz.

11. Unzulässigkeit des Rücktrittes von Wahlkandidaten kurz vor der Betriebsratwahl. Nach einem Beschlusse des Gewerbegerichtes Berlin vom 12. Mai 1924, Nr. 27/24 darf der Wahlvorstand nicht kurz vor der Wahl und ohne Einholung der Zustimmung der Listenvertreter sowie ohne Benachrichtigung der Wahlberechtigten auf einzelnen Vorschlagslisten Namen solcher Kandidaten streichen, die nachträglich ihre Einwilligung mit ihrer Benennung zurückziehen wollen. Nimmt der Wahlvorstand trotzdem solche Streichungen vor, so kann die Wahl auf Grund einer Anfechtung für ungültig erklärt werden.

c) Wie weit geht das Mitwirkungs- und Mitbestimmungsrecht der Betriebsvertretungen?

1. Keine Mitwirkung des Arbeiter- oder Angestelltenrates bei Wohlfahrtseinrichtungen. Das Gewerbegericht Opladen vertritt im Urteil vom 18. August 1924, Nr. L. 33/24, den zutreffenden Standpunkt, daß der Arbeiter- oder Angestelltenrat keinerlei Mitwirkungsrecht bei der Verwaltung von Wohlfahrtseinrichtungen besitzt, sondern daß lediglich der Betriebsrat als solcher zur Mitwirkung bei Wohlfahrtseinrichtungen im gesetzlichen Rahmen befugt ist. Nur der Betriebsrat ist deshalb auch bei Streitigkeiten zur Anrufung des Arbeitsgerichtes legitimiert.

2. Keine Mitwirkung des Betriebsrates bei der Bewilligung von Einzelunterstützungen aus Unterstützungsfonds. Mit dem vorerwähnten Urteile vom 18. August 1924 hat das Gewerbegericht Opladen gleichzeitig entschieden, daß sich das im § 66, Ziffer 9, des Betriebsrätegesetzes der Betriebsvertretung eingeräumte Mitwirkungsrecht bei der Verwaltung von Wohlfahrtseinrichtungen in bezug auf Unterstützungsfonds nur auf allgemeine Fragen sachlicher Art, z. B. die Fragen der Anlage der Gelder, der Aufstellung allgemeiner Verteilungsrichtlinien usw. erstreckt. Nach Ansicht des Gewerbegerichtes Opladen liegt dagegen im Einzelfalle die Entscheidung darüber, ob und in welcher Höhe einem einzelnen Arbeitnehmer aus dem vom Arbeitgeber gebildeten Unterstützungsfonds eine Unterstützung gewährt werden soll, ausschließlich beim Arbeitgeber.

3. Kein Recht des Gesamtbetriebsrates zur Erledigung von Aufgaben der Einzelbetriebsräte. Nach einer Entscheidung des Gewerbegerichtes Berlin vom 13. Februar 1924, Nr. 479/24, sind die Gesamtbetriebsräte nicht berechtigt, die Rechte, die den Einzelbetriebsräten oder den Gruppenräten zustehen, selbst auszuüben. Tun sie dies doch, so können sie für die durch solche Tätigkeit versäumte Arbeitszeit eine Entschädigung nicht verlangen.

d) Welche Rechte haben die Betriebsvertretungsmitglieder im Aufsichtsrate?

1. Kein Teilnahmerecht der in den Aufsichtsrat entsandten Betriebsratmitglieder an allen Generalversammlungen. Mit zutreffender Begründung hat der 2. Zivilsenat des Oberlandesgerichtes Braunschweig mit Urteil vom 12. Februar 1924 Nr. 2 V 163/23 festgestellt, daß die in den Aufsichtsrat entsandten Betriebsratmitglieder nur bei denjenigen Generalversammlungen Teilnahmerecht haben, in welchen die Entlastung des Aufsichtsrates zur Erörterung steht. Nach dieser Entscheidung steht auch nichts im Wege, daß ev. am gleichen Tage dieselbe Gesellschaft zwei Generalversammlungen abhält und in der einen dann lediglich die Entlastung des Aufsichtsrates zur Erörterung stellt. Die in den Aufsichtsrat delegierten Betriebsratmitglieder können dann nur an dieser einen der beiden Generalversammlungen teilnehmen.

2. Kein Teilnahmerecht der in den Aufsichtsrat entsandten Betriebsratsmitglieder an Generalversammlungen. Wie wir bereits in vorstehender Notiz an Hand einer Entscheidung des Oberlandesgerichtes in Braunschweig hervorgehoben hatten, besitzen die in den Aufsichtsrat entsandten Betriebsratsmitglieder kein Recht, gegen den Willen des Versammlungsleiters und der Versammlung selbst an Generalversammlungen ihrer Gesellschaft teilzunehmen, sofern sie nicht selbst Aktionäre der Gesellschaft sind.

Diese Ansicht ist erneut in einem Urteil des Landgerichtes Verden vom 1. April 1924, Nr. AZS 512/23 als richtig bestätigt worden. In der Urteilsbegründung hebt das Landgericht hervor, daß auch den nicht vom Betriebsrat entsandten Aufsichtsratsmitgliedern kein Recht zustehe, an Generalversammlungen teilzunehmen, sofern sie nicht selbst Besitzer oder Vertreter des Aktienkapitals sind.

3. Kein Recht der in den Aufsichtsrat entsandten Betriebsratsmitglieder auf Einsichtnahme in die Beschlüsse des Aufsichtsrates, in die Geschäftsbücher usw. Das vorerwähnte Urteil des Landgerichtes Verden vom 1. April 1924 besagt weiter, daß die Rechte der in den Aufsichtsrat entsandten Betriebsratsmitglieder hinter denjenigen der übrigen Aufsichtsratsmitglieder grundsätzlich zurückbleiben. Das Landgericht ist der Ansicht, daß den in den Aufsichtsrat delegierten Betriebsratsmitgliedern nur diejenigen Rechte der übrigen Aufsichtsratsmitglieder zustehen, deren Wahrnehmung erforderlich ist, um im Sinne des § 70 des Betriebsrätegesetzes die Interessen und Forderungen der Arbeitnehmer sowie deren Ansichten und Wünsche hinsichtlich der Organisation des Betriebes zu vertreten.

In dieser Zweckbestimmung der Aufsichtsratsvertretung der Betriebsräte, wie sie im § 70 des Betriebsrätegesetzes festgelegt ist, erblickt das Landgericht V. zugleich eine grundsätzliche Beschränkung der Aufsichtsratsrechte der Betriebsratsmitglieder. Nach seiner Urteilsbegründung bedingt diese Beschränkung, daß in jedem Einzelfalle die Betriebsvertretung bzw. die betreffenden Aufsichtsratsdelegierten desselben nachweisen müssen, daß die Wahrnehmung des in Anspruch genommenen Aufsichtsratsrechtes zur Erfüllung des Zweckes des § 70 des Betriebsrätegesetzes erforderlich ist. Die Notwendigkeit einer solchen Beschränkung folgert das erkennende Gericht insbesondere aus der Tatsache, daß den Aufsichtsratsdelegierten der Betriebsräte meistens die persönlichen Eigenschaften abgehen, die im § 249 des Handelsgesetzbuches von Aufsichtsratsmitgliedern verlangt werden. Auch führt das Gericht aus, daß bei Einräumung zu weitgehender Befugnisse die betreffenden Betriebsratsmitglieder in Gewissenskonflikte kommen und nicht in der Lage sein würden, die Sorgfalt eines ordentlichen Geschäftsmannes im Interesse der Gesellschaft zu beobachten.

4. Einschränkung der Betriebsratsrechte in den Aufsichtsräten durch Satzungsänderungen. In einem neuen in Nr. 10 des Reichsarbeitsblattes vom 16. Mai 1924, S. 183, veröffentlichten Urteile des 2. Zivilsenats vom 11. Januar 1924, Nr. II 274/24, hat das Reichsgericht in zutreffender und vorzüglicher Begründung ausgeführt, daß durch das Betriebsrätegesetz und das Gesetz über die Entsendung von Betriebsratmitgliedern in die Aufsichtsräte die unter diese Gesetze fallenden Gesellschaften in keiner Weise in ihren früheren Rechten beeinträchtigt werden, daß ihnen vielmehr nach wie vor die Befugnis zusteht, im Rahmen des Handelsgesetzbuchs und der Wirtschaftsbedürfnisse die Satzung beliebig und ohne Rücksicht auf die Wünsche und Interessen der Betriebsratmitglieder zu ändern.

Nach diesem Reichsgerichtsurteile sind die Gesellschaften auch durchaus befugt, nach dem Inkrafttreten des Gesetzes über die Entsendung von Betriebsratmitgliedern in die Aufsichtsräte zur Beschränkung des Mitwirkungsrechtes der Betriebsratmitglieder durch Satzungsänderungen den Aufsichtsräten Aufgaben und Befugnisse zu entziehen, die sie bisher besessen hatten.

Nur darf diese gewollte Beschränkung der Aufsichtsratrechte und der Einberufung von Aufsichtsratsitzungen nicht so weit gehen, daß die Entsendung der Betriebsratmitglieder in die Aufsichtsräte ganz illusorisch wird. Nach dem genannten Urteile muß den in den Aufsichtsrat entsandten Betriebsratmitgliedern die Möglichkeit bleiben, gelegentlich Wünsche und Ansichten vor dem Gesamtaufsichtsrat zu vertreten.

5. Zulässigkeit der Bildung von Sonderausschüssen der Aufsichtsräte zur Ausschaltung der Betriebsratmitglieder. Ein eingehend begründetes Urteil des Reichsgerichtes vom 21. März 1924 (II 546/1923) hat festgestellt, daß es durchaus zulässig ist, Sonderausschüsse der Aufsichtsräte zur Erledigung und Entscheidung von Sonderfragen ohne Hinzuziehung der in den Aufsichtsrat entsandten Betriebsratmitglieder zu bilden. So ist es z. B zulässig, unter Abänderung entgegenstehender Satzungsbestimmungen 1 oder 2 Aufsichtsratmitglieder zu bevollmächtigen, an Stelle des Aufsichtsrates die Anstellungsverträge mit den Direktoren abzuschließen, Prokuristen zu bestellen usw Die Bildung von Sonderausschüssen ist nach der Ansicht des Reichsgerichtes auch dann zulässig, wenn sie den ausgesprochenen Zweck verfolgt, die in den Aufsichtsrat entsandten Betriebsratmitglieder bei der Erörterung und Entscheidung der betreffenden Fragen auszuschalten. Nur die Erledigung solcher Aufgaben darf nicht unter Ausschaltung der Betriebsratmitglieder Sonderausschüssen übertragen werden, die nach ausdrücklicher Gesetzesvorschrift lediglich dem Aufsichtsrat in seiner Gesamtheit vorbehalten ist.

6. Beendigung der Vertretungsbefugnis der Betriebsratsmitglieder im Aufsichtsrate. Im Gegensatz zu Dersch (s. BRG. § 7, Anmerkung 4 C) vertritt Dr. Karger in Nr. 24 der Blätter für Arbeitsrecht vom 26. August 1924 mit meines Erachtens zutreffenden Gründen den Standpunkt, daß bei den alljährlich stattfindenden Betriebsratsneuwahlen die Vertretungsbefugnis der Betriebsratsmitglieder automatisch mit dem Amtsablauf der Betriebsvertretungsmitglieder endet, und zwar auch dann, wenn zu diesem Zeitpunkt die neue Betriebsvertretung noch keine gültige Wahl der neuen Vertreter für den Aufsichtsrat getätigt hat. Nach Ansicht Kargers ist die Betriebsvertretung also normalerweise in der Zeit zwischen dem Amtsantritt und der Wahl der Aufsichtsratsvertreter ohne Vertreter in den Aufsichtsräten.

c) Wie weit haben Betriebsvertretungsmitglieder Anspruch auf Vergütung ihres Lohnausfalles und ihrer Unkosten auf Freistellung von der Arbeit und Bereitstellung von Geschäftsräumen?

1. Kein Recht auf Aufwandsentschädigung während der Krankheit eines Betriebsvertretungsmitgliedes. Nach einer in Nr. 813 a der Rheinisch-Westfälischen Zeitung vom 29. 10. 24 veröffentlichten Entscheidung des Berggewerbegerichtes Dortmund, Kammer Essen 3 vom 17. 9. 24 kann ein Betriebsausschußmitglied für die Zeit, in der es wegen Krankheit von der Arbeit und vom Betriebe fern bleibt, Aufwandsentschädigung auch dann nicht verlangen, wenn es den Besuch von Belegschaftsmitgliedern in seiner Wohnung empfangen hat.

2. Lohnanspruch der Betriebsratmitglieder während eines Streiks. Durch Urteil vom 23. II. (Akt. Z. 532/22 K 11) hat das Gewerbegericht der Stadt Berlin entschieden, daß Betriebsratmitglieder, auch wenn sie während eines Streiks sich im Betriebe aufhalten und sonst ausdrücklich von der Arbeit freigestellt sind, für die Dauer des Streiks keinen Anspruch auf Fortzahlung des Lohnes und Gehaltes nach § 35 BRG. haben, wenn sie zu der Organisation gehören, die am Streik beteiligt ist.

Nur dann besteht nach diesem Urteile die Pflicht des Arbeitgebers zur Lohnfortzahlung nach § 35 des BRG. fort, wenn die betreffenden Betriebsratmitglieder ausdrücklich erklären oder durch ihr Verhalten deutlich zu erkennen geben, daß sie sich weder mittelbar oder unmittelbar an dem Streik beteiligen wollen noch auch den Streik als solchen billigen, und wenn der Arbeitgeber nicht mit Rücksicht auf den Streik des größeren Teiles der Belegschaft erklärt, daß er wegen Unmöglichkeit der Leistung im Sinne des § 323 BGB. auf die Dienstleistung auch der arbeitswilligen Arbeitnehmer verzichten muß.

Nach dem Urteil ist der Arbeitgeber auch dann beim Fehlen dieser letzteren Voraussetzungen zur Entschädigung nach § 35 BRG.

nicht verpflichtet, wenn die betreffenden Betriebsratmitglieder im Interesse des Betriebes dauernd während des Streiks als Betriebsratmitglieder tätig gewesen, ständig an Sitzungen, Verhandlungen usw. teilgenommen haben, die Erledigung der Notstandsarbeiten erleichtert und bei der Prüfung der Frage mitgewirkt haben, was Streikarbeit ist oder nicht.

Die Entschädigungspflicht kommt nach dem Urteil deshalb in Fortfall, weil während eines Streiks der übrigen Arbeitnehmer von einer Versäumnis der Arbeitzeit im Sinne des § 35 BRG. wegen des Fehlens einer solchen »Arbeitzeit« keine Rede sein könne. (Urteil des Gewerbegerichtes der Stadtgemeinde Berlin vom 23. II. 1923.)

3. Keine Kostentragung des Arbeitgebers bei Betriebsversammlungen, an denen Betriebsfremde teilnehmen, oder in denen Eintrittsgeld erhoben wird. Wenn Betriebsvertretungen Versammlungen anberaumen, bei denen sie den Eintritt von der Zahlung eines Eintrittsgeldes abhängig machen, oder zu denen sie auch Betriebsfremde zulassen, so braucht der Arbeitgeber nach einer Entscheidung des Gewerbegerichtes Hannover vom 16. 6. 24 (siehe Arbeitsrechtl. Beilage der Mitteilungen der Vereinigung deutscher Arbeitgeberverbände, 1924, Nr. 10, S. 46) für die Kosten dieser Versammlung, insbesondere für die Miete eines auswärtigen Versammlungslokales, nicht aufzukommen.

4. Hinzuziehung mehrerer Betriebsratmitglieder zu Schlichtungsausschußverhandlungen. Nach einer im Schlichtungswesen, 6. Jahrgang, S. 13, abgedruckten Entscheidung des Rates der Stadt Leipzig vom 26. Oktober 1923 kann der Vorsitzende des Betriebsrates nicht nach freiem Ermessen ein weiteres Betriebsratmitglied oder gar mehrere weitere Betriebsratmitglieder zu Verhandlungen vor dem Schlichtungsausschuß hinzuziehen. Zur Zuziehung ist er nur berechtigt, wenn der Schlichtungsausschußvorsitzende dies ausdrücklich anordnet. Der Arbeitgeber kann vor der Anordnung seine Anhörung verlangen. Nimmt ein Betriebsratmitglied ohne ordnungsmäßige Zuziehung und ohne zwingenden Grund ohne die Genehmigung des Arbeitgebers an einer Schlichtungsausschußsitzung teil, so braucht der Arbeitgeber die versäumte Arbeitzeit nicht zu bezahlen.

Verläßt ein Betriebsratmitglied ohne ordnungsmäßige Zuziehung und gegen das ausdrückliche Verbot des Arbeitgebers den Betrieb zur Teilnahme an der Schlichtungsausschußsitzung, so kann in diesem Verhalten ein die fristlose Entlassung oder auch die Absetzung als Betriebsratmitglied rechtfertigender Grund liegen.

5. Keine Entschädigung für Betriebsratmitglieder für Verhandlungen während passiver Resistenz der Belegschaft. Wenn eine Belegschaft passive Resistenz leistet, um vom Arbeitgeber irgendwelche Zugeständnisse zu erzwingen, so steht für die Zeit der passiven Resistenz den Betriebsratmitgliedern nach einer Entscheidung des Gewerbegerichts Berlin vom 17. März 1924,

Nr. 517/24 GG11, ebensowenig ein Lohnanspruch zu wie den übrigen Werksangehörigen, die an der passiven Resistenz sich beteiligen. Die Betriebsratmitglieder können in solchen Fällen auch nicht etwa eine Entschädigung für den Lohnausfall mit der Begründung verlangen, daß sie die Arbeit notwendigerweise versäumt hätten, um im Interesse des Betriebes in einer Betriebsratsitzung oder mit dem Arbeitgeber bzw. mit der Belegschaft oder den Gewerkschaften zur Beseitigung des Grundes der passiven Resistenz zu verhandeln.

In solchen Fällen ist vielmehr zu vermuten, daß die Betriebsratmitglieder auch die Arbeitzeit durch Beteiligung an der passiven Resistenz versäumt hätten, wenn die Verhandlungen nicht stattgefunden hätten. Die Betriebsratmitglieder können aber unter Berufung auf ihre Betriebsrattätigkeit Entschädigung für entstandenen Lohnausfall nur verlangen, wenn dieser Lohnausfall lediglich durch die Betriebsrattätigkeit verursacht worden ist und nicht entstanden wäre, wenn die Betriebsvertretungsmitglieder der Betriebsvertretung nicht angehört hätten bzw. als Betriebsvertretungsmitglieder nicht kraft Gesetzes in Erfüllung der ihnen übertragenen Aufgaben die Arbeit hätten versäumen müssen.

6. Keine Entschädigung für Teilnahme der Betriebsratmitglieder an auswärtigen Lohnverhandlungen. Trotz wiederholter gegenteiliger Entscheidungen verlangen und erhalten Betriebsratmitglieder immer noch Entschädigungen für Arbeitausfall infolge Teilnahme an Lohnverhandlungen, die nicht den Betrieb betreffen, in dem die betreffenden Betriebsratmitglieder beschäftigt sind. Es sei deshalb auf eine Entscheidung des Gewerbeaufsichtsamtes Halberstadt vom 14. Juni 1923, Nr. 1041/1 und des Regierungspräsidenten von Magdeburg vom 5. Juli 1923, Nr. 4182 J 2, verwiesen, in welcher festgestellt wird, daß Arbeitversäumnis infolge Teilnahme an auswärtigen Lohnverhandlungen keine »notwendige« Versäumnis von Arbeitzeit im Sinne des § 35 des Betriebsrätegesetzes darstellt und infolgedessen auch kein Recht auf Vergütung für die versäumte Arbeitzeit bedingt.

7. Auswahl der freizustellenden Betriebsratmitglieder. Nach einer in Nr. 3 des Reichsarbeitsblattes veröffentlichten Entscheidung des Reichswirtschaftsrates vom 21. August 1923 können die Minderheitsparteien verlangen, daß die Auswahl mehrerer für einen Betrieb freigestellter Betriebsratmitglieder nicht durch einfachen Mehrheitsbeschluß der Betriebsvertretung, sondern durch eine geordnete Wahl nach den Grundsätzen der Verhältniswahl vorgenommen wird.

8. Benutzung der Geschäftsräume des Betriebsrates durch den Arbeitgeber. Nach einer Entscheidung des Schlichtungsausschusses Bonn vom 14. 4. 1924 ist der Arbeitgeber berechtigt, Räume, die er dem Betriebsrat zur Geschäftsführung überlassen hat, zu betreten und zu benutzen, soweit der Betriebsrat die Räume nicht für die Sitzungen, die Sprechstunde und die laufende Geschäftsführung benötigt. Der Schlichtungsausschuß Bonn begründet diese Entscheidung zutreffend damit, daß der **Arbeitgeber nach** § 36 des Betriebsrätegesetzes nicht für dauernd, sondern nur für die Sitzungen, die Sprechstunde und die laufende Geschäftsführung die erforderlichen Räume zur Verfügung stellen muß.

9. Keine Abmeldepflicht der Betriebsvertretungsmitglieder? Das Dresdener Gewerbegericht hat in einer Entscheidung vom 20. Mai 1924 den Standpunkt vertreten, daß ein Arbeiterratsmitglied nicht verpflichtet ist, Beginn und Ende der Arbeiterratstätigkeit im Meisterbureau zu melden, wenn es in Ausübung einer aus dem Betriebsrätegesetz sich ergebenden dringlichen Pflicht während der Arbeitszeit seinen Platz verlassen muß. Das Gewerbegericht Dresden erblickt in einem dahingehenden Verlangen des Arbeitgebers eine gegen den § 95 des Betriebsrätegesetzes verstoßende Beschränkung der Betriebsvertretungsmitglieder in der Ausübung ihres Betriebsvertretungsamtes.

Diese Entscheidung wird von den Arbeitnehmerzeitungen u. a. in Nr. 27 der Metallarbeiterzeitung vom 5. Juli ds. Js. sehr propagiert. Sie dürfte jedoch mit dem Wortlaut und dem Sinn des Betriebsrätegesetzes nicht in Einklang zu bringen sein. Das Betriebsvertretungsmitglied muß meines Erachtens noch mehr als ein sonstiger Arbeitnehmer auf die Einhaltung der Verpflichtungen aus dem Arbeitsvertrage und auf Beachtung der Betriebsordnung sehen, da es ja seinen Mitarbeitern zur Erzielung höchster Betriebsproduktivität durch gutes Beispiel vorangehen soll. Es empfiehlt sich deshalb, es in einschlägigen Fällen auf eine neue Entscheidung des zuständigen Gerichtes im Wege der Feststellungsklage ankommen zu lassen.

f) Wie weit genießen Betriebsvertretungsmitglieder Sonderschutz bei Einzelkündigungen?

1. Beginn des Kündigungssonderschutzes der Betriebsratmitglieder. Gemäß Entscheidung des Gewerbegerichtes Stuttgart vom 13. Juni 1923 (veröffentlicht in der Kartenauskunftei des Arbeitsrechtes vom 21. März 1924, Karte »Betriebsvertretung 54b, Beginn des Entlassungsschutzes«) beginnt das Amt und damit auch der Kündigungssonderschutz der Betriebsratmitglieder nicht schon mit dem letzten Wahltage und der Feststellung des Wahlergebnisses, sondern erst mit Schluß der durch den Aushang des Wahlergebnisses in Lauf gesetzten 14tägigen Anfechtungsfrist, und zwar auch nur unter der Voraussetzung, daß die Wahl gültig vorgenommen worden war.

2. Beginn der Amtsperiode und des Kündigungsschutzes des Betriebsrates. Nach einer Entscheidung der Kammer 11 des Gewerbegerichtes Berlin beginnt die Amtsperiode und damit der Kündigungssonderschutz der Betriebsratmitglieder am Tage und mit Schluß der Betriebsratwahl. In Literatur und Praxis ist die Frage jedoch sehr umstritten. Nach anderer Meinung beginnt das Amt erst mit Ablauf der Wahlanfechtungsfrist bzw. mit der ersten konstituierenden Betriebsratsitzung.

8. **Keine unbeschränkte Fortdauer des Kündigungssonderschutzes nach Ablauf der Wahlperiode der Betriebsvertretung.** Es wird in der Praxis noch vielfach zu Unrecht angenommen, daß nach § 43 des Betriebsrätegesetzes nach Ablauf der Wahlperiode das Amt der Betriebsvertretung ohne zeitliche Beschränkung so lange fortdauert, bis eine gültige Neuwahl stattgefunden hat. Nach einem Urteil des Kaufmannsgerichtes Berlin, Kammer VII, Nr. 716/1924, geht aber der Sinn des § 43 des Betriebsrätegesetzes nicht dahin, daß dem alten Betriebsrat auf unbeschränkte Zeit weiter die Rechte des Betriebsrates zustehen sollen, auch wenn seine Wahlperiode längst abgelaufen ist. Nach der wohl zutreffenden Ansicht des Kaufmannsgerichtes Berlin muß der § 43 des Betriebsrätegesetzes vielmehr dahin ausgelegt werden, daß das Amt des alten Betriebsrates nur so lange fortdauern soll, wie es notwendig ist, um die Neuwahl ordnungsmäßig durchzuführen, daß das Amt des alten Betriebsrates jedoch als erloschen anzusehen ist, wenn eine Neuwahl trotz Ablaufs der hierzu erforderlichen Zeit nicht vorgenommen wird. Denselben Standpunkt vertritt der Kommentar von Feig-Sitzler zum Betriebsrätegesetz in Note 1 zum § 43.

Auf Grund der §§ 23 und 29 der Wahlordnung zum Betriebsrätegesetz wird man annehmen dürfen, daß die Amtsdauer einer Betriebsvertretung über den Ablauf der Wahlperiode hinaus um höchstens 7 Wochen sich bis zur Neuwahl verlängern kann. Über diesen Zeitpunkt hinaus bestehen die Rechte des alten Betriebsrates auch dann nicht weiter, wenn der Arbeitgeber den alten Betriebsrat ohne Neuwahl anerkannt hat.

g) Wann und wie ist die Zustimmung zur Kündigung oder Versetzung eines Betriebsvertretungsmitgliedes zu erteilen?

1. **Keine Notwendigkeit der Zustimmung zur Versetzung eines Betriebsvertretungsmitgliedes.** Wenn ein Betriebsvertretungsmitglied aus einer Betriebsabteilung in eine andere, vielleicht auch räumlich getrennte Abteilung des gleichen Gesamtbetriebes versetzt werden soll, so ist die Zustimmung der Betriebsvertretung zu dieser Versetzung nach § 96 des Betriebsrätegesetzes nicht erforderlich, wenn für die alte und die neue Betriebsabteilung der gleiche Betriebsrat zuständig ist.

2. **Notwendigkeit der Zustimmung zur Versetzung eines Betriebsvertretungsmitgliedes.** Auch bei Änderung der Betriebsgliederung und bei einer Neuorganisation der Betriebe ist nach

einer Entscheidung des Landgerichtes Königsberg vom 13. Februar 1924 zur Versetzung eines Betriebsvertretungsmitgliedes ebenso wie zur Kündigung die Zustimmung der Betriebsvertretung oder die Ersatzzustimmung des Arbeitsgerichtes erforderlich (s. Schlichtungswesen 1924, S. 81).

3. Zustimmungsfreie befristete Kündigung beim Vorliegen eines wichtigen Grundes. Wie das Gewerbegericht Hamburg mit Urteil vom 7. Dezember 1923 (s. Gewerbe- und Kaufmannsgericht 1924, S. 282) in Übereinstimmung mit der herrschenden Meinung entschied, ist beim Vorliegen eines zur fristlosen Entlassung berechtigenden wichtigen Grundes nicht nur die fristlose Entlassung sondern auch die befristete Kündigung ohne Zustimmung der Betriebsvertretung und ohne Ersatzzustimmung des Arbeitsgerichtes zulässig.

4. Form der Zustimmung der Betriebsvertretung zur Kündigung eines Betriebsvertretungs-Mitgliedes. Unter Bestätigung eines Urteils des Kaufmannsgerichts Berlin vom 15. 1. 1924 hat das Landgericht I Berlin mit Urteil vom 4. April 1924, Nr. 27, S. 24/24 entschieden, daß die Entlassung eines Mitgliedes der Betriebsvertretung auch dann rechtlich wirksam ist, wenn der Vorsitzende des Betriebsrates allein dem Arbeitgeber im Namen des Betriebsrates die Zustimmung zur Kündigung erklärt hat, obwohl ein nach § 32 des Betriebsrätegesetzes gültiger Beschluß der Betriebsvertretung nicht vorgelegen hat. In gleicher Weise hatte das Gewerbegericht Berlin mit Urteil vom 3. Mai 1923, Nr. 552/23 entschieden.

Den gegenteiligen Standpunkt nimmt ein Urteil des Kaufmannsgerichtes Berlin vom 15.2.1924, Nr. 130/24 ein. In der Literatur sind die Ansichten über diese Frage ebenfalls geteilt. Immerhin neigt die Mehrzahl der Arbeitsrechtler zu der Entscheidung des Landgerichtes Berlin vom 4. April 1924. Gleichwohl sollte man zur Vermeidung von Weiterungen möglichst dafür sorgen, daß der Vorsitzende des Betriebsrates seine Zustimmungserklärung zur Kündigung eines Betriebsvertretungsmitgliedes durch Herbeiführung eines zustimmenden Beschlusses der gesamten Betriebsvertretung stützt.

5. Ordnungsmäßige Einberufung der Betriebsvertretung vor Beschlußfassung wegen Entlassung eines Betriebsvertretungsmitgliedes. Nach einer in der Zeitschrift »Die freie Gewerkschaft« Nr. 3, Seite 25, veröffentlichten Entscheidung des Landgerichtes Schwerin genügt es zur Erfüllung der im § 96 des Betriebsrätegesetzes vorgeschriebenen Bedingung der Zustimmung der Betriebsvertretung zur Kündigung eines Betriebsvertretungsmitgliedes nicht, wenn der Betriebsratsvorsitzende die Betriebsratsmitglieder in sein Geschäftszimmer ruft und mit diesen dort eine vorher nicht angekündigte formlose Besprechung wegen der Kündigung des betreffenden Betriebsratsmitgliedes abhält.

Nach Ansicht des Landgerichtes Schwerin ist es auf Grund der §§ 32 und 33 des Betriebsrätegesetzes vielmehr zur Erfüllung der die Kündigung erst gültig machenden Voraussetzung des § 96 des Betriebsrätegesetzes unerläßlich notwendig, daß alle Mitglieder des zur Entscheidung zuständigen Betriebs-, Arbeiter- oder Angestelltenrates ordnungsmäßig unter Mitteilung des Beratungsgegenstandes zu einer formellen Sitzung geladen werden, und daß über die ordnungsmäßige Sitzung des Betriebsrates eine Niederschrift aufgenommen wird.

Da nach Ansicht des Landgerichtes Schwerin die Nichtbeachtung dieser Formvorschriften die Ungültigkeit der Kündigung und damit die Verpflichtung des Arbeitgebers zur Weiterbezahlung des entlassenen Betriebsvertretungsmitgliedes bedingt, empfiehlt es sich, daß auch der Arbeitgeber in einschlägigen Fällen auf die Beachtung dieser Verfahrensvorschriften hinweist und dringt. Es braucht wohl nicht darauf hingewiesen zu werden, daß diese Formvorschriften selbstverständlich nur dort in Anwendung kommen müssen, wo die Kündigung und Entlassung eines Betriebsvertretungsmitgliedes nicht auch ohne die Zustimmung der Betriebsvertretung rechtsgültig ist.

6. Beobachtung des § 29 des Betriebsrätegesetzes bei Verständigungsverhandlungen im Sinne des § 96 des Betriebsrätegesetzes. Im Gegensatz zu einem Urteil des Landgerichtes Berlin hat das Kammergericht mit Urteil des 8. Zivilsenats vom 28. Juni 1924, Nr. 8, 5037/24, entschieden, daß die Verständigungsverhandlungen mit dem Arbeitgeber gemäß § 86 des Betriebsrätegesetzes grundsätzlich unter Beachtung des § 29 des Betriebsrätegesetzes in ordnungsmäßig einberufener Betriebsvertretungssitzung stattfinden müssen. Verständigungsverhandlungen zwischen dem Arbeitgeber und dem Vorsitzenden des Betriebs-, Arbeiter- oder Angestelltenrates genügen den Formvorschriften des § 86 des Betriebsrätegesetzes nach Ansicht des Kammergerichtes nur, wenn zwischen dem Arbeitgeber und der Betriebsvertretung ein solches Verfahren ausdrücklich vereinbart worden ist.

Liegt eine solche Vereinbarung nicht vor, so ist der Kündigungseinspruch mangels Erfüllung der gesetzlichen Voraussetzungen zu verwerfen, falls die Verständigungsverhandlungen lediglich zwischen dem Arbeitgeber und dem Vorsitzenden der Betriebsvertretung geführt worden sind.

7. Rückwirkende Kraft der Zustimmung zur Kündigung eines Betriebsvertretungsmitgliedes. In der bekannten Streitfrage betreffend die Rückwirkungskraft der Zustimmungserklärung zur Kündigung eines Betriebsvertretungsmitgliedes stellte sich das Kaufmannsgericht Krefeld in einem Urteil vom 29. 8. 24 auf den Standpunkt, daß die Ersatzzustimmung des Arbeitsgerichtes zur Kündigung eines Betriebsvertretungsmitgliedes rückwirkende Kraft hat. Das Kaufmannsgericht Krefeld stützt diese Entscheidung vornehmlich auf den § 97, Absatz 3 des Betriebsrätegesetzes, der nach der Urteilsbegründung keinen Sinn hätte, wenn der Gesetzgeber nicht eine rückwirkende Kraft der Ersatzzustimmung des Arbeitsgerichtes vorausgesetzt hätte.

Im Gegensatz hierzu stellte sich das Kaufmannsgericht in Frankfurt in Übereinstimmung mit einem Urteil des Kammergerichtes vom 12. 4. 1924 und einem Urteil des Landgerichtes Leipzig (s. Gewerbe- und Kaufmannsgericht, 29. Jahrgang, Nr. 9, Spalte 211 und Das Schlichtungswesen, Nr. 9/1924, S. 150) auf den Standpunkt, daß die Ersatzzustimmung des Arbeitsgerichtes zur Kündigung eines Betriebsvertretungsmitgliedes keine rückwirkende Kraft hat.

8. Rückwirkende Kraft der Zustimmung zur Kündigung eines Betriebsvertretungsmitgliedes. Im Gegensatz zu der unter Nr. XVIII, B. g 4. u. 5. angeführten Entscheidung des Landgerichtes Leipzig, des Kaufmannsgerichtes Frankfurt und des Kammergerichtes und in Übereinstimmung mit der dort erwähnten Entscheidung des Kaufmannsgerichtes Krefeld stellte sich auch das Gewerbegericht Pforzheim mit Urteil vom 22. Oktober 1924 auf den Standpunkt, daß die nachträglich erteilte Zustimmung des Arbeitsgerichtes zur Kündigung eines Betriebsvertretungsmitgliedes auf den Zeitpunkt des Ausspruches der Kündigung zurückwirkt, so daß nicht erst mit der Erteilung der Zustimmung die Kündigungsfrist in Lauf gesetzt wird.

9. Rückwirkende Zustimmung zur Kündigung eines Betriebsvertretungsmitgliedes. In der umstrittenen Frage, ob und wieweit die nach § 96 des Betriebsrätegesetzes erforderliche Zustimmung der Betriebsvertretung zur Kündigung eines Betriebsvertretungsmitgliedes auch rückwirkend erteilt werden kann, hat sich das Oberlandesgericht Stettin mit Urteil vom 11 April 1924 auf den in Arbeitgeberkreisen vertretenen Standpunkt gestellt, daß die Zustimmung auch noch nachträglich mit rückwirkender Kraft während des Laufes der Kündigungsfrist vom Arbeitgeber eingeholt und von der Betriebsvertretung oder dem Arbeitsgericht erteilt werden kann. Das Urteil ist in der »Juristischen Wochenschrift« 53, 14, S. 1055, mit einer Zusammenstellung der einschlägigen Urteile und Ansichten veröffentlicht.

10. Ersatz der Zustimmung zur Kündigung eines Angestelltenratsmitgliedes. Mit Urteil vom 26. September 1924 hat das Kaufmannsgericht Dresden einem Arbeitgeber die Zustimmung zur Kündigung eines Angestelltenratsmitgliedes im Sinne des § 97 des Betriebsrätegesetzes erteilt mit der Begründung, daß es dem Arbeitgeber nicht zugemutet werden könne, sämtliche Angestelltenratsmitglieder weiter zu beschäftigen, wenn die Arbeitnehmerzahl von 900 auf 500 Köpfe heruntergesetzt werden muß. In der gleichen Entscheidung hat das Kaufmannsgericht Dresden entschieden, daß die **Betriebsvertretung nicht berechtigt ist**, einer infolge der Betriebseinschränkungen gerechtfertigten Kündigung eines Betriebsvertretungsmitgliedes deshalb die Zustimmung zu verweigern, weil das zu kündigende Betriebsvertretungsmitglied allein die Minderheitsgruppe in der Betriebsvertretung vertritt. Nach der Ansicht des Kaufmannsgerichtes Berlin kommt es lediglich auf die sachliche Berechtigung der Kündigung und nicht darauf an, ob das zu kündigende Betriebsvertretungsmitglied eine Minderheits- oder Mehrheitsgruppe vertritt.

11. Kein Ersatz der Zustimmung der Betriebsvertretung vor rechtskräftiger Entscheidung über die Berechtigung zur fristlosen Entlassung. Nach § 97 des Betriebsrätegesetzes kann die zur Kündigung eines Betriebsvertretungsmitgliedes notwendige Zustimmung der Betriebsvertretung auf Antrag des Arbeitgebers durch den Schlichtungsausschuß, d. h. heute durch das Arbeitsgericht ersetzt werden. Ein solches Verfahren mit dem Ziele des Ersatzes der Zustimmung der Betriebsvertretung durch die Zustimmung des Arbeitsgerichtes ist jedoch nur zulässig, wenn »die Zustimmung der Betriebsvertretung erforderlich ist«. Da sie nicht erforderlich ist, wenn ein wichtiger Grund zur fristlosen Entlassung vorlag, ist ein Verfahren vor dem Arbeitsgericht nach einer Entscheidung des Gewerbegerichtes Durlach vom 10. Juni 1924 nicht zulässig, solange in einem etwaigen Streitverfahren wegen fristloser Entlassung keine rechtskräftige Entscheidung gefällt ist.

h) Wie weit ist fristlose Entlassung von Betriebsvertretungsmitgliedern zulässig?

1. Fristlose Entlassung von Betriebsvertretungsmitgliedern wegen vorzeitigen Verlassens der Arbeitsstelle. In Betriebsvertretungskreisen ist die Ansicht viel verbreitet, daß die Mitglieder der Betriebsvertretung nach Betriebsversammlungen oder nach Sitzungen, denen sie als Betriebsvertretungsmitglieder beigewohnt haben, die Arbeit an dem betreffenden Tage nicht wieder aufzunehmen brauchen, wenn nach der Sitzung nur noch kürzere Zeit, etwa nur noch eine Stunde, zur Arbeit übrigbleibt.

Diese Ansicht ist jedoch nach einer Berufungsentscheidung des Landgerichtes I Berlin vom 21. März 1924 irrig. Nach diesem Berufungsurteile können vielmehr Betriebsratmitglieder fristlos wegen unbefugten Verlassens der Arbeitstelle entlassen werden, wenn sie trotz früherer Verwarnung nach Schluß einer Sitzung vor Arbeitschluß den Betrieb verlassen.

In der Urteilsbegründung heißt es u. a.: »Unstreitig ist, daß die Arbeitzeit bis 3 ½ Uhr nachmittags dauerte, und daß das klagende Angestelltenratmitglied bereits wegen Zuspätkommens bzw. wegen

Mangels an Diensteifrigkeit verwarnt worden war. Es mag dahingestellt bleiben, ob der Kläger als Mitglied des Angestelltenrates berechtigt gewesen ist, auch der Sitzung des Betriebsrates beizuwohnen, denn nach ihren eigenen Angaben ging diese Sitzung nach 3 Uhr zu Ende, während die Versammlung der Arbeiterfunktionäre schon gegen 3 Uhr zu Ende war. Der Kläger war daher verpflichtet, da sein Dienst noch bis 3½ Uhr nachmittags währte, sich unverzüglich zu seiner Arbeit zurückzubegeben, zumal er bereits verwarnt war und als Mitglied des Angestelltenrates besonders verpflichtet war, das Wohlergehen des Betriebes zu fördern, dabei in der Erfüllung seiner Arbeitspflicht sich besonders vorbildlich zeigen mußte. Indem er, obgleich er Zeit hatte, sich nochmals zur Arbeitsstelle zurückzubegeben, der Arbeit fernblieb, hat er im Hinblick auf die bereits vorher erfolgten Verwarnungen seine Dienstpflicht in erheblichem Maße vernachlässigt, so daß die beklagte Firma ein Recht hatte, ihn auf Grund des § 626 des Bürgerlichen Gesetzbuches ohne Einhaltung einer Kündigungsfrist zu kündigen.«

Da in ähnlichen Fällen andere Gerichte jedoch meist eine weniger entschiedene Stellungnahme einnehmen werden, erscheint es zweckmäßig, in einschlägigen Fällen die Betriebsvertretungsmitglieder vorher ausdrücklich und schriftlich zu verwarnen, bevor man zu Kündigungen schreitet.

2. Entlassung von Betriebsratsmitgliedern wegen Beleidigung, Bedrohung und Beschimpfung von Werksangestellten. Es kommt häufig vor, daß Betriebsratsmitglieder in vermeintlich rechtmäßiger Wahrnehmung der Interessen ihrer Mitarbeiter sich bei Streitigkeiten zwischen Werksangestellten und ihren Mitarbeitern nicht nur ostentativ auf die Seite ihrer Mitarbeiter stellen sondern auch durch Drohungen und Beschimpfungen Werksangestellte von der ordnungsmäßigen Erledigung der ihnen vom Arbeitgeber aufgetragenen Verpflichtungen abzuhalten versuchen.

Nach einer Entscheidung des Berggewerbegerichtes Dortmund, Kammer Oberhausen, vom 22. Februar 1924 verstößt ein solches Vorgehen sowohl gegen die allgemeinen Pflichten aus dem Arbeitsvertrage als auch gegen die besonderen Pflichten der Betriebsvertretungsmitglieder. Es gibt daher dem Arbeitgeber ein Recht zur Beantragung der Absetzung des betreffenden Betriebsvertretungsmitgliedes und zur fristlosen Entlassung.

In dem dem Urteil zugrunde liegenden Falle hatte das fristlos entlassene Betriebsratsmitglied sich auf die Seite eines Werksangehörigen gestellt, der sich weigerte, sich der Torkontrolle zu unterwerfen. Es hatte dem mit der Torkontrolle beauftragten Angestellten erklärt, er möge die Kontrolle unterlassen, widrigenfalls die Belegschaft herbeigeholt und er aus dem Betriebe entfernt würde. Das Berggewerbegericht erklärte die fristlose Entlassung als zu Recht bestehend.

3. Fristlose Entlassung von Betriebsratsmitgliedern wegen Verbreitung oder Verteilung gewerkschaftlicher Flugblätter beleidigenden oder zur passiven Resistenz auffordernden Inhaltes. Wenn Betriebsratsmitglieder im Betriebe während der Arbeitzeit oder während der Pausen gewerkschaftliche oder politische Flugblätter verteilen, die Beleidigungen für den Arbeitgeber enthalten oder zur passiven Resistenz oder zu aufrührerischen strafbaren Handlungen auffordern, ist der Arbeitgeber nach einem Urteile des Gewerbegerichtes der Stadt Bautzen vom 9. Oktober 1924 Nr. 46/1924 berechtigt, die betreffenden Betriebsvertretungsmitglieder auf Grund der §§ 123, Ziffer 5 und 7 der Gewerbeordnung fristlos zu entlassen. Das gleiche Recht steht den Arbeitgebern auch gegenüber sonstigen Arbeitnehmern zu, die solche Flugblätter zur Verteilung bringen. Bei Betriebsvertretungsmitgliedern gilt nur nach der Urteilsbegründung die Besonderheit, daß sie sich nicht damit entschuldigen können, sie hätten den Inhalt der Flugblätter nicht gelesen und nicht gekannt, denn nach der wohl zutreffenden Ansicht des Gewerbegerichtes Bautzen sind Betriebsvertretungsmitglieder auf Grund der §§ 66 und 68 des Betriebsrätegesetzes verpflichtet, zur Vermeidung von Betriebsbeunruhigungen alle Flugblätter vor der Verteilung sorgfältig auf ihren Inhalt hin zu prüfen.

4. Fristlose Entlassung von Betriebsvertretungsmitgliedern auch wegen Flugblattverteilung außerhalb des Werkes. Nach der herrschenden Meinung gibt die Verteilung aufhetzender Flugblätter durch Betriebsvertretungsmitglieder im Betriebe stets einen wichtigen Grund zur fristlosen Entlassung. Gemäß Urteil des Berggewerbegerichtes Dortmund, Kammer Essen II (Deutsche Arbeitgeberzeitung vom 22. November 1924) berechtigt aber auch schon die Verteilung aufhetzender Flugblätter durch Betriebsvertretungsmitglieder außerhalb des Betriebes den Arbeitgeber zur fristlosen Entlassung, sofern der Flugblattinhalt Ruhe und Ordnung innerhalb des Betriebes gefährden kann. Nach der Urteilsbegründung bestehen eben auch außerhalb des Betriebes die Pflichten des Betriebsvertretungsmitgliedes, insbesondere die Pflicht zur Bewahrung des Betriebes vor Erschütterungen fort.

5. Auch fristlose Entlassung wegen gröblicher Verletzung der Betriebsratspflichten. In Übereinstimmung mit dem unter Nr. XVIII, h 7 angeführten Urteil des Landgerichtes Hof vom 16. 6. 24 vertritt auch das Gewerbegericht Greiz im Urteil vom 15. 4. 1924 die Ansicht, daß Betriebsvertretungsmitglieder durch gröbliche Pflichtverletzung dem Arbeitgeber in der Regel nicht nur ein Recht zur Beantragung der Absetzung sondern auch zur fristlosen Entlassung aus wichtigem Grunde geben.

6. Auch streikende Betriebsvertretungsmitglieder können fristlos entlassen werden. Gemäß einer Entscheidung des Gewerbegerichtes Döbeln (s. Gewerbe- und Kaufmannsgericht 1924, S. 280) genießen streikende Betriebsvertretungsmitglieder keinerlei Kündigungssonderschutz, sondern können fristlos ohne Rücksicht auf den Grund des Streiks entlassen werden und können nach Entlassung auch keine Bevorzugung bei Wiedereinstellungen verlangen.

7. **Amtspflichtverletzung der Betriebsvertretungsmitglieder ist gleichzeitig Vertragsverletzung.** Mit Urteil vom 16. Juni 1924 hat das Landgericht Hof ausgeführt, daß ein Betriebsvertretungsmitglied, welches die ihm obliegenden Amtspflichten verletzt, grundsätzlich auch gleichzeitig gegen seine Vertragspflichten verstößt. Das Landgericht Hof führt zur Begründung an, daß die Rechte und Pflichten eines Betriebsvertretungsmitgliedes nicht losgelöst werden können von den sonstigen Pflichten aus dem Arbeitsverhältnis, sondern in ihm begründet liegen und mit ihnen untrennbar zusammenhängen. Nach seiner Ansicht stellt eine grobe Pflichtverletzung eines Betriebsvertretungsmitgliedes eine gegen das Gesetz verstoßende Handlung im Sinne der Ziffer 7 des § 123 des Betriebsrätegesetzes dar. Ein solcher Verstoß berechtigt deshalb nach dem vorgenannten Urteil im allgemeinen zur fristlosen Entlassung.

Ein Urteil des Gewerbegerichtes Hamburg vom 7. Juli 1924 kommt zu dem gleichen Ergebnis, schränkt jedoch dieses dahin ein, daß eine Amtspflichtverletzung eines Betriebsvertretungsmitgliedes nur dann einen wichtigen Grund zur fristlosen Entlassung darstellt, wenn dem Arbeitgeber infolge der Pflichtverletzung eine Fortsetzung des Arbeitsverhältnisses nicht zugemutet werden kann.

(Weitere Entscheidungen siehe unter Nummer XIII.)

l) Welchen Sonderschutz genießen Betriebsvertretungsmitglieder bei Arbeitsstreckung und Betriebsstilllegung?

1. **Kein Sonderschutz der Betriebsvertretungen bei Arbeitstreckung.** Bei Arbeitstreckung genießen Betriebsvertretungsmitglieder ebensowenig gegenüber sonstigen Arbeitnehmern des gleichen Betriebes eine Sonderstellung wie bei Betriebsstillegungen. Ohne daß Betriebsvertretungsmitglieder deshalb Sonderrechte aus dem § 96ff. des Betriebsrätegesetzes ableiten können, müssen sie sich bei gleichartigen Dienst- und Arbeitsverträgen nach Ankündigung der Arbeitsstreckung vom selben Zeitpunkte ab Lohnkürzungen gefallen lassen, wie sonstige Arbeitnehmer.

2. **Keine Vorrangstellung der Betriebsvertretungsmitglieder bei Kündigungen infolge von Betriebseinschränkungen.** Nach einer Entscheidung des Kaufmannsgerichtes Kre-

feld vom 29. 8. 24, Nr. GD 57/24 gibt der Umstand, daß Arbeitnehmer Mitglieder einer Betriebsvertretung sind, kein Recht auf völlige Unkündbarkeit oder Verschonung mit der Kündigung bis zum Letzten, wenn kein Grund zu sofortiger Kündigung gegeben ist. Die Mitglieder der Angestelltenvertretung genießen zwar auch bei Betriebseinschränkungen den besonderen Schutz, daß ihnen mangels einer Betriebsstillegung nur mit Zustimmung der Betriebsvertretung oder der Ersatzzustimmung des Arbeitsgerichtes gekündigt werden kann. Ihr Schutz ist lediglich gegenüber den übrigen Arbeitnehmern dahin erweitert, daß ihre Betätigung für die anderen Angestellten nicht durch tendenziöse Kündigung beeinflußt oder beeinträchtigt werden soll. Wenn also die Betriebslage eine Minderung der Arbeitnehmerzahl fordert, so hat nach Ansicht des Kaufmannsgerichtes Krefeld die Betriebsvertretung oder das Arbeitsgericht die Zustimmung zur Kündigung von Betriebsvertretungsmitgliedern zu erteilen, wenn nach den allgemeinen für die Entlassung geltenden Richtlinien das Betriebsvertretungsmitglied mit unter die zu Entlassenden fällt.

3. Wiederbeschäftigung von Betriebsratmitgliedern nach Werksbeurlaubung infolge Betriebsstillegung. Das Berggewerbegericht Dortmund, Kammer Buer, hat mit Urteil vom 22. 1. 24 entschieden, daß der Arbeitgeber bei teilweiser Wiederaufnahme eines stillgelegten Betriebes und bei Wiederanforderung eines Teiles der nicht endgültig Entlassenen verpflichtet ist, von den Mitgliedern des Betriebsrates so viele wieder anzufordern, als dem Verhältnis der wiederbeschäftigten Belegschaftsmitglieder zu der noch nicht endgültig entlassenen Gesamtbelegschaft entspricht.

Nach dem gleichen Urteil bleibt die Auswahl der wieder zu beschäftigenden Betriebsratmitglieder dem Arbeitgeber überlassen. Dieser kann die Auswahl nach Maßgabe der wirtschaftlichen Notwendigkeit unter Mitberücksichtigung sozialer Erfordernisse selbständig treffen.

Ist anläßlich der Betriebstillegung die ganze Belegschaft bis auf die Notstandsarbeiter einschließlich der Betriebsratmitglieder endgültig und formgerecht entlassen, so ist das Amt der früheren Betriebsratmitglieder erloschen und der Arbeitgeber nach keiner Richtung hin zu einer Bevorzugung der früheren Betriebsratmitglieder bei der Wiedereinstellung verpflichtet.

(Weitere Entscheidungen siehe unter Nummer XI.)

k) Welchen Sonderschutz genießen Betriebsvertretungsmitglieder bei Arbeitskämpfen?

1. Zustimmungsfreie Kündigung von Betriebsratmitgliedern auch bei Stillegungen infolge von Aussperrungen. Nach einer Entscheidung des Gewerbegerichtes Königsberg vom 12. März 1924 Nr. 38/1924 ist zur Kündigung und Entlassung eines Betriebsvertretungsmitgliedes aus Anlaß von Betriebsstillegungen auch dann eine Zustimmung der Betriebsvertretung oder Ersatzzustimmung des Schlichtungsausschusses nicht erforderlich, wenn die Betriebsstillegung zu Kampfzwecken unter Aussperrung der Belegschaft erfolgt.

2. Kein Wegfall des Erfordernisses der Zustimmung nach § 96 des Betriebsrätegesetzes bei Gesamtaussperrungen. Mit Urteil vom 29. April 1924 (veröffentlicht im Schlichtungswesen, 6. Jahrg., Heft 8, S. 134) stellt sich das Gewerbegericht Freital im Gegensatz zu den von uns unter Nr. XVIII, XI und XXII angeführten Entscheidungen auf den Standpunkt, daß die zur Durchführung einer Gesamtaussperrung vorgenommene Kündigung und die damit verbundene Stillegung eines Betriebes den Arbeitgeber nicht berechtigt, einem Betriebsvertretungsmitglied ohne Zustimmung der Betriebsvertretung oder Ersatzzustimmung des Arbeitsgerichtes zu kündigen.

(Weitere Entscheidungen siehe unter Nr. XXII und XI.)

l) Wie weit genießen Wahlkandidaten und Ergänzungsmitglieder Kündigungssonderschutz?

1. Schutz auch der Wahlkandidaten. Im Gegensatz zu einer Entscheidung des Gewerbegerichts Berlin vom 22. Juni 1923, Nr, AZ 468/23, hat das Kaufmannsgericht Berlin am 26. März 1924. Nr. III 387, 388, 24, entschieden, daß auch Wahlkandidaten in gewissem Umfang den Kündigungssonderschutz des § 96 des Betriebsrätegesetzes genießen. Nach dieser Entscheidung des Kaufmannsgerichts Berlin beginnt zwar der Kündigungssonderschutz erst mit der Bekanntmachung der Wahl und gilt nur für die nach dieser Bekanntmachung gewählten Arbeitnehmer. Der Arbeitgeber ist jedoch nach Ansicht des Kaufmannsgerichts Berlin nicht berechtigt und in der Lage, durch vorzeitigen Ausspruch der Kündigung das Recht der Gewählten aus § 96 des Betriebsrätegesetzes zu vereiteln. Es soll vielmehr nicht der Tag des Ausspruchs der Kündigung, sondern der Beginn der Kündigungsfrist für die Notwendigkeit der Zustimmungseinholung maßgebend sein. Für die Erteilung der Zustimmung soll die neue Betriebsvertretung zuständig sein. Diese soll die Zustimmung auch nachträglich erteilen dürfen. Wenn also beispielsweise der Arbeitgeber einem als Wahlkandidaten aufgestellten und mit einmonatiger Frist angestellten Arbeitnehmer am 6. März zum 30. April kündigt, so soll die Kündigung mangels Erteilung der Zustimmung durch die neue Betriebsvertretung unwirksam sein, wenn der Arbeitnehmer vor dem 31. März ordnungsmäßig als Betriebsvertretungsmitglied gewählt und auch in der Bekanntmachung des Wahlergebnisses durch den Wahlvorstand als gewählt bezeichnet wird.

2. Kein Kündigungssonderschutz überzähliger Ergänzungsmitglieder. Das Oberlandesgericht Frankfurt hat mit Urteil vom 14. Februar 1924 entschieden, daß Arbeitnehmer, die zu Ergänzungsmitgliedern des Betriebsrates gewählt worden sind, ohne daß Ergänzungsmitglieder notwendig waren, den Kündigungssonderschutz der §§ 96 ff. des Betriebsrätegesetzes nicht genießen.

m) Wann und mit welcher Wirkung ist Absetzung von Betriebsvertretungsmitgliedern möglich?

1. Amtsenthebung der Betriebsvertretung wegen Werksanschlages gegen Arbeitzeitverlängerung. Bei den Arbeitzeitkämpfen haben sich in den letzten Monaten vielfach Betriebsratmitglieder im Kampfe gegen die Arbeitzeitverlängerung dazu bewegen lassen, in Anschlägen und Umlaufzetteln Propaganda gegen die Arbeitzeitverlängerung zu treiben.

Da mit einer Wiederholung solchen Vorgehens zu rechnen ist, verdient eine Entscheidung des Berggewerbegerichtes Dortmund, Kammer 4, vom 20. Mai 1924 weitestgehende Beachtung, der zufolge Betriebsratmitglieder ihres Amtes enthoben werden können, wenn sie die Belegschaft durch Anschläge usw. auffordern, die Leistung neu eingelegter Arbeitstunden zu verweigern.

In der Urteilsbegründung wird ausgeführt, daß ein Betriebsratmitglied durch die Aufforderung, die Grube bzw. den Betrieb früher zu verlassen als die Werksleitung bestimmt hat, gegen die Vorschriften der §§ 66, Absatz 3 und 6 des Betriebsrätegesetzes und die Bestimmung des § 69 des Betriebsrätegesetzes in grober Weise verstößt.

Nach den vorgenannten Bestimmungen haben die Betriebsratmitglieder die Aufgabe, den Betrieb vor Erschütterungen zu bewahren und das Einvernehmen zwischen Arbeitgeber und Arbeitnehmern zu fördern. Sie haben weiter die Pflicht, sich selbständiger Anordnungen und Eingriffe in die Betriebsleitung zu enthalten. Gegen diese Pflichten verstößt es, wenn Betriebsratmitglieder der Erledigung von Arbeitzeitstreitigkeiten durch die zuständigen Stellen durch die Aufforderung zur Arbeitsverweigerung vorgreifen.

2. Absetzung von Betriebsratsmitgliedern wegen nicht genehmigter Werksanschläge und Belegschaftsversammlungen während der Arbeitzeit. Nach einer wohl begründeten Entscheidung des Berggewerbegerichts Dortmund, Kammer XXII, Gladbeck, vom 8. Mai 1924, machen sich Betriebsvertretungsmitglieder einer groben Pflichtverletzung schuldig, indem sie widerrechtlich in den Betrieb eingreifen, wenn sie ohne Genehmigung der Betriebsleitung Anschläge im Werke anbringen und Belegschaftsversammlungen während der Arbeitzeit ohne ausdrückliche Genehmigung des Arbeitgebers einberufen. Ein solches Verhalten rechtfertigt einen Antrag des Arbeitgebers auf Absetzung der betreffenden Betriebsvertretungsmitglieder.

Die Betriebsvertretungsmitglieder können die Einberufung einer Belegschaftsversammlung während der Arbeitzeit ohne Zustimmung des Arbeitgebers auch nicht etwa damit entschuldigen, daß nach ihrer Ansicht die Einberufung notwendig war, um Ausschreitungen der Belegschaft zu verhüten.

3. Absetzung von Betriebsratmitgliedern wegen selbständiger Anordnung des Maifeierns. Nach einer richtigen Entscheidung des Schlichtungsausschusses Altona vom 15. Mai 1923 verletzen Betriebsratmitglieder gröblich ihre Betriebsvertretungsaufgaben, wenn sie gegen den Willen des Arbeitgebers durch Bekanntmachungen oder mündliche Anweisungen die Belegschaft auffordern, am 1. Mai zu feiern. Solche Betriebsratmitglieder können wegen dieser gröblichen Verletzung ihrer Pflichten ihres Postens enthoben werden. Diese Entscheidung gilt nicht für Länder, in denen der 1. Mai gesetzlicher Feiertag ist.

Durch die selbständige Anordnung des Maifeierns geben in Verbindung mit dem eigenen unentschuldigten Fehlen die betreffenden Betriebsratmitglieder gleichzeitig einen wichtigen Grund zu ihrer eigenen fristlosen Entlassung, wenn nach der Stellungnahme des Arbeitgebers sich von vornherein das unentschuldigte Fehlen als beharrliche Arbeitsverweigerung darstellen mußte.

4. Nur Amtsenthebung des Vorsitzenden der Betriebsvertretung, nicht auch der übrigen Betriebsvertretungsmitglieder bei Abhaltung einer nicht genehmigten Betriebsversammlung während der Arbeitszeit. Nach der Mitteilung XVIII m 2 können Betriebsvertretungsmitglieder wegen Anberaumung einer Betriebsversammlung während der Arbeitzeit ohne Genehmigung durch den Arbeitgeber ihres Amtes enthoben werden. Da die Einberufung einer Betriebsversammlung nach dem Betriebsrätegesetz lediglich Sache des Vorsitzenden der Betriebsvertretung ist, ist auch nur der Vorsitzende der Betriebsvertretung oder sein Stellvertreter für einen solchen Verstoß nach einer Entscheidung des Gewerbegerichtes Glauchau vom 10. April 1924 (veröffentlicht im Schlichtungswesen, 6. Jahrgang, Heft 6, S. 93) verantwortlich. Auch wenn die Einberufung der Betriebsversammlung von der ganzen Betriebsvertretung beschlossen worden ist, kann nach der vorerwähnten Entscheidung lediglich der Vorsitzende der Betriebsvertretung also je nachdem, ob es sich um eine Versammlung der Arbeiter, Angestellten oder der gesamten Belegschaft handelt, wegen dieses Verstoßes im allgemeinen nur der Vorsitzende des Arbeiter-, Angestellten- oder Betriebsrates seines Amtes enthoben werden.

5. **Amtsenthebung wegen öffentlicher aufhetzender Bekanntgabe von Mißständen.** Das Gewerbegericht Opladen hat mit Urteil vom 18. August 1924 Nr. L 34/1924 ein Arbeiterratsmitglied auf Antrag einer Firma wegen grober Pflichtverletzung gemäß § 39 des Betriebsrätegesetzes seines Amtes enthoben, weil es in aufhetzenden Zeitungsartikeln Mißstände des Betriebes bekanntgemacht hatte und weiterhin zu verbreiten beabsichtigte. In der Urteilsbegründung betont das Gewerbegericht Opladen, daß die Betriebsvertretungsmitglieder nach § 1 des Betriebsrätegesetzes berufen sind, den Arbeitgeber in der Erfüllung der Betriebszwecke zu unterstützen, und daß sie nach § 66, Ziff. 3 und 6 des Betriebsrätegesetzes gehalten sind, den Betrieb vor Erschütterungen zu bewahren und das Einvernehmen innerhalb der Arbeiterschaft und zwischen ihr und dem Arbeitgeber zu fördern. Nach dieser Ansicht folgt aus diesen Bestimmungen das Recht und die Pflicht des Betriebsvertretungsmitgliedes, bestehende Mißstände bei der Betriebsleitung zur Sprache zu bringen und sich um Abstellung derselben zu bemühen, nicht jedoch das Recht, vermeintliche Mißstände in die Öffentlichkeit zu zerren.

6. **Absetzung von Betriebsratmitgliedern wegen Entfernung von Anschlägen des Arbeitgebers.** Nach einer Entscheidung des Arbeitsgerichtes Reichenbach i. V. vom 24. 6. 24 (s. Arbeitsrechtliche Beilage der Mitteilungen der Vereinigung deutscher Arbeitgeberverbände, Nr. 9, S. 42) kann ein Betriebsratmitglied auf Antrag des Arbeitgebers wegen gröblicher Pflichtverletzung seines Amtes enthoben werden, wenn es einen vom Arbeitgeber im Betriebe angebrachten Anschlag eigenmächtig entfernt.

7. **Amtsenthebung der Betriebsvertretungsmitglieder wegen Pflichtverletzung für die Dauer der ganzen laufenden Wahlperiode.** Obwohl nach herrschender Ansicht Betriebsvertretungsmitglieder, die wegen Pflichtverletzung ihres Amtes enthoben werden, in der laufenden Wahlperiode nicht neu in die Betriebsvertretung gewählt werden können, versuchen doch manche Belegschaften immer wieder, die Amtsenthebung durch Neuwahl der abgesetzten Betriebsvertretungsmitglieder illusorisch zu machen.

Es empfiehlt sich deshalb, bei den einschlägigen Verhandlungen vor dem Arbeitsgerichte zur Vermeidung späterer Streitigkeiten von vornherein den Antrag zu stellen, die betreffenden Betriebsvertretungsmitglieder ausdrücklich für die ganze Dauer der laufenden Wahlperiode ihres Amtes zu entheben.

Nach einer Entscheidung des Berggewerbegerichtes Dortmund, Kammer XXII, Gladbeck, vom 8. Mai 1924 ist eine solche ausdrückliche Ausdehnung der Absetzungswirkung für die Dauer der ganzen laufenden Wahlperiode zulässig.

8. **Keine Absetzung von Betriebsvertretungsmitgliedern, die nach dem Verstoß gegen ihre Pflichten wieder gewählt worden sind.** Gemäß einer Entscheidung des Gewerbegerichts Elberfeld vom 22. Mai 1924 (s. »Gewerbe- und Kaufmannsgericht« 30, 1, S. 11) ist das Arbeitsgericht nicht mehr befugt, eine wegen Verstoßes gegen die Betriebsvertretungspflichten beantragte Amtsenthebung eines Betriebsvertretungsmitgliedes auszusprechen, wenn in der Zeit zwischen dem Verstoß bzw. der Beantragung der Amtsenthebung und der mündlichen Verhandlung die Wahlperiode abgelaufen und das betreffende Betriebsvertretungsmitglied durch eine neue Wahl wieder gewählt worden ist.

n) Ist nach Beendigung eines Arbeitskampfes eine Neuwahl der Betriebsvertretung notwendig?

1. **Bei Streikbeendigung ist eine Neuwahl der Betriebsvertretung notwendig, wenn die Belegschaft entlassen war.** Auch das Gewerbegericht Grimma hat sich nach einer in Nr. 9 der Arbeitsrechtlichen Beilage der Mitteilungen der Vereinigung Deutscher Arbeitgeberverbände 1924, S. 41, veröffentlichten Entscheidung vom 8. 4. 24 auf den Standpunkt gestellt, daß auch dann, wenn bei Streikbeilegung vereinbart wird, daß trotz der zwischenzeitlichen Entlassung der Streik nicht als Unterbrechung des Arbeitsverhältnisses gelten soll, die früheren Betriebsratmitglieder nicht ohne weiteres ihr Amt wiedergewinnen, sondern daß dann eine Neuwahl erforderlich ist.

2. **Fortdauer der Betriebsratseigenschaft über einen Streik hinaus.** Nach einer Entscheidung des Gewerbegerichtes Hamburg vom 19. März 1924 erlischt das Amt der Betriebsvertretungen nicht, und es ist infolgedessen auch keine Neuwahl der Betriebsvertretungen notwendig, wenn ein Streik oder eine Aussperrung durch einen von beiden Parteien angenommenen Schiedsspruch beigelegt wird, sofern dieser Schiedsspruch besagt, daß Maßregelungen nicht stattfinden, und daß die Arbeitseinstellung nicht als Unterbrechung des Arbeitsverhältnisses gelten soll. Dieses in der Literatur als unrichtig bekämpfte Urteil des Gewerbegerichtes Hamburg dürfte meines Erachtens nur dann richtig sein, wenn der Arbeitgeber nicht schon während des Arbeitskampfes und vor der Annahme des Schiedsspruches von seinem Rechte der fristlosen Entlassung oder der Entlassung nach Fristsetzung oder Aufkündigung Gebrauch gemacht hat. Ist die Entlassung jedoch einmal ausgesprochen, so ist damit meines Erachtens auch das Betriebsratsamt der in den Streik getretenen Betriebsratsmitglieder kraft Gesetzes erloschen, und es ist eine Neuwahl nicht zu umgehen.

3. **Kein Wiederaufleben der Betriebsrateigenschaft nach fristloser Entlassung infolge eines Streiks.** Das Landgericht Kiel

hat mit Urteil vom 17. Juni 1924 sich der herrschenden Ansicht dahingehend angeschlossen, daß Betriebsratmitglieder durch die fristlose Entlassung bei einem Streik ihre Betriebsrateigenschaft endgültig verlieren und sie nur durch eine Neuwahl zurückgewinnen können.

4. Bei Wiedereinstellung der streikentlassenen Belegschaft ist eine Neuwahl der Betriebsvertretung erforderlich. Mit Urteil vom 17. Juni 1924, Nr. 2, S. 9/24, stellt sich auch die 2. Zivilkammer des Landgerichts Kiel auf den in Arbeitgeberkreisen vertretenen Standpunkt, daß die Betriebsobleute und Betriebsvertretungsmitglieder ihre Betriebsvertretungseigenschaft durch die Entlassung bei Arbeitskämpfen endgültig verlieren und sie nicht schon durch die Wiedereinstellung nach Streikbeilegung, sondern erst durch ordnungsmäßige Neuwahl wiedererwerben können.

o) Wie weit ist Verzicht auf den Kündigungssonderschutz möglich?

1. Kein vorheriger Verzicht auf die Rechte aus § 96 des Betriebsrätegesetzes im Wege der Tarifvereinbarung. Nach herrschender Ansicht kann jedes Betriebsvertretungsmitglied durch Anerkennung einer ohne Zustimmung der Betriebsvertretung ausgesprochenen Kündigung auf die Rechte aus § 96 des Betriebsrätegesetzes verzichten. Dagegen kann nach einer Entscheidung des Gewerbegerichtes Freital vom 29. April 1924 Nr. 11 GG (s. Schlichtungswesen, 6. Jahrgang, Heft 8, S. 134) auf die Rechte aus § 96 des Betriebsrätegesetzes nicht im Wege einer Tarifvereinbarung im voraus verzichtet werden.

2. Gültiger Verzicht auf den Sonderschutz als Betriebsvertretungsmitglied. Nach einem Urteil des Gewerbegerichtes Mülheim-Ruhr vom 7. März 1924 kann ein Betriebsvertretungsmitglied gültig auf den Kündigungssonderschutz der §§ 96f. des Betriebsrätegesetzes verzichten. Ein solcher Verzicht gilt nach Ansicht des Gewerbegerichtes Mülheim als endgültig vorliegend, wenn ein Betriebsvertretungsmitglied sich mit seiner Entlassung einverstanden erklärt, oder so lange mit dem Widerspruch gegen die Entlassung und der Klageerhebung wartet, daß man einen solchen Verzicht auf das Schutzrecht des § 96 annehmen mußte.

XIX. Arbeitgeber- und Arbeitnehmervereinigungen.

A. Einschlägige Gesetzesbestimmungen.

1.—3. siehe die unter Nr. XVII 1—3 angeführten Gesetze.
4. Verordnung über Tarifverträge, Arbeiter- und Angestelltenausschüsse und Schlichtung von Arbeitsstreitigkeiten vom 23. Dezember 1918 (RGBl. S. 1457).
5. Betriebsrätegesetz vom 4. Februar 1920 (RGBl. S. 147).

B. Die wichtigsten Einzelfragen.

a) Wie weit kann auf Einhaltung der Verbandssatzung geklagt werden?

1. Einklagbarkeit von Verbandsbeiträgen. Nach § 152, Abs. 2 der Reichsgewerbeordnung kann auf Grund von Vereinbarungen zum Behufe der Erlangung günstiger Lohn- und Arbeitsbedingungen nicht geklagt werden. Bis zum Inkrafttreten der neuen Reichsverfassung folgerte die herrschende Ansicht in Literatur und Rechtsprechung aus dieser Bestimmung, daß wirtschaftliche Vereinigungen der Arbeitgeber und Arbeitnehmer, auch wenn sie als Vereine eingetragen sind, auf rückständige Beiträge nicht klagen konnten.

In Übereinstimmung mit einer Entscheidung des Landgerichts Münster i. W. hat neuerdings das Landgericht II in Berlin entschieden, daß durch den § 159 der Reichsverfassung der mit ihr in Widerspruch stehende Absatz 2 des § 152 der Gewerbeordnung außer Kraft gesetzt worden ist.

Nach diesem Urteile können Arbeitgeber- und Arbeitnehmerverbände rückständige Beiträge nunmehr bei den ordentlichen Gerichten unbeschränkt einklagen.

(Weitere Entscheidungen siehe unter Nummer XVII.)

b) Ist fristloser Austritt aus Arbeitgeber- und Arbeitnehmer-Vereinigungen zulässig?

1. Jederzeitiger fristloser Austritt aus einem nicht rechtsfähigen Berufsverein. Nach einer Entscheidung des Landgerichtes Frankfurt vom 4. Januar 1924 Nr. 16, S. 278/22, veröffentlicht in der Neuen Zeitschrift für Arbeitsrecht, 4. Jahrgang, Spalte 177, steht auch bei entgegenstehenden Satzungsbestimmungen jedem Mitglied einer nicht rechtsfähigen, also nicht als Verein eingetragenen Berufsvereinigung das Recht zu jederzeitigem fristlosem Austritt wegen wichtigen Grundes zu. Das im § 723 des BGB. gegebene außerordentliche Kündigungsrecht kann eben durch Satzungsbestimmungen nicht rechtsgültig ausgeschlossen werden.

c) Wie weit haftet eine Arbeitgeber- oder Arbeitnehmervereinigung für Handlungen ihrer Organe?

1. Haftung einer Gewerkschaft auch bei Nichteintragung in das Vereinsregister für den durch seinen Vorstand verschuldeten Schaden. Das Hanseatische Oberlandesgericht hat mit Urteil des 2. Zivilsenats vom 8. April 1924 Nr. II, 79/24, eine Gewerkschaft, obwohl sie als Verein nicht in das Vereinsregister eingetragen war, zum Ersatz des Schadens verurteilt, welcher durch den Gewerkschaftsvorstand verschuldet worden war. Das Hanseatische Oberlandesgericht betont in Anlehnung an ein in ähnlichem Sinne ergangenes Urteil des Oberlandesgerichtes Düsseldorf vom 8. März 1910, daß zwar nach strengem, formellem Recht die Vorschriften des § 31 des Bürgerlichen Gesetzbuches auf Gewerkschaften, die als Verein nicht eingetragen sind, nicht zutreffen. Dagegen leitet es die Haftpflicht eines als Verein nicht eingetragenen Verbandes aus dem allgemeinen Rechtsempfinden und den Anschauungen des Verkehrs ab, aus der Erwägung heraus, daß es unerträglich wäre, wenn ein großer Verein, der die Vorteile des Rechtsverkehrs genießt und dem nichts fehlt als die Formalität der Eintragung, um als juristische Person auch für die im Rechtsleben vorkommenden Verletzungen fremder Rechte verantwortlich gemacht werden zu können, ein Verein, der vielleicht die Eintragung nachzusuchen gerade aus Gründen unterlassen hat, die auf dem Gebiete der Anwendung des § 31 BGB. liegen, von der Verantwortlichkeit für die in seinem Namen und von seinen Organen begangenen Rechtsverletzungen frei und den Verletzten auf eine Klage gegen die schuldigen Vorstandsmitglieder zu verweisen berechtigt sein sollte.

d) Wer ist zur Vertretung einer Arbeitgeber- oder Arbeitnehmervereinigung berechtigt?

1. Abschlußvollmacht der Gewerkschaftsvertreter. Ohne Rücksicht darauf, ob die zu Tarifverhandlungen von den Gewerkschaften entsandten Vertreter nach der Satzung Vertretungsvollmacht besitzen, sind solche Gewerkschaftsvertreter nach einem Urteil des Landgerichtes Dortmund vom 1. Mai 1924 (Juristische Wochenschrift 1924, S. 1275) zum Abschluß vollgültiger und die Gewerkschaften verpflichtender Tarifverträge bevollmächtigt.

e) Wieweit kann ein Arbeitgeberverband seine Tariffähigkeit aufheben?

1. Aufhebung der Tariffähigkeit eines Arbeitgeberverbandes. In Übereinstimmung mit der herrschenden Ansicht entschied auch das Landgericht Plauen mit Urteil vom 12. Juni 1924 (Schlichtungswesen VI, 10, S. 176), daß jede Arbeitgeberorganisation sich durch entsprechende Satzungsänderungen die Tariffähigkeit überhaupt oder gegenüber bestimmten Arbeitnehmergruppen nehmen kann. In diesem Falle kann der Arbeitgeberverband auch nicht durch einen Schiedsspruch und eine Verbindlichkeitserklärung zu einem Tarifvertrage gezwungen werden. Nach Ansicht des Landgerichtes Plauen tritt jedoch eine entsprechende Satzungsänderung nur dann sofort in Kraft, wenn der Verband zur Zeit der Beschlußfassung nicht tarifgebunden ist. Gilt für ihn dagegen im Zeitpunkte der Beschlußfassung ein Tarifvertrag, so tritt auf Grund der Satzungsänderung die Tarifunfähigkeit erst mit dem Ablauf dieses Tarifvertrages in Kraft.

(Weitere Entscheidungen siehe unter Nr. XXI B. a).

XX. Arbeitsordnung und Betriebsvereinbarung.

A. Einschlägige Gesetzesbestimmungen.

1. Gewerbeordnung für das Deutsche Reich vom 26. Juli 1900 (R.G.Bl. S. 871 ff.) insbesondere deren §§ 134a—k und 147 und 148.
2. Betriebsrätegesetz vom 4. Februar 1920 (RGBl. S. 147), insbesondere dessen §§ 66, 75, 78 und 80.
3. Verordnung über die Regelung der Arbeitszeit gewerblicher Arbeiter vom 23. November und 17. Dezember 1918 (RGBl. S. 1334 und 1436).
4. Verordnung über die Regelung der Arbeiszeit der Angestellten vom 18. März 1919 (RGBl. S. 315).
5. Verordnung über die Arbeitzeit vom 21. Dezember 1923 (RGBl. S. 1249).

B. Die wichtigsten Einzelfragen.

a) Wann und in welcher Weise ist eine Arbeitsordnung zu erlassen?

1. Keine Strafbarkeit des Nichtanrufens des Schlichtungsausschusses beim Scheitern der Verhandlungen über eine Arbeitsordnung. Ein im Reichsarbeitsblatt Nr. 13 vom 1. Juli 1924 veröffentlichtes Urteil des Oberlandesgerichtes in Hamm vom 7. November 1923 besagt, daß ein Arbeitgeber sich nicht strafbar macht, wenn er beim Scheitern der Einigungsverhandlungen für eine Arbeitsordnung es unterläßt, den Schlichtungsausschuß im Sinne der §§ 75 und 80 des Betriebsrätegesetzes zur Entscheidung der strittigen Punkte anzurufen.

In der Urteilsbegründung führt das Oberlandesgericht zutreffend aus, daß die Strafvorschrift des § 157 Ziffer 5 der Gewerbeordnung keine Gültigkeit mehr haben kann, seitdem durch das Betriebsrätegesetz dem Arbeitgeber die Möglichkeit genommen worden ist, selbständig eine Arbeitsordnung zu erlassen.

2. Selbständiger Erlaß der Arbeitsordnung durch den Arbeitgeber beim Fehlen einer Betriebsvertretung. Gestützt auf die Kommentare zum Betriebsrätegesetz von Feig-Sitzler, Flatow und Kieschke-Syrup und auf die Ausführungen Ulrichs in seinem Buche über die Arbeitsordnung für Arbeiter gewerblicher Betriebe vertritt der Reichsarbeitsminister in einem Bescheide vom 19. September 1924, III A 62/64 (s. Schlichtungswesen 10, S. 171, Jahrgang 1924) den Standpunkt, daß der Arbeitgeber zum selbständigen Erlaß der Arbeitsordnung berechtigt und verpflichtet ist, wenn die Arbeitnehmerschaft eines Betriebes eine Betriebsvertretung nicht gewählt und damit auf ihr Mitbestimmungsrecht auch beim Erlaß der Arbeitsordnung verzichtet hat.

b) Was gilt bei Konkurrenz zwischen Bestimmungen eines Tarifvertrages, einer Arbeitsordnung und einer Betriebsvereinbarung?

1. Selbsttätige Aufhebung entgegenstehender Bestimmungen der Arbeitsordnung durch neue Tarifvereinbarungen. Nach herrschender Ansicht gehen Einzelabmachungen und Tarifvereinbarungen in allen Fällen entgegenstehenden Bestimmungen einer Arbeitsordnung vor.

Dementsprechend weist der Reichsarbeitsminister in einem Bescheide vom 10. Juni 1924 IIIA 4300/24 mit Recht darauf hin, daß mit dem Inkrafttreten eines neuen Tarifvertrages, und in gleicher Weise auch mit dem Geltungsbeginn eines von beiden Parteien angenommenen oder für verbindlich erklärten Schiedsspruches entgegenstehende Bestimmungen einer Arbeitsordnung, insbesondere soweit sie die Arbeitszeit für die unter den Tarifvertrag fallenden Arbeitsverhältnisse betreffen, ohne weiteres hinfällig werden.

Der Arbeitgeber ist aber verpflichtet, die Arbeitsordnung im Wege der Vereinbarung mit der gesetzlichen Betriebsvertretung und notfalls unter Inanspruchnahme des Schlichtungsausschusses gemäß den §§ 75 und 80 des Betriebsrätegesetzes zu ändern.

Die Abänderung zur Arbeitsordnung tritt erst zwei Wochen nach gültiger Bekanntmachung in Kraft. Bis dahin gelten lediglich die Bestimmungen der Tarifvereinbarung oder des Schiedsspruches und die dazu vom Arbeitgeber selbständig erlassenen betriebsnotwendigen Ausführungsanweisungen.

c) Ist der Arbeitgeber zur selbständigen Straffestsetzung auf Grund der Arbeitsordnung berechtigt?

1. Selbständige Straffestsetzung auf Grund der Arbeitsordnung durch den Arbeitgeber. In einem Urteile, betreffend die Bestrafung von Arbeitnehmern wegen Fehlens am 1. Mai, hat das Landgericht Krefeld entsprechend dem durchweg von Arbeitgeberseite eingenommenen Standpunkte entschieden, daß der § 80 des Betriebsrätegesetzes nur eine Mitwirkung der Betriebsvertretung bei der Aufnahme von

Strafbestimmungen in die Arbeitsordnung, nicht jedoch auch eine Mitwirkung bei der Festsetzung von Einzelstrafen auf Grund der Arbeitsordnung verlangt.

Dementsprechend hat das Landgericht Krefeld weiter entschieden, daß die selbständige Straffestsetzung im Einzelfalle durch die Werksleitung zu Recht besteht und keinen Verstoß gegen das Betriebsrätegesetz darstellt. Das Landgericht betont auch ausdrücklich, daß eine einseitige Straffestsetzung durch den Arbeitgeber entgegen der Ansicht der Arbeitnehmer keinen Verstoß gegen die guten Sitten darstellt, »weil die Arbeitsordnung nebst Strafrahmen entsprechend den Bestimmungen des § 80 des Betriebsrätegesetzes gemeinsam mit der Betriebsvertretung festgelegt werden muß, und weil die Arbeiter, auch, falls sie sich zu Unrecht im Einzelfalle bestraft fühlen, gemäß § 78, Ziffer 4, des Betriebsrätegesetzes im Wege der Beschwerde durch Anrufung des Arbeiterrates eine Abstellung herbeiführen können«.

(Weitere Entscheidungen siehe unter den Nummern IV, XVIII und XXI.)

XXI. Tarifverträge.

A. Einschlägige Gesetzesbestimmungen.

1. Verordnung über Tarifverträge, Arbeiter- und Angestelltenausschüsse und Schlichtung von Arbeitsstreitigkeiten vom 23. Dezember 1918 (RGBl. S. 1456).
2. Bekanntmachung über die Übertragung der dem Reichsarbeitsministerium hinsichtlich der allgemeinen Verbindlichkeit von Tarifverträgen obliegenden Aufgaben auf das Reichsamt für Arbeitsvermittlung vom 1. Juni 1922 (Reichsarbeitsbl. 1922 Nr. 11, S. 292).
3. Bestimmungen des Reichsarbeitsministers über die Veröffentlichung der auf die allgemeine Verbindlichkeit von Tarifverträgen bezüglichen Bekanntmachungen im Reichsarbeitsblatt (Reichsarbeitsblatt 1920, Nr. 1, S. 9.)
4. Verordnung über das Schlichtungswesen vom 30. Oktober 1923 (RGBl. S. 1043).
5. Betriebsrätegesetz vom 4. Februar 1920 (RGBl. S. 147).

B. Die wichtigsten Einzelfragen.

a) Wer ist tariffähig und wie weit kann man die Tariffähigkeit beseitigen?

1. Tarifunfähigkeit tariffeindlicher Verbände. Nach einem in der Kartenauskunftei des Arbeitsrechtes, Karte »Berufsverein Tariffähigkeit IV« veröffentlichten Schiedsspruch einer besonderen Schlichterkammer vom 20. 5. 24 besitzen nur Vereinigungen die Tariffähigkeit, die vermöge ihrer Satzung oder auf Grund tatsächlicher Übung zum Abschluß von Tarifverträgen ermächtigt sind. Nur gegen solche Vereinigungen kann also auch ein Schiedsspruch erlassen und für verbindlich erklärt werden.

(Weitere Entscheidungen siehe unter Nr. XIX.)

b) Welche Formvorschriften gelten beim Abschluß von Tarifvereinbarungen?

1. Übersendung der Tarifverträge an die Gewerbeaufsichtsbeamten. Durch einen im Ministerialblatt der Handels- und Gewerbeverwaltung Nr. 7 vom 1. April ds. Js. veröffentlichten Erlaß vom 13. März 1924 weist der Minister für Handel und Gewerbe die Regierungspräsidenten an, sorgfältig darauf zu achten und notfalls durch Anwendung der Strafvorschriften zu erzwingen, daß die Arbeitgeber der in der Verordnung vom 23. Dezember 1918 bzw. 31. Mai 1920 festgelegten Pflicht der Übersendung der Tarifverträge an die Gewerbeaufsichtsbeamten usw. pünktlich nachkommen. Nach diesem Erlaß sind alle Arbeitgeber verpflichtet, dem zuständigen Regierungspräsidenten für alle Gewerbeaufsichtsämter, in deren Bezirk sich Betriebe des betreffenden Arbeitgebers befinden, je einen Abdruck oder eine Abschrift des Tarifvertrages sowie sämtlicher dazu vereinbarter Ergänzungen und Abänderungen innerhalb zweier Wochen nach Abschluß der Vereinbarung kostenfrei ohne besondere Aufforderung einzusenden. Bei der Einsendung ist ein weiterer Abdruck für den Regierungspräsidenten selbst beizufügen.

2. Mitteilungspflicht der Arbeitgeber auch bei Zwangstarifen. Nach den Bestimmungen der Verordnung betreffend Tarifverträge vom 23. Dezember 1918 in der Fassung der Verordnung vom 31. Mai 1920 und nach den dazu ergangenen Ausführungsbestimmungen des Preußischen Ministers für Handel und Gewerbe vom 13. März 1924 sind die Arbeitgeber bekanntlich verpflichtet, beim Neuabschluß und bei Änderung von Tarifverträgen den zuständigen Gewerbeaufsichtsbeamten unter Beifügung von mehreren Abdrucken der Tarifvereinbarungen Mitteilung zu machen.

In einem Erlaß vom 11. Juli 1924 Nr. IIIa 1626 macht der Preußische Minister für Handel und Gewerbe darauf aufmerksam, daß diese Mitteilungspflicht nicht nur dann besteht, wenn Tarifverträge im Wege der freien Vereinbarung zustande kommen, sondern auch dann, wenn sie durch Verbindlichkeitserklärung von Schiedssprüchen als sogenannte Zwangstarife entstanden sind.

3. Mündliche Nebenabreden zu Tarifverträgen sind nicht unabdingbar. Nach der Tarifvertragsverordnung vom 23. Dezember 1918 bedürfen Tarifverträge der Schriftform. Dementsprechend gelten mündliche Nebenabreden nach einem Urteil des Landgerichtes Dortmund vom 1. Mai 1924 (Juristische Wochenschrift 1924, S. 1275) nicht als vollgültige Tarifvereinbarungen und genießen auch nicht die gesetzliche Unabdingbarkeit.

c) Wie weit sind Tarifvereinbarungen abdingbar?

1. Abdingbarkeit der Tariflöhne. Nach einem Urteile des Gewerbegerichtes Koblenz (veröffentlicht in der Nachrichtensammlung der Austauschstelle Köln der Arbeitgeberverbände) ist es zulässig, daß mit Zustimmung der betroffenen Arbeitnehmer an Stelle des an sich in Frage kommenden Tarifvertrages ein anderes für die Arbeitnehmer ungünstigeres Lohnabkommen angewandt werden darf, wenn es nur bei Anwendung dieses ungünstigeren Tarifabkommens möglich ist, die betroffenen Arbeitnehmer zu beschäftigen und sie vor Erwerbslosigkeit zu bewahren. Das Gewerbegericht Koblenz begründet diesen Standpunkt mit der Erwägung, daß die Beschäftigung zu schlechteren Tarifbedingungen gegenüber der Erwerbslosigkeit für die Arbeitnehmer immerhin die bessere Lösung darstellt. Es nimmt auch eine gültige Vereinbarung der ungünstigeren Löhne an, wenn die Arbeitnehmer sich stillschweigend mit der Anwendung einverstanden erklärt haben.

Diese Ansicht ist viel umstritten. Es empfiehlt sich deshalb unbedingt, vorsichtshalber in einschlägigen Fällen die Anwendung des ungünstigeren Tarifes mit den zuständigen Tarifparteien, d. h. mit den Gewerkschaften zu vereinbaren, um einer Verurteilung zur Nachzahlung der Lohndifferenzen vorzubeugen.

2. Abdingbarkeit der Tarifverträge. In Übereinstimmung mit dem unter Nr. XXI, B c) 1 angeführten Urteil hat das Gewerbegericht Düren am 17. Juli 1924 entschieden, daß der Arbeitgeber in anormalen Zeiten trotz der grundsätzlichen Unabdingbarkeit der Tarifverträge berechtigt ist mit voller Rechtsgültigkeit mit seinen sämtlichen Arbeitnehmern oder mit einzelnen Gruppen derselben zu vereinbaren, daß sie für die Dauer bestehender Schwierigkeiten eine geringere als die tarifmäßig vorgesehene Entlohnung erhalten. Diese Entscheidung begründet das Gewerbegericht Düren mit der Erwägung, daß es für die Gesamtheit der Arbeitnehmer, auf die es auch bei der Beurteilung von Tarifabweichungen ankomme, immerhin besser sei, bei geringerer Entlohnung Arbeit zu behalten, als die Arbeit wegen starr ausgelegter Unabdingbarkeit der Tarifverträge zu verlieren und der Erwerbslosenfürsorge anheimzufallen.

3. Unabdingbarkeit von Tarifverträgen bei ungünstiger Wirtschaftslage. In Übereinstimmung mit den unter den Nr. XXI, B. c) 1 u. 2 bekanntgegebenen Entscheidungen der Gewerbegerichte Koblenz und Düren entschied auch das Gewerbegericht Oberlahnstein mit Urteil vom 9. September 1924 (Schlichtungswesen VI, 10, S. 177), daß es in Zeiten von Wirtschaftskrisen zulässig ist, zur Verringerung der Arbeitslosigkeit Erwerbslose oder Arbeitnehmer, die sonst erwerbslos werden würden, zu niedrigeren als den tariflichen Löhnen einzustellen oder weiter zu beschäftigen. Auch das Gewerbegericht Oberlahnstein erblickt bei Wirtschaftskrisen in der Beschäftigung von Arbeitnehmern zu untertariflichen Löhnen eine günstigere Lösung als in der Entlassung.

4. Kündigungsausschluß keine günstigere Tarifbedingung als 14tägige Kündigungsfrist. Nach einer Entscheidung des Gewerbegerichtes Hamburg vom 12. 7. 24 gilt im

Sinne der tariflichen Unabdingbarkeit der Kündigungsausschluß **gegenüber der 14tägigen Kündigungsfrist** nicht als günstigere Bedingung **für den Arbeitnehmer, besonders nicht in Zeiten wirtschaftlicher Depression.**

d) Wie weit kann auf Tarifgehalt verzichtet werden?

1. Unwirksamkeit eines Verzichtes auf Tarifgehalt? Im Gegensatz zu der wohl als herrschend anzusehenden Meinung hat das Landgericht Königsberg in einem in der neuen Zeitschrift für Arbeitsrecht, Heft 11, 1924, S. 697, veröffentlichten Urteile Nr. 2, S. 931/22 vom 6. 3. 1923 entschieden, daß ein Arbeitnehmer auch nachträglich nicht rechtswirksam auf einen Teil des Tarifgehaltes verzichten kann. Nach der wohl kaum zutreffenden Ansicht des Landgerichtes Königsberg würde der Tarifvertrag seines vom Gesetzgeber gewollten autoritativen Charakters entkleidet, wenn durch Verzicht des Arbeitnehmers auf das Tarifgehalt den Beteiligten gestattet würde, vom Tarifvertrage nach Gutdünken abzuweichen. Das Landgericht Königsberg steht weiter auf dem Standpunkte, daß einem Arbeitnehmer auch keine Arglist vorgeworfen werden kann, wenn er zunächst vielleicht aus Furcht vor Entlassung und Arbeitslosigkeit unter dem Druck der wirtschaftlichen Verhältnisse auf einen Teil des Tarifgehaltes verzichtet und erst nach Beendigung seines Dienstverhältnisses den Unterschied zwischen gezahltem und tarifmäßigem Gehalt beansprucht.

Wenn die Mehrzahl der Gerichte auch auf dem gegenteiligen Standpunkte steht und nur einen für die Zukunft ausgesprochenen Verzicht auf Tarifgehalt für unwirksam hält, so empfiehlt es sich doch, in denjenigen Fällen, in denen eine geringere Leistungsfähigkeit des Arbeitnehmers oder eine wirtschaftliche Notlage des Betriebes die Streichung eines Teils des Tarifgehaltes im Einvernehmen mit dem Arbeitnehmer bedingt, in die Verzichtserklärung des Arbeitnehmers ausdrücklich die Gründe mit aufzunehmen, die die Kürzung des Tarifgehaltes nach Ansicht des Arbeitgebers und des Arbeitnehmers rechtfertigen, damit später nicht behauptet werden kann, der Arbeitnehmer habe sich lediglich aus Furcht vor Benachteiligung in eine unbillige Tarifgehaltsverkürzung fügen müssen.

e) Wie weit besitzen Tarifvereinbarungen rückwirkende Kraft?

1. Rückwirkung tariflich vereinbarter Nachzahlungen auf ausgeschiedene Arbeitnehmer. Zu der bekannten Streitfrage, ob Arbeitnehmer, die beim Abschluß eines Tarifvertrages oder eines Nachtrages zu einem Tarifvertrage bereits aus dem Dienste ausgeschieden waren, Anspruch auf Tarifnachzahlungen auf Grund rückwirkend vereinbarter Tariferhöhungen haben, liegt nunmehr auch ein Reichsgerichtsurteil vom 13. XII. 1923 vor. Nach diesem Urteil steht ausgeschiedenen Arbeitnehmern während der Zeit der Inflation mangels entgegenstehender ausdrücklicher Tarifbestimmungen in vollem Umfange ein Rechtsanspruch auf Nachzahlung tariflich vereinbarter Lohn- und Gehaltserhöhungen zu, weil in den Zeiten der Inflation Dienst- und Arbeitsverträge als unter der stillschweigenden Vereinbarung abgeschlossen gelten, daß die von den Tarifparteien auf Grund der wirklichen Teuerung eventuell nachträglich festgesetzten Beträge als angemessene Vergütung vereinbart gelten.

2. Rückwirkung des Tarifabschlusses auf vorher ausgeschiedene Arbeitnehmer. In der bekannten Streitfrage betreffend die Rückwirkung von Tarifverträgen auf vor ihrem Abschluß ausgeschiedene Arbeitnehmer hat sich auch das Landgericht Köln mit Urteil vom 22. Februar 1924 (s. »Juristische Wochenschrift 53, 14, S. 1059) auf den jetzt wohl als herrschend anzunehmenden Standpunkt gestellt, daß auch Arbeitnehmer, die vor dem Abschluß eines Tarifvertrages oder vor der Verbindlichkeitserklärung eines Schiedsspruches ausgeschieden sind, die Vorteile des Tarifvertrages für die Zeit vom Tage des Inkrafttretens bis zum Ablauf des Arbeitsvertrages beanspruchen können.

f) Wie weit gelten noch Bestimmungen eines bereits außer Kraft getretenen Tarifvertrages?

1. Keine Nachwirkung gekündigter Tarifverträge. Im Gegensatz zu der wohl als herrschend anzusehenden Meinung, daß ein durch Kündigung außer Kraft gesetzter Tarifvertrag in den Einzeldienstverträgen fortwirkt, solange diese Fortwirkung nicht durch eine Einzelkündigung gegenüber dem einzelnen Arbeitnehmer aufgehoben worden ist, stellt sich das Gewerbegericht Bonn in einem Urteil vom 29. September 1924, Nr. 642, 24 und 679 bis 687/24 auf den Standpunkt, daß mit Ablauf der Kündigungsfrist eines gekündigten Tarifvertrages die Rechtswirkungen desselben restlos für die Folgezeit erlöschen, daß also der Tarif als Bestandteil des einzelnen Arbeitsvertrages nur für die Dauer seiner Gültigkeit in Frage kommen kann.

Wenn auch manche Gründe für die Richtigkeit dieses Standpunktes angeführt werden können, empfiehlt es sich trotzdem, mit Rücksicht auf die vorherrschende gegenteilige Meinung, vorsichtshalber bei der Aufkündigung eines Tarifvertrages den einzelnen Arbeitnehmern mit den für die laufenden Dienstverträge vorgesehenen Kündigungsfristen anzukündigen, daß mit dem Außerkrafttreten des gekündigten Tarifvertrages der Arbeitgeber sich nicht mehr an die Tarifbedingungen gebunden betrachtet.

2. Nachwirkung eines außer Kraft getretenen Tarifvertrages. Im Gegensatz zu dem unter Nr. XXI, B. f) 1 mitgeteilten Urteil des Gewerbegerichtes Bonn entschied das Gewerbegericht Mannheim mit Urteil vom 26. August 1924 (»Das Schlichtungswesen« VI, 10, S. 175), daß mit der Beendigung eines Tarifvertrages gleichwohl die Tarifbestimmungen, soweit sie Gegenstand der Einzelarbeitsverträge sein können, so lange in Kraft bleiben, bis sie durch einen neuen Tarifvertrag oder durch ausdrückliche Aufkündigung dieser Nachwirkung mit der für das Einzeldienstverhältnis geltenden Kündigungsfrist außer Kraft gesetzt sind.

3. Nachwirkung von Tarifbedingungen. Zur Behebung von Meinungsverschiedenheiten sei anläßlich der Aufkündigung des Gießereiabkommens durch den Gesamtverband Deutscher Metallindustrieller darauf aufmerksam gemacht, daß die Bestimmungen eines Tarifabkommens in den während der Wirkungsdauer des betreffenden Abkommens gültig gewesenen und beim Außerkrafttreten des Abkommens fortbestehenden Einzelarbeitsverträgen mangels ausdrücklicher entgegenstehender Abmachungen so lange fortwirken, als die betreffenden Einzelarbeitsverträge nicht durch Kündigung oder entgegenstehende Abmachungen ausdrücklich abgeändert sind. Wer also diese Nachwirkungen von Tarifabmachungen in den Einzelarbeitsverträgen nicht will, muß rechtzeitig vor oder nach dem Außerkrafttreten des Abkommens den einzelnen Arbeitnehmern mitteilen, daß er mit Ablauf der Kündigungsfrist des Einzelarbeitsvertrages sich an die Tarifbedingungen nicht mehr als gebunden betrachtet, sondern statt dessen die von ihm anzugebende Regelung vornehmen wird.

4. Gültigkeit von Privatvereinbarungen in tariffreier Zeit. Die Zwischenzeit zwischen dem Außerkrafttreten eines Tarifvertrages und dem Inkrafttreten eines neuen Tarifvertrages wird häufig benutzt, um mit der jeweils vorgesehenen vertraglichen Kündigungsfrist Vergünstigungen in den Dienst- und Arbeitsverhältnissen aufzukündigen, deren Aufkündigung während der Geltung des alten Tarifvertrages nicht möglich war, weil dieser Tarifvertrag die bekannte Klausel enthielt: »Bessere Lohn- und Arbeitsbedingungen bleiben bestehen.«
In Arbeitnehmerkreisen wird durchweg behauptet, daß solche Aufkündigungen zum mindesten nachträglich wieder unwirksam werden, und daß die alten Vergünstigungen erneut in Kraft treten, wenn auch der neue, später in Kraft gesetzte Tarifvertrag wieder die gleiche Klausel, betreffend bessere Lohn- und Arbeitsbedingungen, enthält.

Diese Ansicht ist nach einer gut begründeten Entscheidung des Gewerbegerichtes Köln vom 23. Juni 1924 irrig.

Nach diesem Gewerbegerichtsurteile ist der Arbeitgeber in tarifloser Zeit im Rahmen der gesetzlichen Bestimmungen wieder voll vertragfähig. Alle unter Einhaltung der jeweils geltenden Kündigungsfrist in Kraft gesetzten Vertragsänderungen behalten auch nach dem Inkrafttreten eines neuen Tarifvertrages ihre Gültigkeit, solange sie nicht ausdrücklich wieder aufgehoben werden.

g) Welcher Tarifvertrag geht vor?

1. Beim Zusammenfallen eines Industrietarifvertrages und eines allgemein verbindlichen Fachtarifvertrages geht im allgemeinen der Industrietarifvertrag vor. Entsprechend der in Arbeitgeberkreisen ständig vertretenen Ansicht, geht nach einem in der neuen Zeitschrift für Arbeitsrecht 1924, Heft 11, S. 697, veröffentlichten Urteil des Landgerichtes Berlin Nr. 8, S. 242/22 vom 25. 3. 1923 im allgemeinen beim Zusammenfallen eines Industrietarifvertrages und eines allgemein verbindlichen Fachtarifvertrages der Industrietarifvertrag vor. Wenn also beispielsweise ein Gießereibetrieb Bau- oder Modellschreiner beschäftigt und wenn der für die Gießerei geltende Metallarbeitertarif auch Tariflöhne für Bau- oder Modellschreiner vorsieht, die in Gießereibetrieben beschäftigt sind, so gilt dieser Metallarbeitertarif für die Schreiner des Gießereibetriebes auch dann, wenn für den Bezirk, in dem die Gießerei liegt, ein Tarifvertrag für das Holzgewerbe oder für Bauschreiner für allgemein verbindlich erklärt wird.

h) Wann kann ein Tarifvertrag vorzeitig gekündigt werden?

1. Kündigung von Tarifverträgen auf Grund der neuen Arbeitzeitverordnung. Entgegen einer in Gewerkschaftskreisen verbreiteten Ansicht hat der Reichsarbeitsminister in einem Bescheide vom 15. Februar 1924 sich dahin ausgesprochen, daß eine vorzeitige Aufkündigung von Tarifverträgen auf Grund des § 12 Abs. 1 der Verordnung vom 21. Dezember 1923 mit der verkürzten, in der Verordnung vorgesehenen Frist von 30 Tagen nicht nur innerhalb von 30 Tagen nach dem Inkrafttreten der Arbeitzeitverordnung, sondern auch jetzt noch und auch in Zukunft zulässig ist. Es können mithin noch jederzeit Tarifverträge mit der verkürzten Frist von 30 Tagen aufgekündigt werden, welche nicht alle nach der neuen Arbeitzeitverordnung zulässigen Ausnahmemöglichkeiten zugunsten des Arbeitgebers berücksichtigen und enthalten.

i) Für welche Arbeitnehmer gilt ein Tarifvertrag?

1. Bindung tariffremder Arbeitnehmer durch Tarifvereinbarungen. Gelegentlich der Verlängerung der Arbeitzeit durch Tarifverträge oder durch verbindliche, gegen die Tarifgewerkschaften ergangene Schiedssprüche wird von Arbeitnehmern, die den Tarifgewerkschaften nicht angehören, des öfteren der Einwand erhoben, daß sie an die tariflich festgelegte Arbeitzeitverlängerung nicht gebunden sind. An und für sich ist dieser Einwand nach der Tarifvertragsverordnung vom 23. XII. 1918 stichhaltig, weil nach dieser Verordnung die Bestimmungen eines Tarifvertrages nur auf diejenigen Arbeitnehmer Anwendung finden, die einer am Tarifvertrag beteiligten Gewerkschaft als Mitglied angehören. Nach der gleichen Verordnung vom 23. XII. 1918 finden die Tarifbestimmungen aber auch auf solche Arbeitnehmer Anwendung, »die den Arbeitsvertrag unter Berufung auf den Tarifvertrag abgeschlossen haben«.

Es empfiehlt sich deshalb, in alle Dienst- und Arbeitsverträge die Bestimmung aufzunehmen, daß auf das Dienstverhältnis die Bestimmungen der jeweils geltenden Tarifverträge mangels ausdrücklicher entgegenstehender Abmachungen Anwendung finden. Empfehlenswert ist es auch, in die für die Betriebe bestehenden Arbeitsordnungen und Dienstvorschriften die Bestimmung aufzunehmen, daß die Lohn- und Arbeitsbedingungen sich in erster Linie nach den jeweils geltenden, für den Betrieb abgeschlossenen Tarifvereinbarungen richten, soweit nicht für das einzelne Arbeitsverhältnis besondere Ausnahmen ausdrücklich vereinbart sind. Damit solche Bestimmungen der Arbeitsordnungen und Dienstvorschriften auch voll wirksam werden, sind die mit der Einstellung der Arbeitnehmer betrauten Angestellten ausdrücklich anzuweisen, sorgfältigst darauf zu achten, daß jedem zur Einstellung kommenden Arbeitnehmer eine Dienst- oder Arbeitsordnung ausgehändigt wird. Noch sicherer geht man, wenn man auf der zweckmäßigerweise für jeden Arbeitnehmer ohnehin zu führenden Personal- oder Stammrollenkarte bei der Einstellung einen Vermerk unterzeichnen läßt, daß der betreffende Arbeitnehmer nicht nur die Angaben der Personalkarte als richtig anerkennt sondern auch eine Arbeitsordnung oder Dienstvorschrift erhalten hat. Eine solche leicht durchführbare Maßregel bewahrt den Betrieb vor zahlreichen Unannehmlichkeiten.

2. Tarifwirkung verbindlicher Schiedssprüche nur zugunsten der Mitglieder der Streitparteien. Während wohl Übereinstimmung dahin besteht, daß nur Tarifbeteiligte im Sinne des § 1 der Tarifvertrags-Verordnung Rechte aus Tarifverträgen ableiten können, streitet man darüber, ob Schiedssprüche der Schlichtungsausschüsse, welche durch die Verbindlichkeitserklärung Tarifwirkung erhalten und für einen einzelnen Betrieb ergangen sind, unmittelbar allen Werksangehörigen zugute kommen.

Nach einer wohl zutreffenden Entscheidung des Gewerbegerichtes Velbert vom 17. 7. 1924 ist die Wirkung eines verbindlichen Schiedsspruches jedoch genau so in persönlicher Beziehung beschränkt wie die Tarifwirkung. Es können also auf Grund der Verbindlichkeitserklärung die Einräumung der Vergünstigungen eines für verbindlich erklärten Schiedsspruches nur solche Arbeitnehmer des betroffenen Betriebs verlangen, die einem der Arbeitnehmerverbände angehören, die den Schlichtungsausschuß angerufen hatten.

Selbstverständlich steht es dem Arbeitgeber frei, darüber hinaus auch anderen Arbeitnehmern die gleichen Vorteile zuzuwenden.

k) Welche Wirkung hat die Übernahme eines fremden Tarifvertrages?

1. Kündigung übernommener Tarifverträge. In der Praxis kommt es häufig vor, daß kleinere Betriebe sich an die Tarifverträge größerer Betriebe oder von Arbeitgeberverbänden bzw. an den Tarifvertrag ihrer Konzernfirmen durch einfachen Übernahmevertrag anlehnen.

Nach einer Entscheidung des Schlichtungsausschusses München vom 6. Februar ds. Js. laufen solche Übernahmeverträge nicht automatisch mit den Hauptverträgen ab, sondern der Übernahmevertrag bedarf auch nach dem Ablauf des Hauptvertrages noch besonderer Kündigung. Meines Erachtens widerspricht diese Entscheidung dem Sinn und Zwecke solcher auf Gleichartigkeit der Lohn- und Arbeitsbedingungen zielender Übernahmeverträge. Gleichwohl mahnt diese Entscheidung zur Vorsicht. Ich halte es angesichts derselben für zweckmäßig, in Übernahmeverträge etwa folgende Vertragsklausel aufzunehmen:

»Dieser Übernahmevertrag gilt nur für die Zeit, während der der übernommene Tarifvertrag zwischen den tarifschließenden Parteien gilt. Er verliert also zu demselben Zeitpunkte seine Wirkung zwischen den unterzeichneten Parteien, zu welchem der übernommene Tarifvertrag infolge Zeitablaufs oder Kündigung seine Wirkung zwischen den Tarifparteien verliert. Jede der unterzeichneten Parteien ist jedoch berechtigt, den Übernahmevertrag auch schon vorher mit einer ...wöchigen Kündigungsfrist aufzukündigen.«

l) Wie weit können die Arbeitsbedingungen für Lehrlinge tariflich geregelt werden?

1. Unabdingbarkeit der Tarifverträge auch zugunsten der Lehrlinge. Zu der bekannten Streitfrage, ob und wieweit die Lehrlingsvergütung tariflich geregelt werden kann, hat das Landgericht Köln in einer jetzt bekannt werdenden Entscheidung vom 1. 6. 1923, Nr. 13, S. 67/23 vom 1. 6. 1923 entschieden, daß die Streitfrage zugunsten der Lehrlinge zu bejahen ist. Nach Ansicht des Landgerichtes Köln leistet der im Betriebe tätige Lehrling zum großen Teile produktive Arbeit. Nach seiner Ansicht bildet neben der Lehrlingsvergütung auch die Ausbildung selbst ein wesentliches Entgelt für diese Arbeitsleistung des Lehrlings.

Das Landgericht Köln bezeichnet in dem obigen Urteil den Lehrvertrag als eine Unterart des Arbeitsvertrages. Es betont, daß der Lehrvertrag besonders dann eine Unterart des Arbeitsvertrages darstellt, wenn der Lehrling auch noch ein bares Entgelt bekommt. Es stützt seine Ansicht weiterhin darauf, daß neuere Arbeitsgesetze die Lehrlinge ausdrücklich zu den Arbeitnehmern rechnen.

Wichtig ist jedoch die Einschränkung, die das Landgericht Köln macht, indem es hervorhebt, daß die Vorteile der Unabdingbarkeit der Tarifverträge den Lehrlingen nur zugute kommt, wenn sie mit Zustimmung ihrer gesetzlichen Vertreter einem der tarifschließenden Arbeitnehmerverbände beigetreten sind.

2. Lehrlingsverträge fallen nicht unter die Tarifverträge. In der lebhaft umstrittenen Frage, ob und wieweit Lehrverträge unter Tarifverträge fallen und wieweit die Lehrlingsentschädigungen unabdingbar durch Tarifverträge festgesetzt werden können, hat der 2. Zivilsenat des Oberlandesgerichtes in Naumburg nach einem in Nr. 211 der Rheinischen Tageszeitung veröffentlichten Urteil den Standpunkt vertreten, daß Lehrverträge dem Tarifvertrag nicht unterstellt werden können.

Das Oberlandesgericht Naumburg führt zur Begründung aus, daß auch heute noch der Hauptzweck des Lehrvertrages die Ausbildung des Lehrlings ist und daß sich deshalb das Verhältnis zwischen dem Lehrherrn und dem Lehrling mehr dem Familienrecht als dem Schuldrecht nähert, obwohl die Arbeitsleistung des Lehrlings in letzter Zeit eine erhöhte wirtschaftliche Bedeutung gewonnen habe. Nach Ansicht des Oberlandesgerichtes Naumburg muß der Lehrherr bei der langen Dauer des Lehrvertrages davor gesichert sein, daß die von ihm zu zahlenden Entschädigungen durch unabdingbare Tarifverträge oder gar durch Verbindlichkeitserklärungen eine untragbare Höhe erreichen. Da die tarifliche Regelung dazu angetan sei, unter Umständen die Ausbildung eines geeigneten Lehrlingsnachwuchses zu gefährden, müßten die mehr auf lange Sicht berechneten Bestimmungen der Handwerkskammern und Innungen den Tarifbestimmungen vorgehen.

3. Die Arbeitsbedingungen für Lehrlinge können nicht durch Verbindlichkeitserklärung festgesetzt werden. In Übereinstimmung mit dem unter Nr. XXI 1 2 erwähnten Urteil des Oberlandesgerichts Naumburg und im Gegensatz zu dem unter Nr. XXI 1 4 veröffentlichten Urteil des Sächsischen Oberlandesgerichts hat das Oberlandesgericht Kiel mit Urteil Nr. 3 U 86/23 (s. Reichsarbeitsblatt Nr. 21 vom 16. Oktober 1924, S. 394) entschieden, daß durch Verbindlichkeitserklärung die Arbeitsbedingungen für Lehrlinge nicht bindend festgesetzt werden können. Nach Ansicht des Oberlandesgerichts Kiel stellt der Lehrvertrag keinen Arbeitsvertrag, sondern einen Vertrag eigener Art dar. Dieser sei auf dem engen persönlichen Verhältnis des Lehrlings aufgebaut und dulde keine Schablonisierung, wie sie mit einem Tarifvertrag oder einem für verbindlich erklärten Schiedsspruch nun einmal verbunden sei. Auch erscheine es nicht angängig, den Lehrvertrag in zwei Teile zu zerreißen und, wie es einzelne Gerichte getan hätten, für den einen Teil, der sich mit der Entschädigung des Lehrlings befasse, den Tarifvertrag und den für verbindlich erklärten Schiedsspruch, für den anderen Teil, der die übrigen Rechte und Pflichten der Vertragschließenden regelt, die Bestimmungen des Lehrvertrages maßgebend sein und bleiben zu lassen.

4. Auch zugunsten der Lehrlinge gilt die Unabdingbarkeit der Tarifverträge und die Wirksamkeit der Verbindlichkeitserklärung. Mit den zahlreichen zu der obigen Streitfrage in zustimmendem oder verneinendem Sinne ergangenen Entscheidungen und veröffentlichten Gutachten und Abhandlungen befaßt sich in eingehender Begründung ein Urteil des Sächsischen Oberlandesgerichtes Nr. 10/0 329/22 vom 8. November 1923, welches in Nr. 20 des Reichsarbeitsblattes vom 8. Oktober 1924 veröffentlicht wird. Das Sächsische Oberlandesgericht kommt dabei zu dem Ergebnis, daß jedenfalls für Fabriklehrlinge die Löhne und Arbeitsbedingungen durch Tarifvertrag oder für verbindlich erklärten Schiedsspruch zuungunsten des Arbeitgebers bindend festgesetzt werden können.

m) Wie weit befreit der Austritt aus einem Arbeitgeberverbande von den Tarifverpflichtungen?

1. Unterlassung der Kündigung eines Tarifvertrages gilt als Abschluß eines neuen Tarifvertrages. Nach einer Entscheidung des Gewerbegerichtes Pegau vom 31. März 1924 ist die Unterlassung der Kündigung eines Tarifvertrages zum Ablauf der zunächst festvereinbarten Tarifvertragsdauer dem Abschluß eines neuen Tarifvertrages gleichzuachten. Daraus folgert das Gewerbegericht Pegau, daß ein Arbeitgeber, der an dem Tage, an welchem die Kündigung zulässig gewesen wäre, nicht mehr dem tarifschließenden Arbeitgeberverband angehörte, die Verlängerung des Tarifvertrages infolge des Unterlassens der Kündigung nicht gegen sich gelten zu lassen braucht. Die Ansicht ist allerdings umstritten. Es empfiehlt sich deshalb, darauf zu dringen, daß in die Satzungen der einzelnen Arbeitgeberverbände Bestimmungen aufgenommen werden, die deutlich besagen, wann die Gebundenheit des einzelnen Mitgliedes an die während seiner Mitgliedschaft abgeschlossenen Tarifverträge aufhört. Als Zeitpunkt für diese Befreiung von der Tarifverpflichtung wird am besten der Tag festgesetzt, zu welchem der betreffende Arbeitgeberverband nach dem Ausscheiden des Mitgliedes den Tarifvertrag aufkündigen könnte. Will der einzelne ausscheidende Arbeitgeber jedoch durch seinen Austritt aus dem Arbeitgeberverband auch von den während seiner **Mitgliedschaft eingegangenen Tarifverpflichtungen entbunden sein, so muß er dies mit der für die einzelnen** Arbeitsverhältnisse **geltenden Kündigungsfrist** vorher **seinen** sämtlichen Arbeitnehmern ordnungsmäßig ankündigen.

n) Welche Rechtsfolgen hat ein Tarifbruch?

1. Haftung der Tarifgewerkschaften für Schäden infolge passiver Resistenz. Mit Urteil vom 31. Oktober 1923 (Aktenzeichen 38 034/23) hat das Landgericht I Berlin Gewerkschaften zum Schadenersatz verurteilt, die ihre Mitglieder während der Dauer eines Tarifvertrages aufgefordert hatten, nur zu einer kürzeren als der tariflich zulässigen Arbeitszeit zu erscheinen. Die Gewerkschaften müssen den durch diese Aufforderung zur passiven Resistenz entstandenen Produktionsausfall in vollem Umfange ersetzen. Es empfiehlt sich, in ähnlichen Fällen Gewerkschaften, welche während der Wirkungsdauer eines Tarifvertrages zur passiven Resistenz auffordern, auf dieses Urteil aufmerksam zu machen und sich nicht darauf zu beschränken, von dem Rechte der fristlosen Entlassung gegenüber den ihrer vollen Arbeitspflicht nicht nachkommenden Arbeitnehmern Gebrauch zu machen, sondern notfalls auch die mitschuldigen Gewerkschaften schadenersatzpflichtig zu machen.

XXII. Arbeitskämpfe.

A. Einschlägige Gesetzesbestimmungen.

1. Artikel 159 der Reichsverfassung vom 11. August 1919 (RGBl. S. 1383).
2. Verordnung über das Schlichtungswesen vom 30. Oktober 1923 (RGBl. I, S. 1043).
3. Verordnung über Tarifverträge, Arbeiter- und Angestelltenausschüsse und Schlichtung von Arbeitsstreitigkeiten vom 23. Dezember 1918 (RGBl. S. 1456).
4. Betriebsrätegesetz vom 4. Februar 1920 (RGBl. S. 147).
5. Verordnung betr. Maßnahmen gegenüber Betriebsabbrüchen und Betriebsstillegungen vom 8. November 1920 (RGBl. S. 1901).
6. Verordnung über Betriebsstillegung und Arbeitsstreckung vom 15. Oktober 1923 (RGBl. S. 983).
7. Arbeitsnachweisgesetz vom 22. Juli 1922 (RGBl. S. 657).
8. Gesetz über die Beschäftigung Schwerbeschädigter vom 12. Januar 1923 (RGBl. S. 57).

B. Die wichtigsten Einzelfragen.

a) Wie weit berechtigen Arbeitskämpfe zu Entlassungen?

1. Selbsttätige Auflösung des Arbeitsverhältnisses durch Streik? Mit Urteil vom 9. Mai 1924 hat die 1. Zivilkammer des Landgerichtes Meiningen entschieden, daß die Arbeitsniederlegung im Streik ohne besondere Auflösungserklärung oder Kündigung seitens des Arbeitgebers das Arbeitsverhältnis ohne weiteres durch sich selbst aufhebt.

Da diese Ansicht sehr umstritten ist und insbesondere von den meisten Gewerbe- und Kaufmannsgerichten zum Nachteil der Arbeitgeber nicht geteilt wird, empfiehlt es sich dringend, in allen Fällen der Arbeitsniederlegung in Arbeitskämpfen die fristlose Entlassung nach vergeblicher und ausdrücklicher Aufforderung zur Wiederaufnahme der Arbeit in aller Form auszusprechen. Nur bei solchem Vorgehen wird jede Gefahr, nachträglich zur Gehaltsfortzahlung verurteilt zu werden, ausgeschlossen, da unter allen Umständen nach der überwiegenden, in der Literatur und in der Rechtsprechung vertretenen Ansicht die Arbeitsniederlegung im Streik, und zwar ohne Rücksicht auf den Streikgrund als »beharrliche Arbeitsverweigerung« einen wichtigen

Grund zur fristlosen **Entlassung darstellt**, zumal wenn der Entlassung aus diesem Grunde eine vergebliche ausdrückliche Aufforderung zur Wiederaufnahme der Arbeit unter Androhung der fristlosen Entlassung vorangegangen ist.

2. Keine fristlose Entlassung wegen Beteiligung an kurzen politischen Demonstrationsstreiks. Entgegen der herrschenden Ansicht, die in der Teilnahme an einem kurzen politischen Demonstrationsstreik nur dann keinen Grund zur fristlosen Entlassung erblickt, wenn der Arbeitgeber mit der Teilnahme einverstanden ist, berechtigt nach einem Urteil des Landgerichtes Dresden vom 19. Mai 1924 (s. Gewerbe- und Kaufmannsgericht 1924, S. 226) die Teilnahme an einem kurzen politischen Demonstrationsstreik niemals zur fristlosen Entlassung.

3. Fristlose Entlassung Unbeteiligter bei Betriebsunruhen. Das Landgericht Köln hat in einem eingehend begründeten Urteil vom 27. Juni 1924 entschieden, daß bei Betriebsunruhen, die zur Wiederherstellung geordneter Verhältnisse die Stillegung des ganzen Betriebes notwendig machen, auch diejenigen Arbeitnehmer fristlos mit entlassen werden dürfen, welche persönlich an den Betriebsunruhen nicht beteiligt gewesen sind und diese vielleicht sogar mißbilligt und bekämpft haben.

Das Landgericht Köln begründet seine Ansicht vor allen Dingen mit der allerdings noch nicht allgemein gebilligten Erwägung, daß die aus sozialpolitischen Gesichtspunkten ergangene Arbeitergesetzgebung der Nachkriegszeit die Persönlichkeit des einzelnen Arbeiters, hinter der gewissermaßen zur Persönlichkeit erhobenen Gesamtheit der Arbeiter zurückgedrängt hat. Daraus folgert das Landgericht Köln, daß auch das untätige Mitglied in gleicher Weise an den Erfolgen wie an den Mißerfolgen einer gegen den Arbeitgeber unternommenen Aktion teilzunehmen hat. Jedenfalls aber folge aus der neuzeitlichen Arbeitsrechtsentwicklung, daß in den oben skizzierten Fällen eine von jedem einzelnen Arbeitnehmer mit zu vertretende Unmöglichkeit im Sinne der §§ 323 BGB. vorliege, die versprochenen Dienste zu leisten. Diese Unmöglichkeit entbinde den Arbeitgeber von seinen Vertragspflichten.

4. Zulässigkeit von Gesamtkündigungen zur Erzwingung der Tariftreue bei Verbandfirmen. In Literatur und Praxis wird umstritten, ob Arbeitgeber berechtigt sind, einer tariftreuen Belegschaft auf Veranlassung ihrer Verbände restlos zu kündigen, um tarifbrüchige Belegschaften von Verbandsfirmen zur Vertragstreue zu zwingen.

Die Arbeitnehmer behaupteten die Unzulässigkeit solcher Gesamtkündigungen und stützen ihre Ansicht hauptsächlich auf eine Entscheidung der 6. Kammer des Gewerbegerichtes Berlin.

Eine neue Entscheidung der gleichen Kammer des Gewerbegerichtes Berlin vom 1. Februar 1924 hat jedoch unter Preisgabe des im Urteil vom 7. September 1923 eingenommenen Standpunktes solche Gesamtkündigungen für zulässig erklärt und die Klage von Arbeitnehmern auf Schadenersatz und den Anspruch nach § 84 des Betriebsrätegesetzes wegen einer solchen Gesamtkündigung abgewiesen. Diese Entscheidung dürfte auch in ihrem Ergebnis und in ihrer Begründung durchaus richtig sein.

Voraussetzung für die zivilrechtliche Zulässigkeit solcher Gesamtkündigungen ist lediglich die Einhaltung der bei der Einstellung mit den auszusperrenden Arbeitnehmern vereinbarten bzw. der tariflichen oder in der Arbeitsordnung festgesetzten Kündigungsfristen.

b) Wie weit haben Arbeitswillige bei Arbeitskämpfen Anspruch auf Lohn?

1. Keine Lohnzahlung an Arbeitswillige während eines Teilstreiks. Zu der wichtigen und vielumstrittenen Frage, ob und wieweit während eines Teilstreiks der Arbeitgeber verpflichtet ist, Arbeitswillige trotz der Unmöglichkeit produktiver Beschäftigung weiter zu bezahlen, hat das Gewerbegericht Köln in einem Urteil vom 8. II. 1924 festgestellt, daß der Streik eines wesentlichen Teiles der Belegschaft bei Unmöglichkeit geordneter Weiterführung des Betriebes den Arbeitgeber von der Pflicht der Lohnzahlung an die Arbeitswilligen für die Dauer der durch den Teilstreik bedingten Unmöglichkeit produktiver Weiterarbeit befreit. Nach der Urteilsbegründung erscheint es jedoch zweckmäßig, die Arbeitswilligen, soweit möglich, weiterzubeschäftigen, da der Arbeitgeber den Nachweis der Unmöglichkeit der Weiterbeschäftigung für jeden einzelnen Arbeitswilligen zu führen hat.

2. Keine Verpflichtung zur Bezahlung Arbeitswilliger bei Teilstreiks. Auch das Landgericht Halberstadt hat mit Urteil vom 3. Juli 1924, Nr. 2 I, S. 231/23, entschieden, daß der Arbeitgeber bei Teilstreiks grundsätzlich zur Lohnzahlung an Arbeitswillige nicht verpflichtet ist. Das Landgericht Halberstadt begründet dieses Urteil damit, daß infolge eines Teilstreiks anderer Arbeitnehmer die Arbeitswilligen ohne Schuld des Arbeitgebers nicht mehr in der Lage sind, produktive Arbeit zu leisten, und sie deshalb nach § 323 des Bürgerlichen Gesetzbuches wegen beiderseitig unverschuldeter Unmöglichkeit der Leistung ihren Lohnanspruch verlieren.

3. Lohnanspruch Arbeitswilliger bei Aussperrungen. Nach einer Entscheidung des Bergschiedsgerichtes in Leipzig vom 20. Dezember 1923, Nr. FL. 26/23, ist der Arbeitgeber im Falle der ordnungsmäßigen Aussperrung der Belegschaft wegen vertragswidrigen Verhaltens nicht verpflichtet, die arbeitswilligen Arbeitnehmer während der Zeit der Aussperrung zu entlohnen, soweit diese nicht schlüssig den Nachweis erbringen, daß sie sich weder ausdrücklich noch stillschweigend mit dem vertragswidrigen Verhalten der Belegschaft solidarisch erklärt hatten, und daß sie sich ausdrücklich zur Weiterarbeit zu den vertraglich vorgesehenen Bedingungen bereit erklärt hatten. In dem fraglichen Falle hatte die beklagte Firma die Gesamtbelegschaft fristlos entlassen, weil entsprechend einem Beschlusse der Belegschaftsversammlung die einzelnen Schichten zur Erzwingung höherer Löhne sich geweigert hatten, einzufahren. Es klagten einige Arbeitnehmer mit der Begründung, daß sie an der fraglichen Belegschaftsversammlung nicht teilgenommen hätten. Das Gericht wies sie jedoch mit ihrer Klage auf Lohnfortzahlung ab mit der Begründung, daß sie durch ihr Nichterscheinen zur Arbeit sich mit der vertragsbrüchigen Mehrheit solidarisch erklärt hätten.

Zur Vermeidung von Rechtsnachteilen empfiehlt es sich, in ähnlichen Fällen der Aussperrung die Androhung ausdrücklich vorausgehen zu lassen, daß alle Werksangehörigen fristlos entlassen werden würden, die bis zu einem bestimmten Zeitpunkt nicht wieder vertragstreu sein würden.

4. Kein Lohnanspruch von Lehrlingen für die durch Streik der Arbeitnehmerschaft ausgefallene Arbeitszeit. Gemäß Entscheidung des Landgerichtes 3, Berlin, Nr. 4, S. 39/820/22, können Lehrlinge für die durch Streik der Arbeitnehmerschaft ausgefallene Arbeitszeit auch dann, wenn sie zur Leistung der vertragsmäßigen Dienste bereit waren und sich zur Arbeit erboten haben, keine Entschädigung verlangen, weil ihr Anerbieten durch die auf ihrer Seite bestehende Unmöglichkeit der tatsächlichen Leistung der Dienste illusorisch wurde. Es ist dabei auch gleichgültig, ob die Lehrlinge am Betreten der Betriebe von den Streikposten verhindert worden sind oder nicht.

c) Wie weit sind Streikentlassene wieder einzustellen?

1. Ablehnung der Wiedereinstellung einzelner nach Streikbeendigung. Das Gewerbegericht Leipzig hat mit Urteil vom 11. April 1924, veröffentlicht im »Schlichtungswesen« VI, 6, S. 102, entschieden, daß der Arbeitgeber nicht verpflichtet ist, nach Streikbeendigung alle Arbeitnehmer ohne Rücksicht auf ihr Verhalten während der Arbeitskämpfe wiedereinzustellen, und zwar auch dann nicht, wenn zur Streikbeilegung vereinbart worden ist, daß die Arbeitsniederlegung im Streik als solche kein Grund zur fristlosen Entlassung sein solle, und daß das Arbeitsverhältnis trotz des Streikes als fortbestehend anzusehen ist. Auch in solchen Fällen kann vielmehr nach Ansicht des Gewerbegerichtes Leipzig der Arbeitgeber die Einstellung einzelner Arbeitnehmer ablehnen bzw. nachträglich deren fristlose Entlassung aussprechen, sofern diese durch ihr persönliches Verhalten während des Arbeitskampfes unabhängig von der Arbeitsniederlegung einen wichtigen Grund zur fristlosen Entlassung gegeben haben. Es brauchen also in solchem Falle beispielsweise Arbeitnehmer und Betriebsvertretungsmitglieder nicht weiter beschäftigt zu werden, die durch Sabotageakte, durch Bedrohungen oder Tätlichkeiten oder durch

Unmöglichmachung lebenswichtiger Notstandsarbeiten ihre fristlose Entlassung gerechtfertigt haben.

Immerhin erscheint es wegen entgegenstehender Urteile und zur Vermeidung unangenehmer Streitigkeiten zweckmäßig, bei einschlägigen Zusagen der Wiedereinstellung ausdrücklich von den Vorteilen dieser Zusage solche Arbeitnehmer auszuschließen, die einen besonders wichtigen Grund zur Entlassung gegeben haben.

2. Wiedereinstellung nach Beendigung von Arbeitskämpfen. Nach einer Entscheidung des Berggewerbegerichts Dortmund, Kammer Lünen, vom 15. August 1924 können Arbeitnehmer auch dann, wenn ihnen eine schwere Verfehlung im Arbeitskampfe nicht vorgeworfen wird, nach Beilegung von Arbeitskämpfen nicht deshalb Schadenersatz wegen verspäteter Einstellung verlangen, weil zwischen den beteiligten Gewerkschaften und Arbeitgebern zur Beilegung des Arbeitskampfes die Wiedereinstellung der Arbeitnehmer grundsätzlich vereinbart worden ist. Nach dieser Entscheidung ist der Arbeitgeber vielmehr berechtigt, die Wiedereinstellungen in dem Maße und in den Zeiträumen wieder vorzunehmen, wie es die Betriebslage erfordert. Es darf auf die finanziellen Schwierigkeiten der Wiederaufnahme und die zunächst erforderlichen Instandsetzungen, Vorbereitungen usw. Rücksicht genommen werden. Die Reihenfolge, in der die Wiedereinstellungen erfolgen, kann von der Betriebsleitung nach freiem Ermessen unter Berücksichtigung der Eignung und Leistungsfähigkeit vorgenommen werden.

Immerhin erscheint es ratsam, zur Vermeidung von Streitigkeiten gelegentlich der Beilegung von Arbeitskämpfen die Zusage der Wiedereinstellung dahin einzuschränken, daß die Wiedereinstellungen nur nach Maßgabe der Betriebslage und in der von der Betriebsleitung zu bestimmenden Reihen- und Zeitfolge unter Ausschluß derjenigen Arbeitnehmer erfolgen wird, die sich schwerer Verfehlungen schuldig gemacht haben.

3. Keine normative Wirkung von Tarifklauseln betreffend Ausschluß von Maßregelungen bei Arbeitskämpfen. Eine Tarifklausel, derzufolge nach Beendigung von Arbeitskämpfen Maßregelungen nicht stattfinden dürfen, besitzt nach einer Entscheidung des Landesgerichtes Berlin vom 1. 5. 24 keine normative Wirkung, weil sie nicht den Inhalt eines Einzelarbeitsvertrages bilden kann. Auf Grund dieser Klausel kann also auch nicht etwa ein einzelner gemaßregelter Arbeitnehmer nach Streikbeilegung die Wiedereinstellung verlangen.

d) Ist Streikpostenstehen zulässig?

1. Strafbarkeit verbotenen Streikpostenstehens. Nach einem im »Vorwärts« vom 7. 9. 1924 kritisierten Urteil hat das Kammergericht den Standpunkt vertreten, daß die Polizeibehörden auf Grund der Vorschriften des Landesverwaltungsgesetzes, des Polizeiverwaltungsgesetzes und des § 10, II/17 des allgemeinen Landrechtes befugt sind, zur Aufrechterhaltung der öffentlichen Ruhe, Ordnung und Sicherheit das Streikpostenstehen zu verbieten. Im gleichen Urteil vertritt das Kammergericht den Standpunkt, daß Arbeitnehmer, die gegen solche polizeilichen Verbote verstoßen oder trotz Aufforderung der Polizeibeamten ihre Streikposten nicht verlassen, mit Polizeistrafen und Geldstrafen von den Polizeibehörden und den ordentlichen Gerichten belegt werden können.

2. Einstweilige Verfügung wegen Streikpostenstehens. Nach einer Mitteilung in Nr. 253 der Deutschen Bergwerkszeitung vom 26. 10. 24 hat das Amtsgericht Siegen den beteiligten Arbeitnehmergewerkschaften durch einstweilige Verfügung auf Antrag der Arbeitgeber unter Androhung einer Geldstrafe von 1000 GM. für jeden Fall der Zuwiderhandlung aufgegeben, die ausgestellten Streikposten einzuziehen und keine Arbeitergruppe mehr zur Stillegung der Bauten zu entsenden. Nach der Begründung der Entscheidung schädigt das Ausstellen von Streikposten die Arbeitgeber und verstößt gegen die guten Sitten im Sinne des § 826 BGB., so daß die Arbeitgeber einen Unterlassungsanspruch gegen die beteiligten Gewerkschaften haben und eine einstweilige Verfügung gemäß den §§ 935 ff. und 942 der ZPO. gerechtfertigt ist.

e) Wer haftet für Streikschäden?

1. Schadenersatzpflicht Streikender. Das Gewerbegericht in Hattingen hat mit Urteil vom 9. Februar 1924 eine Anzahl Stahlwerksarbeiter zum Ersatz des Schadens verurteilt, der der klagenden Firma dadurch entstanden war, daß die beklagten Arbeiter sich geweigert hatten, die durch Schiedsspruch festgesetzte längere Arbeitszeit abzuleisten, und daß sie vor Schichtbeginn nach Ablauf der früheren Achtstundenschicht den Betrieb verlassen hatten, ohne ausreichende Notmannschaften bei den Öfen zurückzulassen.

Das Urteil stützte sich in seiner Begründung vor allen Dingen darauf, daß die Beklagten ausdrücklich vor der Arbeitsniederlegung von der Klägerin darauf aufmerksam gemacht worden sind, daß sie sich bei vorzeitiger Arbeitsniederlegung der fristlosen Entlassung und der Einklagung des durch die widerrechtliche Arbeitsniederlegung entstehenden Schadens aussetzen würden.

Es empfiehlt sich deshalb, in ähnlichen Fällen bei Streitigkeiten die mit der Arbeitsniederlegung drohenden Werksangehörigen ausdrücklich und unter Zeugen auf die Rechtsfolge der fristlosen Entlassung und der Schadenersatzpflicht aufmerksam zu machen.

2. Haftung der Gewerkschaften und ihrer Vorstandsmitglieder für Schäden Dritter infolge eines Eisenbahnerstreiks. Das Landgericht II Berlin vertritt in einem Urteil Nr. 38/40 O

325/23 vom 8. November 1923 den Standpunkt, daß die Reichsbeamten die Vereinigungsfreiheit, nicht jedoch auch ein Recht zum Streik besitzen. Dementsprechend hat das Landgericht II Berlin mit dieser Entscheidung die beklagte Eisenbahnergewerkschaft und ihre Vorstandsmitglieder auf Grund des § 826 des BGB. verurteilt, den Schaden zu ersetzen, den der Kläger durch Unterbrechung seiner Reise infolge eines von der Gewerkschaft herbeigeführten Eisenbahnerstreiks erlitten hat.

f) Statistik der Arbeitskämpfe.

1. Arbeitskämpfe im Jahre 1923. Auf Grund der Erhebungen durch die Arbeitsnachweise stellt das Statistische Reichsamt die Er-

Streiks und Aussperrungen im Jahre 1923.

Streiks bzw. Aussperrungen	Zahl der Fälle	Zahl der betroffenen Betriebe	Höchstzahl der Beteiligten[1]) in 1000	Verlorene Arbeitstage in 1000	Verlorene Arbeitstage in vH[2])	Verlorene Arbeitstage je Kopf
Wirtschaftliche Streiks						
Nach Gewerbegruppen						
III. Bergb.- u. Hüttenw.	140	616	314	2 399	21,24	7,44
IV. Steine und Erden .	238	1 002	61	773	7,01	12,66
V. Metallverarbeitung	111	1 996	237	1 599	14,52	6,75
VI. Maschinenindustrie	250	1 111	151	1 234	11,21	8,16
VII. Chem. Industrie. .	36	211	16	107	0,97	6,77
IX. Spinnstoffgewerbe.	110	340	93	502	4,56	5,41
X. Papierindustrie . .	33	216	28	163	1,48	5,92
XI. Lederindustrie . .	38	273	3,9	17	0,16	4,36
XII. Holz- u. Schnitzstoffgewerbe . . .	242	3 310	59	854	7,75	14,45
XIII. Nahrungs- und Genußmittelgewerbe .	95	884	26	128	1,17	5,01
XIV. Bekleid.-Gewerbe .	40	307	13	163	1,48	12,43
XVI. Baugewerbe . . .	251	4 122	95	878	7,97	9,24
XVII. Vervielfältigungs-Gewerbe	45	1 118	47	194	1,76	4,16
XIX. Handelsgewerbe . .	63	1 672	49	219	1,99	4,46
XXI. Verkehrsgewerbe .	83	2 790	47	151	1,37	3,21
XII. Gast- und Schankwirtschaftsgewerbe	4	203	0,6	5	0,05	7,98
Verschied. Gewerbe	99	1 313	247	1687	15,31	6,82
Gewerbl. Arbeiter zus. .	1 878	21 484	1 488	11 014	100,00	7,40
Land- u. forstwirtschaftl. Arbeiter	70	2 526	124	1 522	—	12,32
Angestellte	40	1 300	47	261	—	5,52

[1]) Ohne gezwungen Feiernde.
[2]) Der Gesamtzahl der verlorenen Arbeitstage.

Streiks bzw. Aussperrungen		Zahl der Fälle	Zahl der betroffenen Betriebe	Höchstzahl der Beteiligten[1]) in 1000	Verlorene Arbeitstage in 1000	Verlorene Arbeitstage in vH[2])	Verlorene Arbeitstage je Kopf
Insgesamt	1923	1 988	25 310	1 659	12 797	84,35	7,72
	1922	4 764	47 057	1 750	24 543	83,93	14,03
	1921	4 426	54 765	1 339	23 038	76,62	17,21
	1920	4 274	46 862	1 467	16 333	30,13	11,13
	1919	4 030	37 873	2 111	34 512	71,80	16,35
Aussperrungen							
Insgesamt	1923	174	2 795	121	1 342	8,85	11,11
	1922	437	5 726	220	4 351	14,88	19,81
	1921	362	2 993	202	3 278	10,90	16,24
	1920	118	1 426	94	1 370	2,53	14,51
	1919	38	1 060	32	620	1,29	19,12
Politische Streiks							
Insgesamt	1923	47	3 506	318	1 033	6,80	3,24
	1922	160	4 824	352	346	1,19	0,98
	1921	435	2 768	502	3 752	12,48	7,47
	1920	4 408	149 535	6 762	36 504	67,34	5,40
	1919	902	12 871	2 563	12 935	26,91	5,05
Sämtliche Arbeitskämpfe							
Insgesamt	1923	2 209	31 611	2 098	15 172	100,00	7,23
	1922	5 361	57 607	2 322	29 241	100,00	12,60
	1921	5 223	60 526	2 042	30 068	100,00	14,72
	1920	8 800	197 823	8 324	54 207	100,00	6,51
	1919	4 970	51 804	4 706	48 067	100,00	10,21

mittlungen betreffend die Arbeitskämpfe im Jahre 1923 unter Gegenüberstellung mit den Gesamtergebnissen der Vorjahre auf S. 555 des Heftes 17 der Zeitschrift »Wirtschaft und Statistik« in vorstehender Zahlentafel zusammen.

Die Forderungen dieser Arbeitskämpfe betrafen in 77 vH den Arbeitslohn, in 2 vH der Fälle die Arbeitzeit und in 21 vH der Fälle sonstige Fragen; 15 vH der Fälle hatten nach der Ermittlung vollen, 51 vH teilweisen und 34 vH keinen Erfolg für die Arbeitnehmer.

(Weitere Entscheidungen siehe unter den Nummern XI, XII, XIII, XV, XVII, XVIII, XIX und XXIII.)

[1]) Ohne gezwungen Feiernde.
[2]) Der Gesamtzahl der verlorenen Arbeitstage.

XXIII. Schlichtung von Arbeitsstreitigkeiten.

A. Einschlägige Gesetzesbestimmungen.

1. Verordnung über Tarifverträge, Arbeiter- und Angestelltenausschüsse und Schlichtung von Arbeitsstreitigkeiten vom 23. Dezember 1918 (RGBl. S. 1456).
2. Verordnung über das Schlichtungswesen vom 30. Oktober 1923 (RGBl. S. 1043).
3. Verordnung zur Ausführung der Verordnung über das Schlichtungswesen vom 10. Dezember 1923 (RGBl. S. 1191).
4. Zweite Verordnung zur Ausführung der Verordnung über das Schlichtungswesen vom 29. Dezember 1923 (RGBl. 1924 S. 9).

B. Die wichtigsten Einzelfragen.

a) Für welche Streitigkeiten sind die Schlichtungsausschüsse zuständig?

1. **Der Schlichtungsausschuß kann nicht mehr als Schiedsgericht für Einzelstreitigkeiten bestellt werden.** Das Kammergericht entschied mit Urteil vom 29. März 1924 (s. neue Zeitschrift für Arbeitsrecht, Heft 10/1924, S. 637), daß durch Tarifverträge die Entscheidung von Einzelstreitigkeiten nicht mehr rechtswirksam den Schlichtungsausschüssen übertragen werden kann, weil diese nach der neuen Schlichtungsordnung vom 30. Oktober 1924 nur noch für Gesamtstreitigkeiten zuständig sind und weil nach dem ganzen Sinne dieser neuen Schlichtungsordnung auch nicht durch Parteivereinbarung ihre Zuständigkeit auf die Entscheidung von Einzelstreitigkeiten ausgedehnt werden kann.

Wenn also alte oder neue Tarifverträge noch die Schlichtungsausschüsse als Schiedsgerichte für Einzelstreitigkeiten bezeichnen, so ist nach Ansicht des Kammergerichtes diese Klausel der Tarifverträge rechtsunwirksam, und es sind für die Entscheidung der Einzelstreitigkeiten ohne Rücksicht auf diese Klausel die Arbeitsgerichte, die Gewerbe- und die Kaufmannsgerichte oder die ordentlichen Gerichte zuständig.

b) Wann und wie weit sind tarifliche Schlichtungsstellen zuständig?

1. Zuständigkeit der tariflichen Schlichtungsstelle. Nach einer in der Kartenauskunftei des Arbeitsrechtes unter dem Stichwort »Schlichtungswesen Xa« veröffentlichten Entscheidung des Reichsgerichtes vom 15. Februar 1924 ist bei Streitigkeiten darüber, ob im Einzelfalle ein Tarifvertrag oder eine besondere von ihm abweichende Betriebsvereinbarung anzuwenden ist, nicht das ordentliche Gericht, sondern die tarifliche Schlichtungsstelle oder mangels einer solchen der Schlichtungsausschuß zuständig, weil es sich um eine Gesamtstreitigkeit handelt.

2. Unzuständigkeit der Tarifschiedsgerichte für Nichtmitglieder der tarifbeteiligten Vereinigungen. Zufolge einer Entscheidung des Kaufmannsgerichtes Altona vom 8. 4. 1924 ist das in einem Tarifvertrag vorgesehene Tarifschiedsgericht nicht zuständig für Streitigkeiten zwischen Arbeitnehmern und solchen Arbeitgebern, die nicht Mitglied des tarifschließenden Arbeitgeberverbandes sind.

c) Wie sind die Schlichtungsausschüsse zu besetzen?

1. Berücksichtigung der Arbeitgeberwünsche bei der Besetzung der Schlichtungsausschüsse. Durch Verfügung vom 3. Juni 1924, Nr. III, A 3188, des Reichsarbeitsministers, die im Reichsarbeitsblatt Nr. 13 vom 1. Juli 1924 veröffentlicht wird, werden die Sozialministerien und die staatlichen Schlichter angewiesen, bei der Bestellung und bei der Abberufung von Vorsitzenden und Beisitzern der Arbeitgeber und Arbeitnehmer in Schlichtungsausschüssen mehr als bisher den Wünschen der beteiligten Arbeitgeber- und Arbeitnehmerkreise Rechnung zu tragen.

Von dem Rechte der selbständigen Auswahl von Beisitzern zu den Schlichtungsausschüssen sollen die Regierungsbehörden und die Schlichter nur Gebrauch machen, wenn die zuständigen Verbände der Arbeitgeber und Arbeitnehmer sich trotz wiederholter Aufforderungen weigern, geeignete Vorschläge zu machen.

In der gleichen Verfügung werden die ständigen Schlichter angewiesen, die Schlichtung von Streitigkeiten, die bereits vor Schlichtungsausschüssen anhängig sind, nur dann zu übernehmen, wenn beide am Streit beteiligten Parteien mit dieser Übernahme sich ausdrücklich einverstanden erklärt haben.

2. Nur Berufung Unparteiischer als staatliche Schlichter. Die Reichstagsabgeordneten Thiel (Vorsitzender des Gesamtverbandes Deutscher Angestellten-Gewerkschaften), Beuermann, Dr. Kremer,

Dr. Gildemeister, Dr. Kalle, Kempkes, Klingspor, Dr. Mittelmann, Dr. Moldenhauer, Dr. Most, v. Raumer, Dr. Runkel, Dr. Schnee, Dr. Schneider und Winnefeld haben im Reichstag beantragt, den § 2, Abs. 1 der Verordnung über das Schlichtungswesen zur Erzielung wirklich unparteiischer Schlichter wie folgt zu fassen:

»Für größere Wirtschaftsbezirke bestellt der Reichsarbeitsminister Schlichter. Er kann auch für den einzelnen Fall einen Schlichter bestellen. Vor der Bestellung sind die beteiligten obersten Landesbehörden sowie die wirtschaftlichen Vereinigungen der Arbeitgeber und der Arbeitnehmer des Bezirkes zu hören. Personen, die Arbeitgeber oder Arbeitnehmer sind, dürfen nicht zu Schlichtern berufen werden. Dasselbe gilt von Vertretern oder ehemaligen Vertretern wirtschaftlicher Vereinigungen der Arbeitgeber oder Arbeitnehmer; es sei denn, daß die beteiligten wirtschaftlichen Vereinigungen der Arbeitgeber und der Arbeitnehmer des Bezirkes sich sämtlich auf seine Person geeinigt haben.«

Es ist wünschenswert, daß dieser Vorschlag zum Gesetz erhoben wird, da alsdann die Schlichtungsausschüsse einen Teil des durch die Berufung von Gewerkschaftsführern zu staatlichen Schlichtern verlorengegangenen Vertrauens zum Vorteil einer günstigen Auswirkung der Schlichtungsordnung wieder erlangen würden.

d) Wie weit besteht für die Mitglieder der Schlichtungsausschüsse Schweigepflicht?

1. Schweigepflicht der Mitglieder der Schlichtungsausschüsse. Ein Bescheid des Reichsarbeitsministers vom 14. März 1924 stellt fest, daß die Vorsitzenden und Beisitzer der Schlichtungsausschüsse, die Schlichter und die Beisitzer der Schlichtungskammern eine amtliche Tätigkeit ausüben und deshalb zur Amtsverschwiegenheit verpflichtet sind.

e) Wer kann den Schlichtungsausschuß anrufen?

1. Anrufungsrecht der Gewerkschaften. Mit Urteil vom 8. Juli 1924 hat der 3. Zivilsenat des Reichsgerichtes entschieden, daß die Gewerkschaften berechtigt sind und auch schon vor der Verordnung vom 30. Oktober 1923 auf Grund des § 28 der inzwischen außer Kraft gesetzten Verordnung vom 12. Februar 1920 berechtigt waren, nicht nur zur Durchführung bestehender sondern auch zur Herbeiführung neuer Tarifverträge den Schlichtungsausschuß anzurufen. Nach der gleichen Entscheidung kann auch ein Schiedsspruch zur Herbeiführung eines neuen Tarifvertrages für verbindlich erklärt werden.

f) Wann ist die Verbindlichkeitserklärung eines Schiedsspruches zulässig?

1. Verbindlichkeitserklärung von Schiedssprüchen. In einem Rundschreiben vom 30. I. 1924, Nr. IV A 656 vom 1. IV. 1924 hat der Reichsarbeitsminister die Schlichter darauf aufmerksam gemacht, daß die Verbindlichkeitserklärung eines Schiedsspruches nur zulässig ist, wenn der Schiedsspruch der Billigkeit entspricht, und wenn zwingende wirtschaftliche und soziale Gründe dafür sprechen, die im Schiedsspruch vorgeschlagene Regelung durchzuführen und den Parteien nicht die Austragung der Gegensätze auf dem Wege des Kampfes zu überlassen. In dem gleichen Rundschreiben sind die Schlichter außerdem ausdrücklich darauf aufmerksam gemacht worden, daß es nach den Verfassungsbestimmungen betr. die Vertragsfreiheit grundsätzlich Sache der Beteiligten ist, die Arbeitsbedingungen selbständig unter eigener Verantwortung, wenn auch gegebenenfalls mit den Kampfmitteln des Streiks und der Aussperrung zu regeln. Da die Schlichter sich in der Praxis unter Überspannung des behördlich bureaukratischen Staatszwanges recht häufig nicht nach diesen nach Art. I, § 6, Abs. 1 der Schlichtungsordnung selbstverständlichen Richtlinien richten, erscheint es zweckmäßig, in Einzelfällen die Schlichter immer wieder auf diesen Erlaß hinzuweisen.

2. Einschränkung der Tätigkeit der ständigen Schlichter und der Verbindlichkeitserklärung. Der Reichsarbeitsminister weist in einem beachtlichen und zweckmäßigen Rundschreiben vom 27. Mai 1924 die staatlichen Schlichter darauf hin, daß die augenblickliche Handhabung der Vorschriften der Schlichtungsordnung über die Übernahme von Schlichtungsverfahren und die Verbindlichkeitserklärung durch die Schlichter nicht immer den Grundsätzen entsprechen, die der Verordnung zugrunde liegen.

Die Übernahme von Schlichtungsverfahren durch die Schlichter und die Verbindlichkeitserklärung von Schiedssprüchen soll vielmehr auf diejenigen Fälle beschränkt bleiben, die für das Wirtschaftsleben und nicht nur für den einzelnen Betrieb von besonderer Wichtigkeit sind.

Nach den zutreffenden Ausführungen des Rundschreibens würde eine zu weite Ausdehnung des Begriffes des wichtigen Falles gegen den obersten Grundsatz der Schlichtungsordnung verstoßen, daß für den Regelfall die Schlichtungsausschüsse die berufenen Schlichtungsbehörden sind. Sie würde auch der Bedeutung der Schlichtungsausschüsse und der Schlichter selbst schaden und eine Überlastung des Reichsarbeitsministeriums bedingen. Der Reichsarbeitsminister verspricht sich von der Schlichtungsordnung und der Verbindlichkeitserklärung nur dann Erfolg, wenn der staatliche Zwang eine seltene Ausnahme bleibt.

3. Ablehnung der Verbindlichkeitserklärung wegen Untragbarkeit der Schiedsspruchlöhne. Entsprechend den Anweisungen des Reichsarbeitsministeriums sind die Referenten des Reichsarbeitsministers und die ständigen Schlichter tatsächlich gegenüber Anträgen auf Verbindlichkeitserklärung etwas zurückhaltender geworden. Sie legen insbesondere seit einiger Zeit größeres Gewicht auf die Prüfung der Frage, ob die Schiedssprüche auch wirtschaftlich tragbar sind, und ob nach der ganzen Sachlage ein Eingriff in die Vertragsfreiheit gerechtfertigt erscheint.

So hat der ständige Schlichter für Westfalen für die Krefelder Metallindustrie einen Spruch gefällt, dessen Verbindlichkeitserklärung vom Reichsarbeitsministerium mit der Begründung abgelehnt worden ist, daß es nicht mit hinreichender Sicherheit festzustellen gewesen sei, ob die Löhne des fraglichen Schiedsspruches in der gegenwärtigen schwierigen Lage tragbar sind und daß ein staatlicher Zwangseingriff in die Vertragsfreiheit nach Ansicht des Reichsarbeitsministeriums nicht im Interesse der Allgemeinheit gelegen habe.

4. Keine Verbindlichkeitserklärung von Schiedssprüchen betreffend die Wiedereinstellung streikender Arbeitnehmer. Das Oberlandesgericht Naumburg entschied mit Urteil vom 27. Mai 1924 (s. »Schlichtungswesen« VI, 8, S. 17), daß Schiedssprüche, die die Wiedereinstellung von streikenden Arbeitnehmern vorsehen, nicht für verbindlich erklärt werden können.

XXIV. Arbeitsgerichte.

A. Einschlägige Gesetzesbestimmungen.

1. Gewerbegerichtsgesetz vom 29. September 1901 (RGBl. S. 353ff.).
2. Gesetz betr. Kaufmannsgerichte vom 6. Juli 1904 (RGl . S. 266).
3. Zivilprozeßordnung vom 30. Januar 1877 in der Fassung vom 13. Mai 1924 (RGBl. S. 437).

4.—6. Siehe die unter Nr. XXIII 2—4 angeführten Verordnungen.

B. Die wichtigsten Einzelfragen.

a) Welches Gericht ist im Einzelfalle zuständig?

1. Änderung der Wertgrenzen im Gewerbe- und Kaufmannsgerichtgesetze. Bisher war die Berufungsgrenze und die Gehalthöchstgrenze im Gewerbe- und Kaufmannsgerichtgesetze gleitend der jeweiligen Indexziffer angepaßt. Diese Regelung erregte in der Praxis viel Mißfallen, weil man erst komplizierte Berechnungen anstellen mußte, um die Zuständigkeit bzw. die Höhe der Berufungsgrenze im Einzelfalle zu ermitteln.

Durch eine Verordnung vom 6. Juni 1924, die im Reichsgesetzblatt Nr. 42 veröffentlicht ist, ist dieser Zustand mit Wirkung vom 22. Juni d. J. ab in erfreulicher Weise geändert worden. Nach dieser Änderung sind die Wertziffern nunmehr in Goldmark festgesetzt.

Im einzelnen wurde die Berufungsgrenze auf GM. 300 und die Gehalthöchstgrenze auf GM. 5000 festgesetzt.

Infolgedessen sind in Zukunft die Gewerbe- und Kaufmannsgerichte nur noch zuständig für kaufmännische und technische Angestellte, deren Jahresarbeitsverdienst den Betrag von GM. 5000 nicht übersteigt.

Für Angestellte mit höherem Gehalt ist je nach dem Streitwerte das Amts- oder Landgericht zuständig.

Infolge der Änderung der Berufungsgrenze sind in Zukunft alle Gewerbe- und Kaufmannsgerichtsurteile im Wege der Berufung an das Landgericht anfechtbar, deren Streitwert den Betrag von GM. 300 übersteigt.

2. Einfluß der Erweiterung der Zuständigkeitsgrenzen auf schwebende Rechtsstreitigkeiten. Erweiterungen der Zuständigkeitsgrenzen, durch welche früher vor die ordentlichen Gerichte gehörende

Streitigkeiten dem Gewerbe- und Kaufmannsgerichte zugewiesen werden, sind nach einer Entscheidung des Reichsgerichtes vom 10. November 1922, die im Gewerbe- und Kaufmannsgericht 1924, S. 269 veröffentlicht wird, auf Rechtsstreitigkeiten ohne Einfluß, die beim Inkrafttreten der einschlägigen Bestimmungen bereits vor dem ordentlichen Gerichte anhängig sind.

3. Unzuständigkeit der Gewerbe- und Kaufmannsgerichte bei Klagen wegen des Abhandenkommens von Fahrrädern! Im Gegensatz zu der bisherigen Rechtsprechung und der allgemeinen Rechtsauffassung vertritt das sächsische Oberverwaltungsgericht in einer in Heft 6 des 6. Jahrgangs des »Schlichtungswesens«, S. 101, veröffentlichten Entscheidung vom 21. März 1923 den Standpunkt, daß Ansprüche eines Arbeitnehmers wegen des Abhandenkommens eines Fahrrades und ähnlicher Gegenstände an der Arbeitsstätte nicht vor die Gewerbe- und Kaufmannsgerichte, sondern vor die ordentlichen Gerichte gehören. Das sächsische Oberverwaltungsgericht begründet diese Auffassung damit, daß nach seiner Ansicht solche Ansprüche nur mittelbar mit dem Arbeitsverhältnis zusammenhängen, in ihm zwar ihre äußere Veranlassung, nicht jedoch auch ihre rechtliche Ursache haben.

Falls diese Ansicht in der Praxis herrschend würde, hätte sie den Vorteil, daß alsdann gegen die erstinstanzlichen Urteile durchweg eine Berufungsmöglichkeit gegeben wäre, was bei einer Entscheidung durch die Gewerbe- und Kaufmannsgerichte durchweg nicht der Fall ist.

4. Zuständigkeit der Arbeits- oder Gewerbegerichte bei Streitfällen wegen Verhängung von Ordnungsstrafen. Seit dem Inkrafttreten der Verordnung vom 30. Oktober 1923 sind im allgemeinen bei Streitigkeiten auf Grund der Verhängung von Ordnungsstrafen in Betrieben, für die eine Betriebsvertretung besteht, die neu errichteten Arbeitsgerichte zuständig. Dies trifft jedoch nur dann zu, wenn es sich um Bestrafung auf Grund einer Arbeitsordnung handelt, die in der Gewerbeordnung obligatorisch für den betreffenden Betrieb vorgeschrieben ist. In allen anderen Fällen ist das Gewerbe-, Kaufmanns- oder Amtsgericht zuständig.

5. Zulässigkeit des Rechtsweges für Streitigkeiten zwischen Berufsgenossenschaften und ihren Angestellten. Das Reichsgericht entschied mit Urteil vom 3. Juni 1924 (s. »Das Recht« 28, 17, S. 274), daß für Streitigkeiten zwischen den Berufsgenossenschaften und ihren Angestellten über Entlassungen der Rechtsweg zulässig ist.

b) Wie sind die Gerichte zu besetzen?

1. Vertreter und Angestellte wirtschaftlicher Vereinigungen als Beisitzer in Gewerbe- und Kaufmannsgerichten. Ein Bescheid des Reichsarbeitsministers vom 20. März 1924 IV A Nr. 2092

(Reichsarbeitsblatt Nr. 9, S. 160) **stellt fest, daß** Vertreter und Angestellte wirtschaftlicher Vereinigungen von Arbeitgebern und Arbeitnehmern vorläufig nicht zu Beisitzern der Gewerbe- und Kaufmannsgerichte gewählt werden können, daß aber für den Fall einer gesetzlichen Neuregelung des Gewerbegerichts- und Kaufmannsgerichtswesens geplant ist, auch satzungsmäßige Vertreter und bevollmächtigte Angestellte wirtschaftlicher Vereinigungen von Arbeitnehmern als Beisitzer der Gewerbe- und Kaufmannsgreichte zuzulassen.

2. **Aufschub der Neuwahlen zu den Gewerbe- und Kaufmannsgerichten.** Der preußische Minister für Handel und Gewerbe hat nach einem in Nr. 785 der Rhein. Westf. Zeitung vom 18. Oktober bekanntgegebenen Erlaß die Regierungspräsidenten und Oberbergämter darauf hingewiesen, daß keine Bedenken gegen die Verlängerung der Amtsdauer der Beisitzer bis zu sechs Jahren durch Änderung der Statuten der Gewerbe- und Kaufmannsgerichte bestehen. Er hat weiter darauf hingewiesen, daß eine solche statutarische Verlängerung der Amtsdauer auch auf die bereits im Amt befindlichen Beisitzer, deren Amtszeit sonst ablaufen würde, erstreckt werden darf. Der preußische Minister für Handel und Gewerbe hält es für zweckmäßig, von der Möglichkeit dieser Verlängerung der Amtsdauer mit Rücksicht auf die bevorstehende reichsrechtliche Schaffung allgemeiner Arbeitsgerichte Gebrauch zu machen.

3. **Amtsenthebung eines Gewerbegerichtsbeisitzers wegen Verletzung der Schweigepflicht.** Die Beisitzer der Gewerbegerichte sind nach § 53 Absatz 3 des Gewerbegerichtsgesetzes verpflichtet, Stillschweigen über die Beratung und Abstimmung zu bewahren. Verletzen sie diese Pflicht, so können sie nach einer Entscheidung des Reichsgerichtes vom 10. 1. 24 (s. Nr. 8 der »Praxis des Arbeitsrechtes« vom 30. 10. 24) ihres Amtes enthoben werden.

c) Wer ist zur Vertretung vor den Gerichten berechtigt?

1. **Vertretung durch Gewerkschaftsangestellte.** Nach einer Entscheidung des Gewerbegerichtes Offenbach vom 10. April 1924, die in Heft 5 des Schlichtungswesens, 6. Jahrgang, S. 74, veröffentlicht ist, ist es nicht zulässig, daß Arbeitnehmer sich vor den Arbeitsgerichten durch Angestellte oder Vertreter von Organisationen vertreten lassen, denen sie selbst als Mitglieder nicht angehören. Auf Antrag des Arbeitgebers muß also der Kläger nachweisen, daß er der Organisation, durch die er sich in dem Verfahren vertreten läßt, als Mitglied tatsächlich angehört.

d) Welche Verfahrensvorschriften gelten?

1. Notwendigkeit der Unterzeichnung der Einspruchsklage gemäß § 86 ff. des Betriebsrätegesetzes. Nach einer Entscheidung des Gewerbegerichtes Berlin vom 10. 9. 24, Nr. 1618/24 K 11 finden auf das Einspruchsverfahren vor den Arbeitsgerichten die Vorschriften der Zivilprozeßordnung Anwendung. Daraus ergibt sich, daß in dem Schriftsatz, durch welchen der Einspruch beim Arbeitsgericht geltend gemacht wird, nicht nur die Parteien, das angerufene Gericht, der Umstand und Grund des erhobenen Anspruches und ein bestimmter Antrag angegeben werden, sondern daß er auch von dem Antragsteller unterzeichnet sein muß.

Geht innerhalb der in § 86 des Betriebsrätegesetzes vorgesehenen Frist eine ordnungsmäßig unterzeichnete vollständige Einspruchsklage beim zuständigen Arbeitsgericht nicht ein, und wird die fehlende Unterschrift auch nicht bis zum Ablauf der Frist rechtsgültig nachgeholt, so muß der Einspruch vom Arbeitsgericht als unzulässig verworfen werden.

2. Zulässigkeit der Feststellungsklagen nach § 86 Abs. 2 des Betriebsrätegesetzes trotz Verordnung vom 30. Oktober 1923. Nach § 86 Abs. 2 des Betriebsrätegesetzes kann der Arbeitgeber in den Fällen fristloser Entlassung bei Einlegung des Kündigungseinspruchs beim zuständigen Gericht auf Feststellung dahingehend klagen, daß er zur fristlosen Entlassung berechtigt war. Zu einer solchen Feststellungsklage ist der Arbeitgeber auch jetzt noch berechtigt, obwohl nach der Verordnung vom 30. Oktober 1923 nunmehr für die Entscheidung der Kündigungseinsprüche die Arbeitsgerichte und nicht mehr die Schlichtungsausschüsse zuständig sind. Infolgedessen kann der Arbeitgeber z. B. in denjenigen Fällen, in denen die Arbeitsrechtliche Kammer der Schlichtungsausschüsse oder die Gewerbe- und Kaufmannsgerichte als Ersatzstellen für die fehlenden Arbeitsgerichte vom Arbeitnehmer auf Grund eines Kündigungseinspruches angerufen werden, nach § 86 Abs. 2 des Betriebsrätegesetzes beim zuständigen Amts-, Land-, Kaufmanns- oder Gewerbegerichte Feststellungsklage erheben. Die Erhebung der Feststellungsklage hat in der Regel den Vorteil, daß alsdann Berufung an das übergeordnete Gericht zulässig ist, während die Entscheidungen der Arbeitsgerichte auf Grund der Kündigungseinsprüche endgültig und berufsunfähig sind. Die Richtigkeit dieser Ansicht ist durch ein Urteil des Amtsgerichtes Egeln vom 18. Januar 1924 bestätigt worden.

3. Aussetzung des Verfahrens. Nach einer entgegen anderslautenden Entscheidungen wohl zutreffenden Entscheidung des Amtsgerichtes Egeln vom 23. 1. 1924 kann auch heute noch trotz der jetzigen Zuständigkeit der Arbeitsgerichte an Stelle der Schlichtungsausschüsse in Kündigungsstreitigkeiten der Arbeitgeber, der das Vorliegen eines wichtigen Grundes zur fristlosen Entlassung behauptet, die Aussetzung des Verfahrens vor dem Arbeitsgerichte beantragen, um Feststellungsklage vor dem Gewerbegerichte oder Kaufmannsgerichte zu erheben, obwohl die Gewerbe- und Kaufmannsgerichte durchweg genau so besetzt sind wie die Arbeitsgerichte. Ein solcher Antrag ist auch im allgemeinen empfehlenswert, weil gegenüber den Entscheidungen der Gewerbe- und Kaufmannsgerichte in den Feststellungsklagen je nach der Höhe des Streitgegenstandes Berufungsmöglichkeit an das Landgericht gegeben ist, während die Entscheidungen der Arbeitsgerichte bekanntlich endgültig und unanfechtbar sind.

4. Versäumnisfolgen der Anhängigmachung eines Kündigungseinspruches beim unzuständigen Gericht. Die Einspruchsfristen der §§ 84 ff. des Betriebsrätegesetzes werden nach einem Urteil des Gewerbegerichtes Durlach vom 30. September 1924, Nr. 5/24 nur durch rechtzeitigen Anruf des örtlich und sachlich zuständigen Arbeitsgerichtes gewahrt. Wird der Einspruch bei einem unzuständigen Gerichte anhängig gemacht, so kann dieses zwar auf Antrag hin durch Beschluß den Einspruch an das zuständige Arbeitsgericht verweisen. Die Einspruchsfrist gilt jedoch nur dann als gewahrt, wenn der Beschluß, durch welchen der Rechtsstreit an das zuständige Gericht verwiesen wird, noch innerhalb der Einspruchsfrist verkündet wird. (Reichsarbeitsblatt 1924, Nr. 26, S. 449.)

e) Wie weit sind die Entscheidungen nachprüfbar?

1. Nachprüfungsrecht der Gerichte gegenüber Einspruchsentscheidungen der Schlichtungsausschüsse und Arbeitsgerichte. Es wird noch vielfach die Ansicht vertreten, daß die Gewerbe-, Kaufmanns-, Berggewerbe-, Amts- und Landgerichte kein Recht haben, die sog. »endgültigen« Entscheidungen der früher zuständig gewesenen Schlichtungsausschüsse und heute zuständigen Arbeitsgerichte in Kündigungseinspruchssachen auf ihr ordnungsmäßiges Zustandekommen unter Beachtung der gesetzlichen Vorschriften hin nachzuprüfen und gegebenenfalls für rechtsunwirksam zu erklären.

Diese Ansicht ist irrig, wie neuerdings durch ein eingehend begründetes Urteil des Landgerichtes III Berlin, Nr. 300, 722/23 vom 31. März 1924, festgestellt worden ist.

In der Begründung dieses Urteiles führt das Landgericht Berlin zutreffend aus, daß eine sog. endgültige Einspruchsentscheidung selbstverständlich nur rechtswirksam sein kann, wenn sie von der zuständigen Stelle unter Beachtung der notwendigen Formalitäten gefällt worden ist. Daraus folgt aber notwendig, daß ein wegen behaupteter Ungültigkeit einer derartigen Entscheidung angerufenes Gericht das Recht hat, nachzuprüfen, ob die

Einspruchsentscheidung von der zuständigen Stelle unter Beachtung aller Formvorschriften der §§ 84 ff. des Betriebsrätegesetzes erlassen ist. Das angerufene Gericht hat also insbesondere dann die ergangene Entscheidung für rechtsunwirksam zu erklären, wenn vor der Anrufung des Schlichtungsausschusses oder Arbeitsgerichtes die vorgeschriebene Zustimmungserklärung des Gruppenrates fehlte.

2. Keine Berufung gegen Teilurteile der Gewerbe- und Kaufmannsgerichte. Das Landgericht Hamburg entschied auf Grund des § 50 des Gewerbegerichtsgesetzes mit Urteil vom 25. April 1923 (Hanseatische Gerichtszeitung 1924, Nr. 27, S. 111), daß gegen Teilurteile eines Gewerbe- oder Kaufmannsgerichtes, in denen nur über den Grund des Anspruches entschieden wird, nicht selbständig, sondern nur zugleich mit dem über die Höhe des Anspruches entscheidenden Endurteile Berufung eingelegt werden kann.

f) Wer trägt die Kosten und wie werden sie berechnet?

1. Kostenvorschüsse im Verfahren der Arbeitsgerichte. Nach einem Erlaß des Reichsarbeitsministers vom 31. März 1924 IV A Nr. 2269 (veröffentlicht im Reicharbeitsblatt Nr. 9, S. 159) sind die Gewerbegerichte und Kaufmannsgerichte ebenso wie die arbeitsgerichtlichen Kammern der Schlichtungsausschüsse mangels gesetzlicher Ermächtigung nicht berechtigt, von den sie anrufenden Arbeitgebern oder Arbeitnehmern Kostenvorschüsse einzufordern.

2. Keine Erstattung der Gehaltsanteile für Zeugen des Arbeitgebers. Das Gewerbegericht Plauen hat in einem in Heft 9, Spalte 203, des Gewerbe- und Kaufmannsgerichtes, 29. Jahrgang, veröffentlichten Entscheidung den Standpunkt vertreten, daß der Arbeitgeber von dem in einem Prozeß unterliegenden Arbeiter nicht auch Erstattung des Gehaltsbetrages verlangen kann, der auf die Angestellten des Arbeitgebers für die Zeit entfällt, die sie für das Auftreten als Zeugen vor dem Arbeitsgericht auf Verlangen des Arbeitgebers aufzuwenden hatten.

XXV. Werkswohnungen.

A. Einschlägige Gesetzesbestimmungen.

1. Gesetz über Mieterschutz und Mieteinigungsämter vom 1. Juni 1923 (RGBl. S. 353).
2. Wohnungsmangelgesetz vom 26. Juli 1923 (RGBl. S. 751).
3. Reichssiedelungsgesetz vom 11. August 1919 (RGBl. S. 1429).
4. Reichsheimstättengesetz vom 10. Mai 1920 (R.G.Bl. S. 962).
5. Kleingarten- und Kleinpachtlandordnung vom 31. Juli 1919 (RGBl. S. 1371).

B. Die wichtigsten Einzelfragen.

a) Unter welchen Voraussetzungen kann die Räumung von Werkswohnungen verlangt werden?

1. Ein wichtiges Urteil zur Räumungspflicht bei Werkswohnungen fällte das Amtsgericht Siegburg am 3. Juli 1924 unter der Nr. 5 C 253/24.

In ihm stellte sich das Amtsgericht zunächst auf den Standpunkt, daß eine Wohnung ihren Charakter als Werkswohnung im Sinne des Mieterschutzgesetzes dadurch nicht verliert, daß sie von der Eigentümerin an ein befreundetes anderes Werk zeitweise für Angehörige dieses befreundeten Werkes überlassen wird.

Das Amtsgericht entschied weiter, daß auch dann Werkswohnungsinhaber ohne Gestellung einer Ersatzwohnung und ohne Abfindungssumme verpflichtet sind, auf Verlangen ihres früheren Arbeitgebers ihre Werkswohnung sofort zu räumen, wenn sie während der Stillegung der Betriebe ihres früheren Arbeitgebers und in der Zeit, in der sie wegen dieser Stillegung lediglich Erwerbslosenunterstützung bezogen, in den Dienst einer anderen Firma übertreten. Nach Ansicht des Amtsgerichtes Siegburg gibt die Überweisung zur Erwerbslosenfürsorge bei vorübergehender Betriebsstillegung dem Werkswohnungsinhaber keinen Grund im Sinne der Mieterschutzbestimmungen, das Arbeitsverhältnis aufzukündigen und trotzdem die Werkswohnung noch so lange zu benutzen, bis ihm vom früheren Arbeitgeber eine Ersatzwohnung oder eine Abfindungssumme zur Verfügung gestellt wird.

2. Beschleunigte Durchführung von Räumungsurteilen. Eine allgemeine Verfügung des Justizministeriums vom 10. Juni 1924 über die Räumung von Werkswohnungen im Wege der Zwangsvollstreckung (I 12967), Justizministerialblatt, S. 250, besagt:

Da es zur Vermeidung von Betriebsstörungen, namentlich bei landwirtschaftlichen Betrieben, erforderlich ist, daß die mit dem Betrieb verbundenen Werkswohnungen den Betriebsangestellten tunlichst in vollem Umfange zur Verfügung stehen, weise ich darauf hin, daß die auf Herausgabe von Werkswohnungen (§§ 20ff. des Gesetzes über Mieterschutz und Mieteinigungsämter vom 1. Juni 1923 RGBl. I, S. 353, lautenden Urteil wegen der Eilbedürftigkeit dieser Sachen mit tunlichster Beschleunigung auszufertigen und zu vollstrecken sind. Ist die Zwangsvollstreckung nach dem Urteil nicht von der Sicherung eines Ersatzraumes abhängig, so haben die Gerichtsvollzieher nach Erstattung der ihnen gemäß der AV vom 11. Dez. 1919 obliegenden Anzeige die Räumung unverzüglich durchzuführen. Bei den Geschäftsrevisionen ist die Beachtung dieser Vorschriften besonders nachzuprüfen.

b) Welches Gericht ist für Räumungsklagen zuständig und welche Verfahrensvorschriften gelten?

1. Zuständigkeit der Gewerbe- und Kaufmannsgerichte bei Räumungsklagen nach fristloser Entlassung. Nach § 20 des neuen Mieterschutzgesetzes vom 1. Juni 1923 finden die neuen Mieterschutzbestimmungen im allgemeinen auch mit gewissen Abweichungen auf Dienst- und Werkswohnungen Anwendung. Infolgedessen sind nach der herrschenden Ansicht für Räumungs- bzw. Aufhebungsklagen betreffend Dienst- und Werkswohnungen nicht mehr die Gewerbe- und Kaufmannsgerichte, sondern die nach den neuen Mieterschutzbestimmungen besetzten besonseren Kammern der Amtsgerichte zuständig. Nach Satz 2 des § 20 des Gesetzes vom 1. Juni 1923 finden jedoch die neuen Mieterschutzbestimmungen auf Werkswohnungen keine Anwendung, wenn der zur Räumung verpflichtete frühere Arbeitnehmer dem Arbeitgeber einen wichtigen Grund zur fristlosen Entlassung gegeben hat, oder wenn er selbst gekündigt hat, ohne daß ihm der Arbeitgeber einen berechtigten Grund zum Dienstaustritt gab.

Aus dieser Ausnahmebestimmung folgt, daß in den Fällen fristloser Entlassung oder freiwilligen Austrittes von Werkswohnungsinhabern auch jetzt noch wie nach den früheren Bestimmungen gemäß § 4 Ziffer 3 des Gewerbegerichtsgesetzes und § 5 Ziffer 3 des Kaufmannsgerichtsgesetzes bei Räumungsklagen die Gewerbe- und Kaufmannsgerichte zuständig sind, da es sich um Klagen auf Rückgabe von Sachen handelt, die »aus Anlaß des Dienst- oder Arbeitsverhältnisses übergeben worden sind«. Dementsprechend hat sich das Kaufmannsgericht Siegburg mit Urteil vom 27. März

1924 trotz des neuen **Mieterschutzgesetzes** vom 1. Juni 1923 für zuständig erklärt und einen fristlos entlassenen Angestellten zur Räumung der Werkswohnung verurteilt.

2. Beginn der Rechtsbeschwerdefrist nach den §§ 16, 20 und 39, Absatz 2 des Mieterschutzgesetzes. Wenn auf Grund des § 39 der Vorsitzende des Mieteinigungsamtes allein entschieden hat, steht bekanntlich den Beteiligten das Recht der Anrufung des voll besetzten Mieteinigungsamtes binnen einer Notfrist von einer Woche zu. Diese Notfrist beginnt »mit der Bekanntgabe der Entscheidung«. In einem Rechtsentscheide vom 28. April 1924 Nr. 17 Y 25/24 (s. Reichsarbeitsblatt Nr. 24 vom 8. November 1924) vertritt das Kammergericht den Standpunkt, daß ohne Rücksicht darauf, ob die Beteiligten zu der mündlichen Verhandlung geladen wurden bzw. in ihr erschienen sind oder nicht, die Rechtsbeschwerdefrist erst mit der tatsächlichen Bekanntgabe der Entscheidung an die Parteien, also erst mit der tatsächlichen Zustellung oder mit der Bekanntgabe zu Protokoll und nicht schon mit dem Tage beginnt, an welchem die Entscheidung des Vorsitzenden in Abwesenheit der beschwerdeführenden Partei verkündet wird.

c) Wann ist polizeiliche Wiedereinweisung in Werkswohnungen zulässig?

1. Unzulässigkeit unbeschränkter polizeilicher Wiedereinweisung in zu räumende Werkswohnungen. Obwohl durch das neue Mieterschutzgesetz und die dazu ergangenen Ausführungsverordnungen und Gerichtsurteile die rechtzeitige Räumung von Werkswohnungen ohnehin sehr erschwert worden ist, und obwohl es fast in keinem Falle mehr möglich ist, selbst bei freiwilligem Ausscheiden oder bei strafweiser Entlassung eines Arbeitnehmers, die Räumung einer Werkswohnung gerichtlich zu erzwingen, begnügen sich die meisten Wohnungsämter mit diesen Beschränkungen der Verfügungsfreiheit der Betriebe über ihre Werkswohnungen nicht.

Sie nehmen vielmehr recht häufig nach langwierigen Räumungsprozessen letzten Endes noch die Polizeigewalt zur Hilfe, um eine durch Urteil genehmigte Zwangsräumung unmöglich zu machen.

In solchen Fällen weisen die Polizeibehörden recht häufig die zur Räumung verpflichteten früheren Werksangehörigen schon vor der Räumung wieder als angeblich Obdachlose auf Grund des § 10 Titel 17 Teil II des allgemeinen Landrechtes in die zu räumende Werkswohnung auf unbestimmte Zeit wieder ein.

Eine solche unbeschränkte Wiedereinweisung ist nach verschiedenen in letzter Zeit ergangenen Urteilen des preußischen Oberverwaltungsgerichtes insbesondere nach drei Urteilen vom 26. Oktober 1922, 9. November 1922 und 10. Januar 1924 unzulässig. Die Polizeibehörden können nur ganz ausnahmsweise und nur auf ganz kurze Zeit eine solche Wiedereinweisung unter Darlegung des bestehenden Notstandes und der Unmöglichkeit seiner Behebung auf andere Weise verfügen.

2. Nur beschränkte polizeiliche Wiedereinweisung Räumungspflichtiger in Werkswohnungen. Nach der neueren Rechtsprechung des Oberverwaltungsgerichtes ist die Ortspolizeibehörde nur in ganz beschränktem Umfange zur Wiedereinweisung Räumungspflichtiger in Werkswohungen berechtigt. Sie darf die Wiedereinweisung nur auf ganz kurze, bestimmt befristete Zeit und nur dann vornehmen, wenn alle ihr möglichen Mittel erschöpft und insbesondere alle etwa erreichbaren Räume bei Dritten oder in Gasthäusern völlig angemietet und besetzt sind. Entsprechend dieser neueren ständigen Rechtsprechung des Oberverwaltungsgerichtes hat neuerdings auch der Kreisausschuß Dortmund Land eine polizeiliche Wiedereinweisung in eine Werkswohnung mit der Begründung aufgehoben, daß die Wiedereinweisung ohne zwingendes Erfordernis und für einen zu langen Zeitraum vorgenommen worden sei.

d) Unter welchen Bedingungen werden Zuschüsse für den Bau von Werkswohnungen gewährt?

1. Zuschüsse aus der Hauszinssteuer für den Werkswohnungsbau. Auf eine Anfrage im preußischen Landtage hin hat der preußische Minister für Volkswohlfahrt bestätigt, daß bisher aus den Mitteln des nach der preußischen Steuernotverordnung zur Förderung der Neubautätigkeit zu verwendenden Teiles der Hauszinssteuererträgnisse an die Industrie noch keine Zuschüsse zur Errichtung von Werkswohnungen gegeben worden sind. Nach der gleichen Auskunft soll es auch in absehbarer Zeit angesichts der großen allgemeinen Wohnungsnot bei der Beschränktheit der aus der Hauszinssteuer aufkommenden und für den Wohnungsbau bestimmten Mitteln nicht möglich sein, Wohnungen, die lediglich für Angehörige eines bestimmten Werkes gebaut werden sollen, mit öffentlichen Mitteln, insbesondere mit Hauszinssteuerhypotheken zu unterstützen. Auch in den außerpreußischen deutschen Staaten sind Werkswohnungen von der öffentlichen Unterstützung grundsätzlich ausgeschlossen.

Nach den Ausführungen des preußischen Ministers für Volkswohlfahrt können die Werke jedoch dadurch unter Inanspruchnahme der Mittel aus der Hauszinssteuer für ihre Arbeiter und Angestellten Wohnungen beschaffen, daß sie sich an zuschußberechtigten Baugenossenschaften beteiligen und durch diese Wohnungen für ihre Werksangehörigen unter Inanspruchnahme von öffentlichen Mitteln bauen lassen.

2. Umrechnung und Aufwertung der in Papiermark gezahlten Arbeitgeber-Darlehen. Nach einer in Nr. 21 des Reichsarbeitsblattes vom 16. Oktober 1924 veröffentlichten Anweisung des Reichsarbeitsministers vom 30. September Nr. V 6, 1932/24 ist bei der Umrechnung und Aufwertung der in Papiermark gezahlten Arbeitgeber-Darlehen des Reiches und Reichsdarlehen aus dem Wohnungsfürsorgefonds des Reichsarbeitsministeriums der Kurs des 7. Werktages zugrunde zu legen, der auf den Tag der Auszahlung durch die Amtskasse folgt. Für die Aufwertung des hiernach errechneten Goldmarkbetrages sollen dann die Bestimmungen der 3. Steuernotverordnung herangezogen werden, nach denen im allgemeinen, von besonderen Fällen abgesehen, in denen eine höhere Aufwertung begründet ist, eine Aufwertung auf 15 vH des Hypothekenbetrages vorgenommen werden soll.

8. Umwandlung der in den Ertragswert hineingewachsenen Arbeitgeberdarlehen für Werkswohnungen. Mit Wirkung vom 15. April 1924 ab sind gemäß einer Verfügung des Reichsarbeitsministers vom 6. Mai 1924 Nr. V 6/973/24 die Ertragswerte der Neubauten im Sinne der Baukostenzuschußbestimmungen neu festgesetzt worden.

In einem Erlaß vom 21. Mai 1924, Nr. V 6 1028/24, der im Reichsarbeitsblatt Nr. 13 vom 1. Juli 1924 veröffentlicht wird, macht der Reichsarbeitsminister darauf aufmerksam, daß sich mit dieser Neufestsetzung der Ertragswerte der unrentierliche Teil der Baukosten für die durch fremde Bauunternehmungen erstellten Wohnungen und damit auch der vom Arbeitgeber zu übernehmende Teil derselben erheblich herabmindert.

Soweit infolge dieser Erhöhung des Ertragswertes und der dadurch bedingten Herabminderung des unrentierlichen Teiles der Baukosten bereits Überzahlungen eingetreten sind, soll den Bauherren, soweit sie das Baugeld anderweitig nicht aufbringen können, derjenige Teil der gezahlten Beträge, der über den vom Reich zu übernehmenden Teil des Arbeitgeberzuschusses hinausgeht, als verzinsliche wertbeständige Hypothek belassen werden. In diesen Fällen soll die Verzinsung und Tilgung nach Ziffer 11 der Bekanntmachung der Reichsregierung vom 19. Februar 1921 zur Ausführung des Gesetzes vom 12. Februar 1921 (siehe Zentralblatt für das Deutsche Reich S. 130 ff.) oder nach Maßgabe der vom preußischen Wohlfahrtsministerium erlassenen Bestimmungen über die Gewährung zweiter Hypotheken aus Staatsmitteln erfolgen.

XXVI. Betriebsdiebstähle.

A. Einschlägige Gesetzesbestimmungen.

1—3. Siehe die unter Nr. III 1—3 angeführten Gesetze.
4—7. Siehe die unter Nr. XIII 4—7 angeführten Gesetze.

B. Die wichtigsten Einzelfragen.

a) Wie weit berechtigen Betriebsdiebstähle den Arbeitgeber zur Anfechtung und fristlosen Kündigung von Dienstverträgen?

1. Anfechtung von Arbeitsverträgen wegen früherer schwerer Eigentumsvergehen. Nach Ansicht des Gewerbegerichts Altona, die in einem Urteil vom 10. Juli 1924 festgelegt ist, ist der Arbeitgeber berechtigt, den mit einem Arbeitnehmer oder Betriebsvertretungsmitglied abgeschlossenen Arbeitsvertrag wegen Irrtums unverzüglich anzufechten, wenn er während der Dauer des Arbeitsverhältnisses erfährt, daß der Arbeitnehmer kurze Zeit vor seiner Einstellung wegen schweren Eigentumsvergehens bestraft war, und wenn dem Arbeitnehmer eine gewisse Vertrauensstellung nach dem Arbeitsvertrage eingeräumt worden ist oder eingeräumt werden sollte.

b) Wie weit berechtigt Diebstahl oder Diebstahlverdacht den Arbeitgeber zur Bekanntgabe?

1. Rechtsfolgen der Bekanntgabe Diebstahlsverdächtiger bei späterem Nachweis der Unschuld. Nach einer in Nr. 18 der Nachrichtensammlung der Austauschstelle Köln der Arbeitgeberverbände veröffentlichten Entscheidung macht sich ein Arbeitgeber auch dann nicht schadenersatzpflichtig, wenn die Mitteilung über den Diebstahlsverdacht und die Veranlassung der Aufnahme der betreffenden Arbeitnehmer in Rundschreiben der Arbeitgeberverbände oder des Vereins zur Bekämpfung von Fabrikdiebstählen sich nachträglich als ungerechtfertigt erweist.

Das betreffende Urteil hält im Interesse der Bekämpfung von Fabrikdiebstählen die Bekanntgabe Diebstahlsverdächtiger für zulässig, wenn ausdrücklich hervorgehoben wird, daß die Entlassung lediglich wegen Diebstahlsverdachts ausgesprochen worden ist, und wenn bei Mitteilung der Entlassung zur Weiterverbreitung oder bei der Auskunfterteilung Verdachtsmomente tatsächlich vorhanden waren. Nur ist der Arbeitgeber verpflichtet, denjenigen

Stellen und Personen, denen er von dem Diebstahlsverdacht Mitteilung gemacht hat, umgehend Kenntnis zu geben, wenn er nachträglich erfährt, daß der entlassene Arbeitnehmer freigesprochen worden ist, oder daß in anderer Weise der Verdacht sich als unhaltbar erwiesen hat.

c) Wie weit haftet der Arbeitgeber für Betriebsdiebstähle an Sachen der Arbeitnehmer?

1. Keine Haftung des Arbeitgebers bei Diebstahl von Sachen der Arbeitnehmer nach Gestellung eines verschließbaren Spindes. Mit Urteil vom 23. 6. 1924, Nr. 1070/24 K 11, hat das Gewerbegericht Berlin entschieden, daß der Arbeitgeber seiner Fürsorgepflicht für die eingebrachten Sachen seiner Arbeitnehmer durchaus genügt, wenn er ein verschließbares, nur vom Arbeitnehmer allein benutztes Spind zur Verfügung stellt. Ist der Arbeitgeber dieser Verpflichtung nachgekommen, so trifft ihn keine Schadenersatzpflicht, wenn das Spind erbrochen wird und aus ihm Sachen gestohlen werden.

Nach Ansicht des Gewerbegerichtes Berlin ist der Arbeitgeber nicht verpflichtet, auch noch einen besonderen Wächter für die Kleiderablage zu stellen. Einen Wächter braucht er nur zu stellen, wenn die Spinde nicht verschließbar sind, oder wenn die Spinde immer von mehreren Arbeitern gemeinsam zu benutzen sind.

XXVII. Arbeitsgemeinschaften.

A. Einschlägige Bestimmungen.

1. Reichsverfassung vom 11. August 1919 (RGBl. S. 1383 ff.).
2. Vereinbarung zwischen den Arbeitgeber- und Arbeitnehmerverbänden vom 15. November 1918 (siehe Deutscher Reichsanzeiger vom 18. November 1918).

XXVIII. Sozialisierung.

A. Einschlägige Gesetzesbestimmungen.

1. Reichsverfassung vom 11. August 1919 (RGBl. S. 1383 ff.) insbesondere deren Artikel 153, 155 und 156.
2. Sozialisierungsgesetz vom 13. Mai 1919 (RGBl. S. 341).
3. Gesetz betr. Regelung der Kohlenwirtschaft vom 23. März 1919 (RGBl. S. 342).
4. Gesetz betr. Regelung der Kaliwirtschaft vom 24. April 1919 (RGBl. S. 413).
5. Gesetz betr. die Sozialisierung der Elektrizitätswirtschaft vom 31. Dezember 1919 (RGBl. S. 19 ff).

B. Die wichtigsten Einzelfragen.

a) Welche Fortschritte machten die Sozialisierungsbestrebungen?

1. Arbeitnehmerbeteiligung am Betriebskapital und deutschnationale Volkspartei. Aus Angestelltenkreisen der deutschnationalen Volkspartei ist ein Reichstagsantrag eingereicht worden, in welchem es u. a. heißt, »der Reichstag wolle beschließen, die Reichsregierung zu ersuchen, eine Denkschrift vorzulegen, in der die gesetzgeberischen Möglichkeiten zur Herbeiführung der Beteiligung der Angestellten und Arbeiter am Besitz und Ertrag der in Gesellschaftsform betriebenen Unternehmungen dargestellt werden. Insbesondere ist in dieser Denkschrift Stellung zu nehmen zu folgenden Fragen:

Einführung eines Bezugsrechtes der Angestellten und Arbeiter in privatwirtschaftlichen Unternehmungen auf neu herausgegebene Geschäftsanteile aller Art zu Bedingungen, die diese Bezugsberechtigten gegenüber anderen nicht benachteiligen und ihren besonderen wirtschaftlichen Verhältnissen Rechnung tragen,

Erleichterung und Regelung der Ausnutzung solcher Bezugsrechte durch Vereinigungen der Arbeitnehmer (Werksgemeinschaften, gewerkschaftliche Betriebsgruppen usw.), Ausarbeitung von Mustersatzungen für solche Beteiligung und etwa weitergehendes freiwilliges Beteiligen der Arbeitnehmerschaft unter Vermeidung starrer Schablonisierung,

Mitbeteiligung der Beamten-, Angestellten und Arbeiterschaft an gemeinwirtschaftlichen Unternehmen, Vertretung der beteiligten Arbeitnehmer und Arbeitnehmervereinigungen in Aufsichtsrat und Gesellschafterversammlungen.«

XXIX. Gewerbeaufsicht.

A. Einschlägige Gesetzesbestimmungen.

1.—6. Siehe die unter Nr. VIII 1—6 angeführten Gesetzesbestimmungen.

7.—10. Siehe die unter Nr. IV 1—4 angeführten Verordnungen.

11.—12. Siehe die unter XI 1—2 angeführten Gesetzesbestimmungen.

XXX. Internationales Arbeitsrecht.

A. Einschlägige Bestimmungen.

1. Friedensvertrag vom 28. Juni 1919 (RGBl. S. 687).
2. Entwurf eines Übereinkommens betr. die Beschränkung der Arbeitszeit in gewerblichen Betrieben auf 8 Stunden täglich und 48 Stunden wöchentlich (Washingtoner Konferenz vom 29. Oktober bis 29. November 1919).
3. Entwurf eines Übereinkommens betr. die Arbeitslosigkeit (Washingtoner Konferenz vom 29. Oktober bis 29. November 1919).
4. Vorschlag betr. Maßnahmen gegen die Arbeitslosigkeit (wie vor).
5. Entwurf eines Übereinkommens betr. Beschäftigung der Frauen vor und nach der Niederkunft (wie vor).
6. Vorschlag betr. gegenseitige Gleichbehandlung der ausländischen und inländischen Arbeiter (wie vor).
7. Entwurf eines Übereinkommens betr. die Nachtarbeit der Frauen (wie vor).
8. Vorschlag betr. den Schutz der Frauen und Kinder gegen Bleivergiftung (wie vor).
9. Entwurf eines Übereinkommens über die Festsetzung der Altersgrenze für die Zulassung von Kindern zur gewerblichen Arbeit.
10. Entwurf eines Übereinkommens betr. die Nachtarbeit der Kinder in der Industrie (wie vor).

C. Zusammenstellung der am 31. Dezember 1924 geltenden arbeitsrechtlichen Gesetze und Verordnungen.

Lfd. Nr.	Tag des Gesetzes	Titel des Gesetzes	RGBl. Seite	Abgeändert durch	RGBl. Seite
1	21. 6. 69	Gesetz betr. die Beschlagnahme des Arbeits- oder Dienstlohnes	242	RG. v. 29. 3. 97	159
				RG. v. 17. 5. 98	332
				Bek. v. 17. 5. 15	285
				RG. v. 13. 12. 17	1102
				V. v. 2. 5. 18	382
				V. v. 22. 6. 19	587
				RG. v. 10. 8. 20	1572
				RG. v. 23. 12. 21	1657
				RG. v. 26. 10. 22	806
				V. v. 23. 2. 23	153
				V. v. 5. 7. 23	554
				V. v. 13. 8. 23	783
				V. v. 22. 11. 23	1110
				RG. v. 13. 12. 23	1186
				V. v. 7. 1. 24	25
2	17. 5. 74	Strandungsordnung	73	RG. v. 30. 12. 01	1
3	30. 1. 77	Zivilprozeßordnung (insbesondere der § 850 Nr. 1 über die Pfändung des Arbeits- und Dienstlohnes und die §§ 887—888 über die Zwangsvollstreckung bei Verurteilung zur Leistung von Diensten	410	RG. v. 20. 5. 98	369
				RG. v. 5. 6. 05	536
				RG. v. 1. 6. 09	475
				RG. v. 22. 5. 10	767
				RG. v. 24. 6. 14	233
				RG. v. 13. 9. 19	1448
				RG. v. 18. 12. 19	2113
				RG. v. 17. 8. 20	1579
				RG. v. 11. 3. 21	229
				RG. v. 23. 3. 21	329
				RG. v. 23. 12. 21	1658
				RG. v. 8. 3. 22	269
				RG. v. 8. 7. 22	569
				RG. v. 11. 7. 22	573
				RG. v. 26. 10. 22	805
				RG. v. 21. 12. 22	1
				RG. v. 27. 3. 23	217
				RG. v. 13. 5. 24	552
				Neufassung vom 13. 5. 24	437
4	10. 2. 77	Konkursordnung, insbesondere deren §§ 17, 22, 23, 27 und 61	612	Neufassung 20. 5. 98	612
5	15. 6. 95	Gesetz betr. die privatrechtlichen Verhältnisse der Binnenschiffahrt	301	RG. v. 20. 5. 98	868

Lfd. Nr.	Tag des Gesetzes	Titel des Gesetzes	RGBl. Seite	Abgeändert durch	RGBl. Seite
6	15. 6. 95	Gesetz betr. die privatrechtlichen Verhältnisse der Flößerei vom 15. 6. 1895	341		
7	18. 6. 96	Bürgerliches Gesetzbuch, insbesondere dessen §§ 610—630 betr. den Dienstvertrag	195		
8	10. 5. 97	Handelsgesetzbuch, insbesondere dessen §§ 59 ff., 83, 511 ff. betr. Handlungsgehilfen, Lehrlinge u. Schiffer	219	RG. v. 2. 6. 92	218
				RG. v. 12. 5. 04	168
				RG. v. 30. 5. 08	307
				RG. v. 7. 1. 13	90
				RG. v. 10. 6. 14	209
				RG. v. 12. 7. 21	927
				RG. v. 21. 7. 22	652
				RG. v. 22. 12. 22	967
				V. v. 6. 7. 23	618
				V. v. 30. 8. 23	845
				V. v. 23. 10. 23	990
9	26. 7. 00	Gewerbeordnung für das Deutsche Reich	871	RG. v. 30. 5. 08	356
				RG. v. 28. 12. 08	667
				RG. v. 27. 12. 11	139
				RG. v. 22. 5. 18	423
				RG. v. 23. 11. 18	1329
				RG. v. 23. 11. 18	1334
				RG. v. 17. 12. 18	1436
				RG. v. 5. 2. 19	176
				RG. v. 18. 3. 19	315
				RG. v. 3. 2. 21	142
				RG. v. 27. 3. 23	247
10	29. 9. 01	Gewerbegerichtsgesetz	353	V. v. 12. 5. 20	958
				V. v. 29. 10. 20	1843
				V. v. 19. 3. 21	234
				V. v. 14. 1. 22	155
				V. v. 27. 11. 22	887
				V. v. 15. 3. 23	193
				V. v. 16. 6. 23	384
				V. v. 12. 7. 23	614
				V. v. 9. 8. 23	765
				V. v. 30. 8. 23	845
				V. v. 6. 6. 24	645
11	2. 6. 02	Seemannsordnung, insbesondere die §§ 27 ff. betr. den Heuervertrag	175	RG. v. 23. 3. 03	57
				RG. v. 12. 5. 04	167
12	30. 3. 03	Gesetz betr. die Kinderarbeit	113		
13	6. 7. 04	Gesetz betr. die Kaufmannsgerichte	266	Abänderungen wie beim Gewerbegerichtsgesetz	

Lfd. Nr.	Tag des Gesetzes	Titel des Gesetzes	RGBl. Seite	Abgeändert durch	RGBl. Seite
14	7. 6. 09	Gesetz betr. den unlauteren Wettbewerb	499		
15	2. 6. 10	Stellenvermittlungsgesetz	860	RG. v. 22. 7. 22 Bek. v. 28. 4. 23 V. v. 13. 1. 19 V. v. 29. 12. 19	657 284* 85 2
16	20. 12. 11	Hausarbeitsgesetz	976	V. v. 28. 11. 24 Neufassung vom 30. 6. 23	757 472
17	19. 7. 11	Reichsversicherungsordnung	509	Neufassung: 15. 12. 24	779
18	20. 12. 11	Versicherungsgesetz für Angestellte	989	Neue Fassung vom 28. 5. 24	563
19	21. 6. 13	Verordnung über Geschäftsgang und Verfahren der Schiedsgerichte f. Angestellte	329	V. v. 13. 1. 19	42
20	14. 6. 16	Bek. betr. die Anordnung der Geschäftsaufsicht zur Abwendung des Konkurses	1363	RG. v. 12. 6. 24 V. v. 14. 6. 24	641 641
21	4. 10. 18	Erlaß über die Errichtung eines Reichsarbeitsamtes	1231	Erl. v. 21. 3. 19	327
22	12. 11. 18	Verordnung über Arbeiterschutz	1309		
23	12. 11. 18	Aufruf des Rates der Volksbeauftragten	1303		
24	23. 11. 18	Verordnung über die Arbeitzeit in den Bäckereien u. Konditoreien	1329		
25	23. 11. 18	Anordnung über die Regelung gewerblicher Arbeitszeit	1334	V. v. 17. 12. 18 V. v. 21. 12. 23 V. v. 17. 4. 24	1436 1249 416
26	2. 12. 18	Verordnung über die Entlohnung und die Errichtung von Fachausschüssen im Bäckerei- u. Konditoreigewerbe	1397		
27	7. 12. 18	Verordnung betr. die vorläufige Regelung des Luftfahrtrechtes	1407	V. v. 30. 4. 20	857
28	9. 12. 18	Verordnung über die Gewährung v. Sterbegeld u. Hinterbl.-Rente bei Gesundheitsschädigung durch Gaskampfstoffe und Nikro-Nithan	1439		

* Reichsarbeitsblatt.

Lfd. Nr.	Tag des Gesetzes	Titel des Gesetzes	RGBl. Seite	Abgeändert durch	RGBl. Seite
29	23. 12. 18	Verordnung zur Sich. d. ärztlichen Versorgung bei d. Krankenkassen	1454	V. v. 13. 1. 19 V. v. 14. 11. 24	41 743
30	23. 12. 18	Verordnung über Tarifverträge, Arbeiter- u. Angest.-Aussch. und Schlichtung von Arbeitsstreitigkeiten	1456	V. v. 7. 5. 19 V. v. 21. 9. 19 RG. v. 4. 2. 20 V. v. 31. 5. 20 RG. v. 23. 1. 23 V. v. 30. 10. 23	446 1707 147 1128 67 1043
31	15. 1. 19	Verordnung zur Behebung der dringendsten Wohnungsnot	69	V. v. 9. 12. 19	1968
32	15. 1. 19	Verordnung über das Erbbaurecht	72		
33	18. 1. 19	Verordnung betr. den Bergbau	64	RG. v. 4. 2. 20	147
34	24. 1. 19	Verordnung betr. eine vorläufige Landarbeitsordnung	111	Berichtigung § 12	184
35	26. 1. 19	Verordnung zur Beschaffung v. landwirtschaftlichem Siedelungsland	115		
36	4. 2. 19	Verordnung betr. Auskunftspflicht gegenüber der Sozialisierungskommission	198		
37	5. 2. 19	Verordnung über Sonntagsruhe im Handelsgewerbe und in Apotheken	174		
38	5. 2. 19	Verordnung über die Wahl des Vorst. u. Vorsitzenden bei d. Ortskrankenkassen u. über die Kassenangestellten	181		
39	8. 2. 19	Verordnung über die Errichtung von Arbeitskammern im Bergbau	202		
40	17. 2. 19	Verordnung üb. d. Pflicht der Arbeitgeber z. Anmeldung eines Bedarfs an Arbeitskräften	201		
41	18. 3. 19	Verordnung üb. d. Regelung der Arbeitszeit der Angestellten während der Zeit der wirtschaftlichen Demobilmachung	315	V. v. 21. 12. 23 V. v. 17. 4. 24	1249 416
42	23. 3. 19	Sozialisierungsgesetz	341		

Lfd. Nr.	Tag des Gesetzes	Titel des Gesetzes	RGBl. Seite	Abgeändert durch	RGBl. Seite
43	23. 3. 19	Gesetz betr. Regelung d. Kohlenwirtschaft	342	Ges. v. 20. 8. 19 Ausführ.-Bestimm. v. 21. 8. 19 Bek. v. 21. 8. 19 V. v. 31. 5. 20	1447 1449 1472 1107
44	14. 4. 19	Gesetz betr. Regelung d. Kaliwirtschaft	413	Bek. v. 9. 7. 19 V. v. 18. 7. 19 Ges. v. 19. 7. 19 V. v. 29. 9. 19 V. v. 2. 7. 20 V. v. 22. 10. 21	642 663 661 1774 1437 1321
45	7. 5. 19	Bestimmungen über die Führung des Tarifregisters	446		
46	21. 6. 19	Verordnung über die Errichtung e. Ausschusses zur Prüfung der Frage der Arbeitszeit im Bergbau des Ruhrgebietes	579		
47	25. 6. 19	Bekanntmachung d. Wortlautes der Verordnung über Lohnpfändung	589	RG. v. 10. 8. 20	1572
48	28. 6. 19	Gesetz über Landkrankenkassen, Kassenangestellte und Ersatzkassen	615		
49	16. 7. 19	Gesetz über den Friedensschluß zwischen Deutschland und den alliierten und assoziierten Mächten	687	V. v. 14. 2. 20 V. v. 14. 2. 20 RG. v. 25. 8. 21 Bek. v. 17. 11. 21	235 237 1317 1369
50	31. 7. 19	Kleingarten- und Kleinpachtlandordnung	1371		
51	11. 8. 19	Verfass. des Deutschen Reiches, insbes. Abschnitt 5 üb. d. Wirtschaftsleben, Art. 151 bis 165	1383		
52	11. 8. 19	Reichssiedelungsgesetz	1429		
53	26. 9. 19	Gesetz üb. Wochenhilfe und Wochenfürsorge	1757	Bek. v. 30. 9. 19 Ges. v. 30. 4. 20 Neue Fassung v. 22. 5. 20	1813 853 1069
54	31. 12. 19	Gesetz betr. Sozialisierung der Elektrizitätswirtschaft	19	Bek. v. 18. 6. 20 Bek. v. 1. 7. 20	1456 1468
55	15. 1. 20	Gesetz über weibl. Angestellte in Gast- und Schankwirtschaften	69		

Lfd. Nr.	Tag des Gesetzes	Titel des Gesetzes	RGBl. Seite	Abgeändert durch	RGBl. Seite
56	28. 1. 20	Verordnung über den Betrieb der Anlagen der Großeisenindustrie	75		
57	23. 1. 20	Verordnung über die Beschäftigung v. Arbeiterinnen und jugendlichen Arbeitern in Glashütten usw.	75		
58	27. 1. 20	Verordnung über die Einrichtung und den Betrieb von Anlagen zur Herstellung von Bleifarben und anderen Bleiverbindungen	109		
59	27. 1. 20	Bekanntmachung üb. das Bleimerkblatt	118		
60	27. 1. 20	Bekanntmachung üb. die Dienstanweisung f. die ärztliche Untersuchung von Bleiarbeitern	120		
61	4. 2. 20	Betriebsrätegesetz	147	V. v. 24. 2. 20 V. v. 14. 4. 20 V. v. 21. 4. 20 V. v. 27. 4. 20 V. v. 30. 4. 20 V. v. 12. 5. 20 V. v. 5. 6. 20 V. v. 28. 9. 20 V. v. 31. 12. 20 V. v. 8. 1. 21 V. v. 5. 2. 21 V. v. 12. 8. 21 RG. v. 15. 2. 22 RG. v. 23. 3. 22 RG. v. 29. 4. 23	259 522 563 682 902 961 139 1689 81 82 159 1199 203 305 258
62	4. 2. 20	Wahlordnung zum Betriebsrätegesetz	175		
63	1. 4. 20	Verordnung zur Regelung der Eisenwirtschaft	433	V v. 15. 6. 20	1205
64	6. 4. 20	Gesetz über die Beschäftigung Schwerbeschädigter	457	Ausführungsbestimmungen V. v. 21. 4. 20 V. v. 17. 5. 20	 521 978
65	21. 4. 20	Verordnung betr. das Verbot des Trennens, Schneidens u. Sortierens von Kleidern und Lumpen usw.	563		

Lfd. Nr.	Tag des Gesetzes	Titel des Gesetzes	RGBl. Seite	Abgeändert durch	RGBl. Seite
66	4. 5. 20	Verordnung üb. den vorläufigen Reichswirtschaftsrat	858	V. v. 20. 6. 20 V. v. 28. 6. 20	1527 1335
67	21. 4. 20	Verordnung z. Ausführung der §§ 5 und 10 des Gesetzes über die Beschäftigung Schwerbeschädigter	521		
68	27. 4. 20	Verordnung z. Ausführung des Betriebsrätegesetzes	682		
69	10. 5. 20	Reichsheimstättengesetz	962		
70	11. 5. 20	Gesetz über Maßnahmen geg. Wohnungsmangel	949		
71	12. 5. 20	Reichsversorg.-Gesetz, insbes. § 89ff.	989		
72	15. 5. 20	Erlaß betr. die Einberufung und die Befugnisse d. Sozialisierungskommission	981		
73	21. 5. 20	Verordnung über das Inkrafttreten der Vorschriften der §§ 45 bis 52 des Einkommensteuergesetzes (Steuerabzug)	1093	V. v. 19. 12. 23 V. v. 10. 11. 24	1205 737
74	21. 5. 20	Verordnung über das Reichswirtsch.-Gericht	1167		
75	31. 5. 20	Verordnung üb. die Aufbringung der Mittel f. die Kohlenwirtschaftsstellen	1107		
76	31. 5. 20	Verordnung über die Regelung d. Schwefelsäurewirtschaft	1113		
77	31. 5. 20	Gesetz üb. weitere Ausdehnung d. Versicherungspflicht in der Angestelltenversicherung	1144		
78	7. 6. 20	Verordnung üb. die Regelung d. Teerwirtschaft	1156		
79	9. 6. 20	Pachtschutzordnung	1156		
80	12. 6. 20	Gesetz betr. Übernahme einer Haftung des Reiches für Lasten des Saarbrücker Knappschaftsvereins	1433		
81	28. 6. 20	Verordnung zum Schutze der Preßluftarbeiter	1357		

Lfd. Nr.	Tag des Gesetzes	Titel des Gesetzes	RGBl. Seite	Abgeändert durch	RGBl. Seite
82	21. 7. 20	Gesetz zur ergänzenden Regelung des Steuerabzugs vom Arbeitslohn	1463		
83	8. 11. 20	Verordnung betr. Maßnahmen gegenüber Betriebsabbrüchen und Betriebsstillegungen	1901	V. v. 8. 11. 20 V. v. 15. 10. 23	267 983
84	10. 12. 20	Verordnung betr. die Stilllegung von Betrieben, die die Bevölkerung mit Gas, Wasser und Elektrizität versorgen	1865		
85	5. 2. 21	Gesetz über die Betriebsbilanz und die Betriebsgewinn- und -verlustrechnung	159		
86	30. 3. 21	Verordnung über d. Rückgewährung von Beiträgen bei privaten Pensionseinrichtungen	369		
87	15. 2. 22	Gesetz über die Entsendung von Betriebsratsmitgliedern in den Aufsichtsrat	209		
88	23. 3. 22	Wahlordnung zum Gesetz über die Entsendung v. Betriebsratsmitgliedern in den Aufsichtsrat	307		
89	24. 3. 22	Reichsmietengesetz	273		
90	22. 7. 22	Arbeitsnachweisgesetz	673	V. v. 30. 10. 23	1065
91	19. 10. 22	Verordnung über die Anwerbung und Vermittlung ausländ. Landarbeiter	590*	V. v. 2. 1. 23	45*
92	2. 1. 23	Verordnung über die Einstellung und Beschäftigung ausländischer Arbeiter	43*		
93	10. 1. 23	Vorschriften über die statistische Berichterstattung bei Streiks und Aussperrungen	46*		
94	12. 1. 23	Gesetz über die Beschäftigung Schwerbeschädigter	57	V. v. 13. 2. 24	73

* Reichsarbeitsblatt.

Lfd. Nr.	Tag des Gesetzes	Titel des Gesetzes	RGBl. Seite	Abgeändert durch	RGBl. Seite
95	27. 3. 23	Gesetz über Gebühren für Arbeitsbücher	247		
96	12. 5. 23	Allgemeine Bestimmungen für die Berufsberatung und Lehrstellenvermittlung bei den Arbeitsnachweisämtern	309*		
97	1. 6. 23	Mieterschutzgesetz	353	V. v. 24. 12. 23	1247
98	30. 6. 23	Hausarbeitsgesetz	472	V. v. 28. 11. 24	757
99	26. 7. 23	Reichswohnungsmangelgesetz	751	V. v. 24. 12. 23	1247
100	4. 10. 23	Verordnung über Anwerbung und Vermittlung von Arbeitnehmern n. dem Ausland	960	V. v. 23. 7. 24	675
101	15. 10. 23	Verordnung üb. Betriebsstillegung und Arbeitsstreckung	989		
102	15. 10. 23	Verordnung über die Aufbringung der Mittel für die Erwerbslosenfürsorge	984	V. v. 24. 10. 23	995
103	30. 10. 23	Verordnung über das Schlichtungswesen	1040	V. v. 10. 12. 23 V. v. 29. 12. 23	1191 9
104	21. 12. 23	Verordnung über die Arbeitszeit	1249	V. v. 17. 4. 24	416
105	13. 2. 24	Verordnung über die Arbeitszeit in Krankenpflegeanstalten	66		
106	14. 2. 24	Verordnung über Mißstände im Auswanderungswesen	107		
107	16. 2. 24	Verordnung üb. Erwerbslosenfürsorge	127	V. v. 18. 1. 24 V. v. 13. 3. 24 V. v. 25. 3. 24 V. v. 4. 4. 24 V. v. 24. 5. 24 V. v. 11. 8. 24 V. v. 14. 11. 24	3435 279 376 91 562 681 741
108	29. 3. 24	Verordnung üb. d. Reichsstelle f. d. Auswanderungswesen	395	V. v. 23. 7. 24	675
109	28. 5. 24	Angestelltenversicherungsgesetz	563	V. v. 21. 11. 24	757
110	31. 7. 24	Verordnung üb. Wochenhilfe	673		

* Reichsarbeitsblatt.

Lfd. Nr.	Tag des Gesetzes	Titel des Gesetzes	RGBl. Seite	Abgeändert durch	RGBl. Seite
111	7. 9. 24	Gesetz über die Ermächtigung der Reichsregierung zur Einführung einer Fürsorge für erwerbslose Seeleute	701	V. v. 30. 10. 24 V. v. 25. 11. 24	722 756
112	24. 10. 24	Grundsätze über Voraussetzung, Art und Maß der öffentl. Fürsorge	720	V. v. 4. 12. 24	765
113	15. 12. 24	Reichsversicherungsordnung	779		

Dienstjahre 56.
Dienstlohn, s. Arbeitslohn.
Dienstverweigerung, s. Arbeitsverweigerung.
Dienstvertrag 12.
Drohung 39.

Einholung von Ausfallstunden 15ff.
Einstellungen 10—11, 98.
Einstellungssperren 10.
Entlassung 53, 80ff., 99—124.
Entlassungsverbot 99—124.
Entlohnung 32—49.
Entschädigung 47, 152ff.
Erholungsurlaub 52—57, 89f.
Erwerbslosenfürsorge 8, 9, 71ff., 80ff., 93—98.
Erwerbslosenunterstützung 93 bis 98.
Erwerbslosenversicherung 73f.
Erwerbslosigkeit 10.

Fachausschüsse 9.
Familienbeihilfe 67f.
Festtage 28, 76f.
Flugblätter 104ff., 162.
Fristlose Kündigung 18ff., 86ff., 102ff., 137, 160ff., 189ff.
Fürsorge 9.

Gebühren 60.
Gehalt 32—43, 86ff.
Generalversammlung 149f.
Gesetzgebung 7, 8—9.
Gesundheitsgefahr 50.
Gewerbeaufsichtsbehörde 11, 13 bis 31, 217.
Gewerbegericht 202—207.
Gewerbegerichtsgesetz 202ff.
Gewerbeordnung 12 u. 13ff., 140—142.
Gewerkschaften 13—31, 85f., 199, 204.
Gewinnbeteiligung 32—43.
Gratifikationen 42—43.

Handlungsgehilfe 340.
Handlungslehrling 40.
Handwerkskammern 11.
Hausarbeit 9.

Inhaltsübersicht 3.
Internationales Arbeitsrecht 218.
Invalidenrente 65ff.
Invalidenversicherung 65ff.

Jahresarbeitsverdienst 66ff.

Kantinenbenutzung 110.
Karfreitag 28.
Kaufmannsgericht 202ff.
Kaufmannsgerichtsgesetz 202ff.
Kaution 138—139.
Kesselreinigung 39.
Kinderarbeit 125.
Klage 202ff.
Koalitionsfreiheit 140ff.
Koalitionsrecht 140ff.
Kosten 207.
Krankengeld 96.
Krankenkassen 9, 61ff., 71ff.
Krankenkassenleistung 61ff., 71ff.
Krankenkassensatzung 61ff., 71ff.
Krankenversicherung 61—64.
Krankheit 40, 55f., 113.
Krankheitszeit 40.
Kriegsbeschädigte 126—137.
Kündigung 12, 20ff., 53, 80ff., 99—124, 155ff.
Kündigungseinspruch 113ff., 205f.
Kündigungsfrist 12, 99—124.
Kurzarbeit 13ff., 26, 75f., 93 bis 98.

Landesamt für Arbeitsvermittlung 11.
Lebensversicherung 68.
Lehrlinge 11, 73ff., 141, 185f., 192.
Lehrstellenvermittlung 11.
Leistungsfähigkeit 38.
Leistungsverweigerung 49.
Lohn 32—43, 44—49.
Lohnausfall 39ff., 152ff.
Lohneinbehaltung 44—49.
Lohnerhöhung 32ff.

Lohnfestsetzung 32—43.
Lohnforderung 44—49.
Lohnherabsetzung 38ff.
Lohnhöhe 32—43.
Lohnkürzungen 38ff.
Lohnpfändung 44—49.
Lohnzahlung 32—49, 86ff.
Lohnzusagen 39.

Mehrarbeit 13—31.
Mindestlohn 38.

Nachwirkung 181f.
Nebenbeschäftigung 138.
Notfälle 13—31, 92.
Nothelfer 62.
Notstandsarbeit 48, 86, 87, 92, 96f., 136.

Passive Resistenz 153, 188.
Pflichtarbeit 48, 96.
Postvorschüsse 9.
Probeeinstellung 99, 103, 133.

Rechtsprechung 7.
Reichsverfassung 140—142.
Reichsversicherungsamt 60.
Reichsversicherungsordnung 8, 50.
Restlohn 46.
Ruhegehälter 41ff.
Ruhegeldbeiträge 42.
Ruhepausen 13—32.

Sabotage 109.
Schadenersatz 10, 110ff., 121f., 141f., 172, 188, 194f.
Schichtübergang 13ff.
Schlichtung 32, 197—201.
Schlichtungsausschuß 153, 197 bis 201.
Schwerbeschädigte 80, 126—137.
Sonderzulagen in der Unfallversicherung 8.
Sonntagsarbeit 28, 43.
Sonntagsruhe 13.
Sozialisierung 216.
Sozialisierungsgesetz 216.
Sozialisierungsgesetzgebung 216.
Sozialversicherung 8, 48, 58ff.
Statistik der Löhne und Arbeitszeit 29ff., 32ff.
Steuerabzug 9, 44—49.
Streik 61, 109, 128—137, 142, 162, 189—196.
Streikposten 193f.

Tantiemen 42—43.
Tarifbruch 10, 177—188.
Tariffähigkeit 173, 177—188.
Tariflohn 29, 32ff., 87, 177—188.
Tarifvertrag 32ff., 52—59, 99f., 175—188, 198.

Überstunden 13—31, 43, 107.
Überstundenverzeichnisse 28f.
Überstundenzulage 13—31.
Umzugskosten 48.
Unfähigkeit 103.
Unfall 50.
Unfallrente 65.
Unfallverhütung 50.
Unfallversicherung 8, 9, 64ff.
Unpfändbarkeit 44—49.

Verbindlichkeitserklärung 200f.
Verdienstgrenze 58.
Verringerung der Arbeitnehmerzahl 145.
Versäumnis 152ff.
Versetzung 156ff.
Verschwiegenheit 199.
Versicherungspflicht 58ff.
Verzicht 170, 180.
Verzugszuschläge 63, 97f.

Wählbarkeit 146ff.
Wahlberechtigung 146ff.
Wahlen 143ff., 169ff.
Wahlkandidaten 118, 146ff., 165f.
Wahlordnung 143ff.
Wechselschicht 13—31.
Werbungskosten 48.
Werksbeurlaubung 53ff., 59, 80 bis 92, 94f., 127f., 164.
Werksvereinbarung 19ff.
Werkwohnungen 208—212.
Wettbewerb 138—139.

Wichtiger Kündigungsgrund 12, 86ff., 102ff., 137, 157.
Wiedereinstellung 55f., 129ff., 192f.
Wochenarbeitzeit 13—31.
Wochenhilfe 8.
Wohlfahrtseinrichtungen 148f.
Wohnungsräumung 208—212.

Zahnersatz 70.
Zeugnisse 102, 120f.
Zurückbehaltung 46.
Zustimmung 116ff., 126—137, 156ff.

www.ingramcontent.com/pod-product-compliance
Lightning Source LLC
LaVergne TN
LVHW042239300926
849161LV00003B/399